清代徽州乡土文献萃编

李琳琦　主编

国家古籍整理出版专项经费资助项目

沙溪集略

［清］凌应秋◎撰

邵宝振◎校注

安徽师范大学出版社

略》。盖以兹地有水自北而南，曰昉溪。一水自东而西入于昉，曰沙溪，又曰双溪也。但纪此间之大略，善观是编者，可掩卷而思其详矣。耳闻目见，纪之不胜纪也，且文贵简不贵繁也。

枫岭同学弟江志广题于蕉园书舍

序

　　尝考周官，有小史掌邦国之志，又有外史以掌四方之志，今之府县志是也。沙溪，乡党也，何敢言志。我凌氏自唐代卜筑于斯，千有余年。山川气脉之所钟毓，人物之所兴起，风俗之所由转移久矣。田畴水利，前人所经营也；神皋胜区，前人所游览而名状之者也，或载在史册，或著在家乘，或永①以诗歌，固彰彰照人耳目，且亦无待于志。然则集略何为而辑也？盖古来遗迹聚则传，散则逸。吾乡前言往行家有藏书，然兵燹②伤之，蟫③鼠蚀之，非亡其全帙，则鱼鲁帝虎④漶灭⑤而不可辨识。刊梓⑥者犹虑其消磨，而况于善写者乎！故不可无专书以传后尔。昔张给谏⑦作《歙志》，谓左氏以鲁人纪鲁事⑧，故孔子之《春秋》，主于约，而《传》主于详。杜征南⑨以为躬览，载籍必广记而备之，所以稽成宪考事宜也。居今日而追讨吾党之旧章，搜罗补葺已不无耗蠹⑩凋零，再更百年又不知更当

---

　　①永：应为"咏"。系笔误。

　　②兵燹：指因战乱而遭受焚烧破坏的灾祸。

　　③蟫：即"衣鱼"，一种昆虫，体长而扁，有银灰色细鳞，常在衣服和书里，吃上面的糨糊和胶质物。亦称"蠹鱼"。

　　④鱼鲁帝虎：指将鱼误写作鲁，帝误写作虎。泛指文字错讹。

　　⑤漶灭：模糊，无法辨识。

　　⑥刊梓：刊刻印刷。

　　⑦张给谏：即张涛（1554—1618年），字元裕，湖北黄陂长轩岭赵畈张家祠堂湾人。明万历丙戌（1586年）进士。张涛在歙任县令仅年余，但颇多政绩，开仓赈济，筑堤缮城，修紫阳书院、孝子祠、尚贤祠等，与文人学士相交游，万历三十六年（1608年），聘邑人谢陛首纂《歙志》。

　　⑧左氏以鲁人纪鲁事：《左传》全称《春秋左氏传》，相传是春秋末年鲁国史官左丘明为解释孔子的《春秋》而作的编年史。《左传》以《春秋》记事为纲叙事，其中有说明《春秋》书法的，有用实补充《春秋》经文的，也有订正《春秋》记事错误的。《左传》代表了先秦史学和文学的最高成就，是研究先秦历史和春秋时期历史的重要文献，对后世的史学产生了很大影响，特别是对确立编年体史书的地位起了很大作用。

　　⑨杜征南：即杜预（222—285年），字元凯，京兆杜陵（今陕西西安东南）人，西晋时期著名的政治家、军事家和学者。

　　⑩耗蠹：耗费损害。

何如矣。用是事，不揣愚昧，发先世之所藏，旁求氏族之遗篇，采辑校正，披别集之间有未备者，访诸故老之传闻，参订而补次焉。自源流以迄，艺文标卷有八，分类二十，阅两载而告竣，名以《沙溪集略》，所以别乎志也。《春秋》之义别嫌而明微，不敢作志，即不敢作史之意也，故曰"集"也云尔。

或曰左氏主详，杜氏广备，兹既已集之矣，胡不从其详而从其略欤？曰：史氏善恶兼记，集者择其善者而记之，恶则略焉，有劝而无惩，有褒而无讥，劝所当劝，褒所当褒，而垂戒之义未始不在言外。虽窃附史氏之意，而故异乎国史之体矣。且夫吾党之前言往行远在数十百年以前者，其详不可得闻矣。今将略其远而详其近，是薄前人而爱后人也。将详之自今始，于是乎使后之载笔者从其例，而小事亦传，小善亦必录，是又书之不胜书也。乡曲之间操觚①之士，非有龙门扶风②之才，董狐③《南史》④之职，居今志古，勒为成书，其分门别类，考窍校勘，岂必欲藏之名山，传之其人，布之通都大邑哉？毋亦。惟是俾祖宗旧德创造之艰难，与夫贤能耆长可以为桑梓式法者，不至湮没⑤无闻。他日考典常者得所依据，某事以某门著，某人以某类见，灿若星罗而眉列，是则予编辑之意也，何以多为！于是综其本末，弁⑥诸简端，以俟后之君子，庶几有所观览云尔。

时皇清乾隆二十有四年⑦，岁次己卯春王正月，里人凌应秋北洲氏撰

---

① 觚：古代书写用的木简。操觚原指执简写字，后即指写文章。

② 龙门扶风：龙门、扶风本是汉朝史学家司马迁和班固的住址。龙门在今山西省河津市西北和陕西省宝鸡市东县东北。扶风在今陕西省宝鸡市东郊。后因以"龙门扶风"借指他们写的《史记》和《汉书》。这里借指司马迁和班固。

③ 董狐：春秋晋国太史，亦称史狐，是一位敢于秉笔直书、尊重史实、不阿附权贵的正直史学家。

④《南史》：《南史》没有采取编年体，而是把南朝各史的纪传汇合起来，删繁就简，以便阅读。列传中不同朝代的父子祖孙，以家族为单位合为一卷，对了解门阀制度盛行的南北朝社会，有一定的积极作用。《南史》文字简明，事增文省，在史学中占有重要地位。

⑤ 湮没：埋没。

⑥ 弁：放在前面。

⑦ 乾隆二十有四年：即1759年。

凡　例

一、“集略”与“志”异，“志”即史也，今以“集略”名篇，不敢云“志”，嫌以史氏自居尔。

一、沙溪源流、山水、古迹，原有记载，是编不过搜罗旧章，采辑校正，间有未备者，访诸父老传闻，参订而补次焉，庶几他日有所观览矣。

一、是编分门别类，俾阅者知某事在某部，星罗眉列，不至混杂。

一、卷帙虽繁，事事确实有，余无关紧要者，悉皆刊落。

一、沙溪人物后先辉映，如科第、官绩、忠节、文行等类，所在多有准《歙志》按。

一、烈女有节烈、有贤淑，其趋不同，其德则一，类而记之，亦以见新安为闺门邹鲁也。

一、祖宗讳号，本支、旁支为之作传，标题于首，曰某某字、某所，以循传体也。况自近祖，上及远祖，旧有传文不遇，登入传尾，犹载作者姓字，恐以毁李贺者毁予也。

一、为立传，志其本末，要皆身后事也，其现存者虽著行谊，亦姑有待。

一、沙溪自唐宋以来，千有余年，人文蔚起，著述甚富。兹录第取其闻于忠孝节义，系于里居风俗者存之，以备参考。其他著作自各有本人文集流传，概不备载。

一、各序、记、章、疏见于艺文，不为省约，所以备文章之大观也。

一、《凌氏宗谱》《斗城文集》《见闻录》《蕉园杂志》《凤来考略》纪载散出，然非专书，所见不过一斑。兹录潜心采访，撷拾散佚，汇纂成编，脱漏之愆恐难免也。

应秋北洲氏识

目　　录

源　流

凌本姬姓①，周武王少弟康叔封于卫②，其支子为司寇③，成王命其子为凌官④，遂以官为姓，望出涿鹿。自周以来，其名世也远矣。秦汉之时，涣而复合，合而复裂。至唐贞观十二年，高士廉奏天下谱牒，退新门进旧舍，左膏粱右寒微，合二百九十三姓，千六百五十二家，而凌氏首称焉，凌固天下之名族也。自吴校尉统公⑤，字公绩，拜偏将军，封亭侯，称江表虎臣，世居余杭。传十三世曰安公，唐高宗显庆二年（657年）判⑥歙州，遂居歙之沙溪，为始祖，其由沙溪而之吴、之越、之闽、之浙、之楚、之淮南北等区，子孙益众，科第益多，其间忠臣名宦，指不胜屈。而悉原本于沙溪，故称凌氏者，必曰"沙溪凌"，明其所自出也。

舆　地⑦

歙沙溪属徽州府歙县北乡九都七图，由郡北门临溪过万年桥，十里至沙溪村。其地发脉于蕈岭山⑧，蜿蜒七十里，防溪萦带于前，飞布峙枕于后。村左则当门岭之水，曲折西注，绕抱如城，出村新桥口而与防水合，同道南流，故沙溪又曰双溪。旧有居人，寥落数家。唐显庆间，吾始祖安公自余杭来判歙州，后卒于公廨⑨，葬城北里湖园。夫人汪氏携孤万一公，庐于墓侧，且夕诣墓所祝曰："君居官清慎，民既为君筑坟，归藏于此，曷佑尔孤，俾得地以居，妾之愿也。"是夜感梦，曰："溪东有地名沙

①姬姓：姬姓是中华上古八大姓之一，为黄帝之姓、周朝的国姓。黄帝因长居姬水，以姬为姓。

②卫：卫国是周朝的姬姓诸侯国，康叔是卫国第一代国君。

③司寇：西周始置，位次三公，与六卿相当，与司马、司空、司士、司徒并称五官，掌管刑狱、纠察等事。

④凌官：为掌冰室之官，为古代负责保存贮藏冰块的官职。

⑤吴校尉统公：即凌统（189—237年），字公绩，吴郡余杭（今浙江余杭）人，三国时期吴国名将。凌操之子，少有盛名，为人有国士之风，多次战役中表现出色，官至偏将军。

⑥判：古代官名，唐、宋两代辅助地方长官处理公事的人员。

⑦舆地：疆域。

⑧蕈岭山：即箸岭，黄山余脉。位于歙北许村镇，与太平接壤。

⑨公廨：指官员办公的场所。

日久不须愁化石，回仙有鹤欲将雏。

梅山霁雪

朔风如吼雪飘岑，乍涌红轮破固阴。
碎玉平铺冈上白，散花飞着涧边深。
早暄色映人迷目，微曜①辉余鸟出林。
自此寒梅香扑鼻，小桥应有蹇②驴寻。

春游沙溪

戴东旻③

沙溪胜境自天然，况复仙家有醴泉④。
夹岸夭桃含晓露，两桥疏柳锁晴烟。
人浮竹筏鱼依藻，水涨河干草没川。
到此低徊不忍去，好沽村酒共流连。

沙溪八景　六言八绝

方卜颁（佚二）

沙溪春晓

沙堤柳浪深深，晓遇春容爽心。
蝶梦花丛未醒，莺藏叶底初吟。

社坛烟柳

社宇金炉篆烟，社坛柳线齐肩。
岁岁坛前春柳，和烟三起三眠。

平楚遥青

荆丛际地含烟，嫩碧蒙茸态妍。

---

① 曜：照耀；明亮。

② 蹇：跛，行走困难。

③ 戴东旻：浙江建德人，明万历四十七年（1619年）进士，泰昌元年（1620年）任歙县县令。得知万历《歙志》因张涛擢升，以三月成，故有不及详载处，且越时已十余年，天启初年乃谋缙绅，重修歙志。天启三年（1623年）二月开局，天启四年（1624年）九月告竣。

④ 醴泉：亦名甘泉。泉水略有淡酒味。

雨霁凝眸远眺，居然一片青毡。

双溪垂虹

两余蝃蝀^①垂象，夏涨两溪浩荡。
东西掩映彩虹，连蜷济下蟠上。

新桥晚眺

倦鸟归栖茂树，吹烟直上层霄。
牧竖^②驱牛正返，月轮将照双桥。

文台秋月

桂影斜移粉壁，松针铺遍文台。
西南清响忽动，乌鹊带月飞来。

苍松挺秀

黛色参天蔽日，苍髯老叟乘龙。
影动浑疑云散，风号恍似鲸钟^③。

梅山霁雪

山梅雪压如花，不复风飘雾遮。
日出寒光璀璨，目眯鸜鹆^④乌鸦。

春日游沙溪
温璜^⑤

新安风景爱沙溪，涧水潺潺东复西。
丹井泉甘脾可沁，文台松荫迳如迷。
烟笼古苑春常锁，鸟过长堤飞欲低。
更有一番堪眺处，纷纷车马踏花泥。

---

① 蝃蝀：虹。

② 牧竖：牧童。

③ 鲸钟：古代的大钟。钟纽为蒲牢状，钟杵为鲸鱼形，故名。

④ 鸜鹆：学名为鸲鹆，俗称八哥。

⑤ 温璜(1585—1645年)，初名以介，字于石，浙江乌程人。明末官员，崇祯癸未(1643年)科进士，官至徽州府推官。清军攻破南京后，温璜率民兵自守徽州城，城陷后自刎殉国。

沙溪八景

凌宏钟（文音）

沙溪春晓

长堤芳树欲成阴，掩映晨光春色深。
露湿香尘飞不起，隔溪黄鸟弄清音。

双溪垂虹

青萍点点缀汀州，雨遏凝云尚未流。
忽逗一轮新霁日，彩虹斜跨碧山头。

新桥晚眺

小桥间眺暮云生，淡荡溪光夕照明。
徒倚石栏观不足，一弯纤月远含情。

平楚遥青

平畴一望景无涯，楚色青青树不遮。
小憩间亭堪悦目，恍如零雨润桑麻。

文台秋月

文在人心月在台，月当秋夜更萦怀。
夜来秋色清如水，自在文光接上台。

社坛烟柳

坛前绿柳弱如丝，恰值鸡豚散社时。
更带轻烟垂袅袅，三眠三起任风吹。

苍松挺秀

苍松高耸讲堂东，地涌青虬淑气融。
绿字共诠浓影下，清涛同听月明中。

梅山霁雪

雪满前山三径路，晴光放出一溪春。
寻梅老眼辨不得，树树白花谁是真。

溪东街

自北至南，通衢孔道。街形丁字，庐舍稠密，两旁咸列市肆，四路各设栅门。北通富竭，南通徐村，东至清流，西过义渡，直通岩镇。

溪西街

上至薰冲口，下至岩前塘，居溪之西，故号西溪。两街相对，中隔一溪，水色澄鲜。行人往来，春夏济以舟楫，秋冬架以木桥。

国朝康熙三十一年，洪水冲蚀街口，石坪因循不修，复遭大水，防溃难复，而西街之宇舍尽徙他所，不复有街市矣。

村　里

宇舍毗连溪东街，以其在里，因称村里。西南通街，北通清流，东通江村。

桐树园

在溪西街之上，先年有民庐十数间，周匝皆植桐树。后遭洪水，迁移溪东，而桐树无一存者，今鳞册上犹载土名"桐树园"者。

忠烈里

歙之北乡曰德政乡，连溪里。夷旷①绵亘数十里，山回水抱，风气藏聚，形胜甲于一郡，乡先生少司马凌公世居之。崇祯末，司马公中州死节，事闻于朝，议谥②"忠贞"，嘉其忠也。陈州旧属吏宾期，来判新安，过公里居，谒③公祠宇，与公之子姓剧谈④先代忠节者五六君子，因勒石镌额，表诸通途，书其上曰"忠烈里"。庶使先辈尊崇，后生激劝，未始非风化之一助云尔。雁门冯宾期题。

① 夷旷：平坦而宽阔。
② 谥：君主时代帝王、贵族、大臣等死后，依其生前事迹所给予的称号。
③ 谒：拜见。
④ 剧谈：畅谈。

山　川

狮　山

在昉溪之西，山形蹲踞如狮，雄峙可畏。上蓄松树百株，旧有四照亭、披云楼、松风阁。今废。

雪后过狮山祖墓见乔松挺秀

凌駉①（龙翰）

翠积苍松覆墓田，偏从雪里吐清妍。

龙图夜洗千鳞紫，鹤盖朝翻两翼鲜。

撑汉久同山骨老，傲寒不受俗情怜。

孤高倘得渊明见，尽日盘桓逐野烟。

九日狮山看月

凌駉（香吏）

爽气凌高境倍清，孤松依墓甚关情。

雁来绝巘②乘秋陟③，犊立荒原趁夜耕。

戏摘野花聊傲菊，郡歌俚曲任飞觥④。

儿童只道翁犹健，笑我扶筇⑤待月行。

---

①凌駉（1612—1645年），字龙翰，歙县沙溪人。明崇祯十六年（1643年）进士，授兵部职方司主事。李自成部逼近保定，凌駉随李建泰率军征讨，身中六箭，不幸被俘，宁死不屈，被砍数刀，伤致昏仆。李自成部以为已死，遂离去。凌駉被邻僧救活后，奔抵临清，被推举为主事，冒险斩伪官，百姓咸归，人心颇振，复山东东部八十余城。福王命其巡按山东，旋改河南，监管督镇兵马，经理河北、山东招谕等事。至归德时，清军已逼近城下，官民仍出城迎接凌駉。豫王下令务必生擒凌駉，凌駉死则屠城。凌駉与族侄凌润生单骑赴敌营，为民请命。豫王备珍馐美酒、赠木底皮靴，凌駉毫无所动。夜宿帐中，留书豫王："请存初志，勿进窥江南，否则扬子江头凌御史，即昔日钱塘江上伍相国也！"凌駉望南泣拜，题诗"自古文山（文天祥）能有几，不如仗节学平原（颜真卿）"，自缢。入祀归德昭忠祠、徽州府及歙县乡贤祠。其故居改为凌忠节公祠堂，俗称官厅。

②巘：山峰；山顶。

③陟：登高。

④觥：古代用兽角等做的酒器。

⑤筇：竹子的一种，可以做手杖。

雪后步上松风阁

钱塘·周经邦（理斋）

天风一夜揽寒情，剪碎鹅翎阁树轻。
逼槛琴书侵欲润，当轩窗牖照逾明。
愁中望远思无极，病后登高意懒行。
间向松风成独立，玉灵光霁歙州城。

春日登狮山

江仕（信夫）

春日登山望若何，高天飞翠入楼多。
流莺百啭啼红雾，垂柳三眠拂绿波。

春日游狮山

凌如焕（榆山）

何处春光好，狮山适我情。青松当阁列，黄鸟隔溪鸣。
细草茸茸绿，农夫款款耕。青阳初送暖，阡陌远纵横。

游狮山歌

凌彝谟（禹襄）

登狮山兮触所思，怀古人兮不可追①。
千年松树长如此，风散涛声落水湄。

象　山

在昉溪西，与狮山相望，上有春草亭。

按《蕉园杂志》，明处士凌辛寿公葬此，歙教谕罗镑作铭，其子佑师复筑亭于墓侧，以展孝思。今亭久圮②。

①原批注："家待制公曾读书于披云楼。"
②圮：毁坏；倒塌。

龟　山

昂首延颈，筋膜尽露，真称奇肖。

竹林山

与梅山相连，万历间沙洲公采此山石创建文台。乾隆十四年里众重修，复开山采石。会有上梅山宋氏阻挠，本族文会词呈于官，县令唐公惟安委差督采，于是凿石甃①砌，而文台焕然新矣。其竹林山税在义桥户。

上岐山

在薰冲口之西。明少司马贞节公葬此，其子喜恪媳烈妇吴氏附焉。徽州通判雁门冯宾期题其墓曰"忠孝节义"。

木鹰墩

在上梅山，昂首锐啄，俨若苍鹰飞集山顶。

富资水

出箬岭南折而入跳石，由跳石而下注丰口，合黄蘖水以入沙溪。

黄蘖水

出黄蘖山，下注丰口，与富资水合流，直至沙溪。

昉　水

即富资、黄蘖合流之水也，经沙溪之西至新桥口，与西流水合，直下郡城西北，又合众流东注入于浦口。昔梁太守任昉行春北道，垂钓溪上，故名"昉溪"。唐大中间，刺史庐潘改为"任公溪"，延袤四十余里，萦带回环，晶莹可鉴。春夏则雨涨奔腾，秋冬则水光潋滟，晴雨两宜，洵可以栖迟而乐饥也。

---

① 甃：用砖砌（井、池子等）。

与程抑若、凌龙翰昉溪泛舟

方卜频

欲践探梅约，相携一苇航。风微生细瀔，树远早闻香。
歌扇因缘浅，溪山致味长。春光无限景，聊复旧时狂。

邻女于归舆堕溪桥，遂以殒命志悲一首

凌驯

合欢佳会约高楼，乃阻蓝桥一旦休。
绡织鲛人①连夜泣，书传龙女望乡愁。
甘同松柏随舟泛，忍掷夭桃逐水流。
堪笑何郎将传粉，今宵好伴洛神游。

西流水

里中有小溪，自当门岭发脉，经清流村，蜿蜒盘曲十里，西流萦于居舍之傍，绕出溪桥之外，与昉水合。沙明水净，春则桃柳夹岸，映带回环；夏则莲蕊芬芳，清香飘袭；秋至一泓澄澈，光可鉴人；冬时万片冰寒，冷然沁骨。岂惟地灵而人杰，庶几目击而神怡。

咏西流水

渺渺长川尽向东，小溪流水却西通。
好同日月行天上，何必龟鱼牣②涧中。
野鸟无心争浅浴，春花有影堕轻红。
凭阑低首观新碧，倒浸楼台色相空。

沙溪西流水

江志广（清恬）

澄川西向注，行不与天违。曲作村居臂，轻咸畔岸腓③。

---

① 鲛人：中国神话传说中鱼尾人身的生物。鲛人神秘而美丽，他们生产的鲛绡，入水不湿，他们哭泣的时候，眼泪会化为珍珠。与西方神话中的美人鱼相似。

② 牣：充满。

③ 腓：草木枯萎。

水明云入鉴，沙软石无矶。细藻牵新月，清波钱纳晖。
井通神濆①洌，瓮息汉阴机。气应星槎②转，光侵碧落飞。
濯缨③人自洁，洗药物相馡④。汩汩堪流恶，洋洋可乐饥。
蒙泉⑤多顾盼，习坎复因依。溅沫珠千颗，横陂⑥带一围。
榛苓⑦怀被美，鬵⑧釜与于归。不尽潆洄意，双桥锁翠微。

沙溪西流水

西水抱村流，潆洄据下游。浅侵杨柳岸，斜拂蓼蘋洲。
侧耳全无响，澄心不幻沤。回仙⑨应爱此，岁岁一停留。

古　迹

北园文会

　　创始于元泰定间，在村南之八亩丘。儒士凌公庆四，号北园，读书其间，讲明程朱之学，与槐里唐白云、双桥郑师山二先生相往还。明太祖自帅常遇春等将兵十万繇⑩宣至歙，召故老耆儒访以民事，庆四与朱兴、唐仲实、姚琏、郑恒等入见，对皆称旨。受尊酒、束帛之赐，终其身，隐居不仕。学者称为"北园先生"。嘉靖初，观察斗城公⑪下帷于此，许文穆、

---

　① 濆：水由地面下喷出漫溢。

　② 星槎：泛指舟船。

　③ 濯缨：洗濯冠缨。比喻超脱世俗，操守高洁。

　④ 馡：香气。

　⑤ 蒙泉：位于荆门市象山东麓，发现于隋代，因象山在隋代时期称为蒙山而得名。蒙泉泉水清澈甘甜，为古代名泉。这里代指甘美的泉水。

　⑥ 陂：水边，岸；山坡；池塘。

　⑦ 榛苓：榛木与苓草。

　⑧ 鬵：大釜。

　⑨ 回仙：指吕洞宾，因吕洞宾自称回山人，故名。

　⑩ 繇：通"由"。从，自。

　⑪ 观察斗城公：即凌瑁（1523—？），字惟和，沙溪人。明嘉靖四十一年（1562年）进士，授南安推官。巢贼自广东突袭南安，凌瑁率军分哨痛击，跟从御史一直追杀到省城。擢御史，刚正不阿。出为福建佥事，饬兵诘戎，改游手为勇士。后任河南参议，收充粮米，不耗折色，清出囤基。转任贵州提学，申严禁约，远近皆震。改任四川参政，治西充之垂死无辜，究营山之用刑非法。旋任陕西按察使，上疏乞归，居家不入公门，一巾数年不易，几如晏子之裘，隔一日一肉食，虽三品大臣，清苦犹如寒士。

毕东郊诸先辈时相过从，吟啸其中，号为三友。至万历间，文风日振，人才日出，密迩数十里许，如唐中丞晖、程按察子鳌与司马驷公、民部世韶公、侍御润生公，联文史之社，讲习有年。诸公后先飞腾，弦诵之声，日渐寥寂。鼎革后，风霜兵燹，墙垣崩坏，椽瓦颓倾，宇舍已不复存。而其遗址犹在，余询诸父老，剧谈往昔不胜存羊①之感也。

春日北园文会即事

许国②（维桢）

时光佳媚景谁铺，恰似唐人金碧图。
倚槛却怜梅额减，隔墙应爱柳眉舒。
冻鱼就日游人懒，啼鸟娇春语渐粗。
方羡远山明丽甚，东风吹雨又模糊。

北园文会雪里赏红梅

毕懋康（东郊）

空中篱角两招摇，玉润脂香炉不消。
柏子吐烟炉半暖，梅花点晕镜中娇。
为贪飞絮凭高槛，那得携尊醉野桥。
笑问寻春何太艳，一时瑶海起红潮。

---

① 存羊：由于爱惜古礼，不忍使它废弛，因而保留古礼所需要的祭羊。比喻为维护根本而保留有关仪节。

② 许国（1527—1596年），字维桢，号颍阳，徽州歙县人。家境贫寒，苦读不辍。明嘉靖四十四年（1565年），进士登第，选授翰林院庶吉士兼校书。隆庆元年（1567年）夏，授翰林院检讨，奉诏出使朝鲜。万历元年（1573年），升右春坊，进右赞善，充日讲官，为神宗讲解经书，常借机进谏，神宗悚意听从。二年，得赐御书"责难陈善"。累迁礼部、吏部侍郎，掌詹事府。后累迁顺天乡试考官、国子监祭酒、太常寺卿、詹事府詹事、侍读学士、会典副总裁、礼部侍郎。十一年二月，主持会试。四月，拜礼部尚书，兼东阁大学士，入阁参赞机务，位居次辅。九月，晋太子太保、文渊阁大学士。十二年九月，因平定云南大小金川叛乱决策有功，神宗赞其"协忠运筹，茂著劳绩"，晋少保兼太子太保、礼部尚书、武英殿大学士。后祈归养老。许国在阁九年，廉慎自守，虽累遭攻击，而清标愈著。赠太保，谥文穆，入祀乡贤祠，诰赠三代，荫子七人。著有《许文穆公集》二十卷等。

吕仙像赞

张涛

风流仙子，四海游嬉。偶尔寄迹，歇之沙溪。钱遗醉后，丹井繇基。问是何代，唐僖宗时。来者井井^①，视此仙碑。

谒吕仙祠

许光祚^②

星源遥接汉，灵脉远来鄱。蜿蜒黄山绕，湛泓六水长。
云分仙客指，酝入至尊尝。行道无劳测，蠲祓^③不用禳。
丹砂留翰墨，碧甃倚银床。市远人烟净，林深大壑藏。
纪闻真绝胜，驻足即清凉。井井思荣禄，洋洋颂未央。

谒吕仙祠

戴东旻

仙迹由来肇李唐，白云如盖仙宫藏。
习习松风香拂袖，一弯流水响回廊。
昔传仙驾曾留此，指地掘之酿酒美。
地脉似通兜率宫，清冷涌出谁比拟。
星移物换已千年，古庙古井咸昭然。
玄鹤去来人无识，水甘如醴^④咏前贤。
人言一粒丹还在，我道琼浆堪作对。
万方岂必无井泉，何独沙溪深爱戴。
此中玄妙不可知，仙灵救世真个奇。

---

① 井井：形容整齐。
② 许光祚：生卒不详，字灵长。万历初，举于乡，知太平县。能诗，格调平易，著有《灵长集》，善书。万历四十一年(1613年)为宁国司理，题吕仙宫额为"遇仙室"。
③ 蠲祓：除去不祥之气。
④ 醴：甜酒。

绍兴道会^①无逾此，岳阳货药^②在今时。

我谒真仙拜祠宇，涂墙赭垩^③今非古。

辘轳常转修绠^④悬，炉烟缥缈净风雨。

游吕仙宫

胡渊（匏更）

红映双桥绿映溪，西流一曲逝如斯。

丹沙沐浴月三五，药里调和功倍蓰。

笔札何心留石阙，渊源自有忆钟离^⑤。

频来瞻眺邀俦侣^⑥，共领天然一段奇。

谒吕仙祠

郡守·曹鼎望^⑦

柳色青青上板扉，杂花当户映清晖。

多留片地随芝长，不起高楼碍鹤飞。

丹药每从云里炼，醴泉群向井中祈。

频来领略天然趣，抵得元池沐浴归。

---

① 绍兴道会：绍兴癸丑道会，有道人携笠而至。会散乃挂笠于壁，无挂笠之物而不坠。题诗云："偶乘青帝出蓬莱，剑戟峥嵘遍九垓。我在目前人不识，为留一笠莫沉埋。"

② 岳阳货药：洞宾游岳阳，诡名货药，一粒千金，三日不售。乃登岳阳楼，自饵其药，忽腾空而立。众方骇慕，欲买其药。洞宾笑曰："道在目前，蓬莱跬步；抚机不发，当面蹉过。"乃吟诗曰："朝游北海暮苍梧，袖里青蛇胆气粗。三入岳阳人不识，朗吟飞过洞庭湖。"

③ 赭垩：赤土和白土，古代用为建筑涂料。

④ 修绠：汲水用的长绳。

⑤ 钟离：即钟离权，名权，字云房，一字寂道，号正阳子，又号和谷子，汉咸阳人，道教主流全真道祖师。因为原型为东汉大将，故又被称作汉钟离。少工文学，尤喜草圣，身长八尺，官至大将军。为道教传说中的八仙之一。钟离权曾经十试吕洞宾，度吕成仙，还传授吕"点石成金"的道法。也因为此法，钟、吕受到民间的崇奉，认为有护佑金矿、财运的功能。

⑥ 俦侣：伴侣。

⑦ 曹鼎望：号澹斋，字冠五。生于明万历四十六年（1618年），是中国古代的制墨家，与曹素功并称南北曹。顺治十一年（1654年）中举人，顺治十六年（1659年）考取徐元文榜进士，钦点翰林院庶吉士。授刑部山西司主事，寻升陕西司员外郎。康熙五年（1666年）任徽州府知府，未几督抚相继调离，新巡抚至，鼎望因事未遂其意，夺爵三级，返归故里。康熙十七年（1678年）又被起用为江西广信府知府。崇文爱士、惜才重教是曹鼎望的一生之好。他典试湖广时许多贫寒杰出之士得到了他的拔录。在徽州任知府时，建紫阳书院，修斗山亭，每日召请宿儒生员讲学其中。

百二巷怀古

方卜颎（仅二）

富郎故巷已非非，古迹犹传海变田。

当日百儿何处去，云散风流不复还。

寒鸟空啼无旧主，青青禾黍草亭边。

百儿巷

江志广

皂盖肩舆相击撞，万瓦连甍①若长虹。

故垆禾黍已离离②，千载犹传百儿巷。

巷内居人适何处，天长地阔忘归路。

汸水潆洄石岸斜，群鸟悲号乌柏树。

叹息人生不常聚，百儿分散他乡去。

问舍求田长子孙，未必子孙同室住。

皎皎羲和③叱龙驭，旋转风轮朝复慕。

沧桑改变低须臾，万事从新岂如故。

浮云西北水东注，王谢乌衣犹旅寓。

断瓦颓垣久作泥，田父牵牛过古渡。

双凤馆

　　明嘉靖年建，至万历间，州守公子任与其弟太常公子俭读书其中，兄弟自相师友。州守公领壬午乡荐④，太常公登戊子贤书⑤，二公事业炳炳麟麟⑥，详载郡志。吴中王百穀先生额其门曰"双凤"，取兄弟齐鸣之义也。

---

① 甍：屋脊。

② 离离：指茂密繁盛。

③ 羲和：中国古代传说中的太阳女神。

④ 乡荐：唐宋应试进士，由州县荐举，称"乡荐"。

⑤ 贤书：称乡试考中为"登贤书"。

⑥ 炳炳麟麟：形容十分光辉显赫。

过双凤馆漫吟

祁门·张瑗

先辈读书地，披吟逸韵生。虚堂观物静，精舍养神清。
把卷春徂夏，相知弟与兄。鸡群攀莫及，凤侣比成行。
设色朱光动，朝阳翠羽明。二难曾竞爽，题额上留名。

掇秧亭

出东栅门外，元大德年间建。亭外田畴平旷，每岁插秧时，农人憩息其中，必以秧掇亭之中脊倒挂如线，占云："秧沾亭梁，千仓万箱"，盖卜时年之丰歉也。相沿数百年，今犹如是，故俗呼为"掇秧亭"。

亭畔阅耕

凌驯

金饥谷穰纪丰年，石火光阴早种田。
丝卖已剜心上肉，竹敲难纳库中钱。
匏羹聊果山农腹，土鼓频喧御社筵。
革旧登新将有望，木犁应敝踵应穿。

咏掇秧亭

张瑗

古迹由来几百秋，掇秧亭里好优游。
旁沾四壁黄金土，高挂千条翡翠旒①。
欲卜大田多稼兆，频将传舍②当壶投③。
虽然事近儿童戏，绝胜偷闲学打球。

---

① 旒：旗子上的飘带。
② 传舍：古时供行人休息住宿的处所。这里指掇秧亭。
③ 壶投：即投壶，古代宴会时的一种娱乐活动，宾主依次把筹投入壶中，以投中多少决定胜负，负者须饮酒。

亭畔观劝农

凌彝泰（载篁）

春深好鸟鸣乔枝，中有布谷君听之。

一声唤起牛衣梦，陇头田畯扬青旗。

农人劝汝一杯酒，慎勿悬耜[1]贪游嬉。

苟不菑畲[2]宅其草，豚蹄斗酒将何为。

篝车不满仓箱竭，嗷嗷鸿雁徒伤悲。

方今长吏重农事，嘱尔耘籽[3]须及期。

征徭词讼俱缓理，恐妨民力误农时。

农兮农兮系我思，但愿十风五雨百谷滋，

九重膏泽被尔无厚薄，莫使南阡北陌秋冬收，

冬敛丰歉相差池。

北溪草堂

在双桥之北，故名"北溪"。明户部郎中文节公读书处也。公文章、节义虽不借草堂而著，而草堂之名因公而传矣。堂之左有轩曰"研露"，孝廉公冰衡习讲于此，国朝雍正四年所增建也。孝廉公题句云："多留井地铺明月，不筑高垣碍远山。"

秋日次友人惠州西湖[4]元韵

凌世韶（镜汭）

湖面寒光一镜平，露荷烟草入秋清。

白鸥浴罢各飞去，遥见湖痕郭外生。

---

① 耜：原始翻土农具"耒耜"的下端，形状像现在的铁锹和铧，最早是木制的，后用金属制。

② 菑畲：耕耘。

③ 耘籽：除草培土，泛指田间劳动。

④ 惠州西湖：位于广东省惠州市，由西湖和红花湖景区组成，是以素雅幽深的山水为特征、以历史文化为底蕴、以休闲和观光为主要功能的风景名胜区。素以五湖、六桥、十四景而闻名，景域妙在天成，有"苎萝西子"之美誉，并有"大中国西湖三十六，唯惠州足并杭州"的史载。

北溪草堂梅下集饮

罗玠(然明)

红紫如云烂熳开，雨邀客屧破苍苔。

最贪旨酒凫舄远，且快名花羯鼓①催。

坐久倍增金谷数，情深不觉玉山颓。

胸中块垒②应浇尽，笑嘱浮鸥莫浪情。

北溪草堂看菊二首

凌润生(玄性)

其一

茅舍秋光满，篱边已吐金。参差随野色，高秀慰寒心。

不向朱门媚，甘从白眼寻。笑花恒似我，寂寞与偏深。

其二

此君多佳色，相念不能忘。香泛留池月，心摧清夜霜。

耐寒坚友谊，茹苦具仙粮。得意重阳后，年年占胜场。

遇北溪草堂次陈涉江吊镜汭侄韵四首

凌驯

其一

彼苍胡遽夺斯人，摩诘③相怜有后身。

一榻半峰秋色老④，三生片石月光邻。

超超蝌篆⑤先还古，忧忧鸿编务去陈。

莫恨樵车添寂寞，侯门双鹤未云贫。

· 29 ·

---

① 羯鼓：古代的一种打击乐器，南北朝时从西域传入，唐代比较盛行，形状像漆桶，演奏时横放在小牙床上，两手持杖敲击演奏。

② 块垒：比喻胸中郁结的愁闷或气愤。

③ 摩诘：即王维(699—761年，一说701—761年)，字摩诘，盛唐时期的著名诗人、画家，崇信佛教，晚年居于蓝田辋川别墅。

④ 原批注："镜汭卒于半峰庵。"

⑤ 蝌篆：即蝌蚪书。

其二

不向残垆①乞九还，卓然高尚出尘间。

虚堂有客茶常沸，席户无僮风自关。

藤版频来三吐倦，簪缨拂却一身间。

长松切汉思孙楚②，峻节嶙嶙岂易攀。

其三

汉家何戾③少云舒，世味酸辛尽茹荼④。

贝叶⑤千篇檐隙写，梅花几树月中锄。

逍遥芒屦调饥鹤，明灭寒灯响梵鱼。

老向名山留不住，国门从此有传书。

其四

我欲千金挽寸阴，知君未尽惜君深。

王乔⑥仙去空存舄⑦，子敬⑧人亡并及琴。

尘尾座中名理减，众香国里法华沉。

不遗龙种归云海，感慨潜生学道心。

研露轩落成

凌应春（滨蘅）

不须泉石辟花关，小茸茅斋远市阛⑨。

一枕月明琴榻冷，半窗风静篆烟间。

雨声夜洒檐前竹，云气晴连画里山。

诗卷吟余村酒熟，相期二仲往来间。

①垆：酒店里安放酒瓮的土台子，借指酒店。

②孙楚（约218—293年），西晋文学家，字子荆，太原中都人。少负才气，但有隐居山林之思。

③戾：罪过；乖张。

④茹荼：比喻受尽苦难。

⑤贝叶：古代印度人用以写经的树叶，亦借指佛经。

⑥王乔：相传是蜀人，在邢台为柏人县令数年，后弃官在邢台隆尧的宣务山修炼道术，得道后骑白鹤升天。王乔的事迹在民间广为流传，是下洞八仙中影响较大的一位。

⑦舄：鞋。

⑧子敬：即鲁肃（172—217年），字子敬，临淮郡东城县人，东汉末年杰出的政治家。

⑨阛：市场的围墙，借指市场。

次内弟凌滨蘅小筑落成元唱

江致高（泰峰）

墙东小径绕柴关，坐久浑疑非市阛。

石上薜萝明月静，篱边鸡犬白云间。

冷摇碧玉千竿竹，淡写秋霞一幅山。

莫使桃花随水去，恐人认作武陵间。

雪夜北溪草堂独坐·调寄醉花阴

凌芸（介于）

雪映书帷同白昼，香篆沉金兽。试起卷帘看，万顷瑶光，直射纱窗透。

梅花冷耐黄昏后，玉屑沾金袖。兀坐酒频添，班管催诗，不顾休文瘦。

北溪草堂书事

周经邦（龙冈）

老夫久厌尘嚣事，借得高斋避俗哗。

一卷篆书留庋阁①，半弯蛾月挂檐牙。

睡余试饭新春稻，酒后频倾小煮茶。

只此便为清课足，还听门下读南华②。

雪霁见双溪梅花感怀凌镜汭先辈

江志广

梅花不飘飘暗香，疏枝压雪参差光。

五瓣清英清彻骨，晴天兀自含冰霜。

双溪昔日有高士，僵卧岁寒征不起。

美人香渺吾所思，风动古香香未已。

· 31 ·

---

① 庋阁：搁置器物的架子。

② 南华：即《南华经》，本名《庄子》，是道家经文，为庄子及其后学所著，到了汉代道教出现以后，便尊之为《南华经》。

北溪草堂怀古

凌彝泰（若蘋）

曲径回风不扫尘，草堂无复昔时新。

碧梧修竹依然在，便是当年旧主人。

六印堂

《蕉园杂志》云："在高坦上。"宋侍郎凌策公梦人以六印加剑遗之，后六子俱登进士第。司农卿汪寂詹额其门曰"六印"。今毁。

青莲庵

在溪西街之上，土名薰冲口，明户部郎中凌文节公之余夫人创建。明末江南云扰公为金太史正希参军，正希死，公隐居黄山后，游金陵天界寺，削发作老头陀。其如夫人某氏亦构室数楹，祝发为尼，修真养性，如莲花之清洁，不染污泥，遂以"青莲"名庵，年至八十余而终。郡守曹公鼎望以"柏质莲心"四字赠之。

敬业书屋

在吕仙宫之西，副榜凌鸣和公别墅。颜其门曰"储解"。今废。

皇富古社

在冯塘冲口。十世祖荣禄公贡仙方于朝，唐僖宗锡①以金帛，公不自私，请地立社，为春祈秋报之所。上嘉其义，从之，因号曰"皇富"，彰君赐也。与五村共之。

临清楼

侍御公润生读书别墅也。楼临小溪之上，居两桥之间，傍植梅竹，与夹岸桃柳相映。公日吟啸其中，傲兀自喜，旁若无人。里中人恒以狂生目之。

---

① 锡：通"赐"，赐予。

月下梅花

凌润生（玄性）

寒光遍地酒微醺，爱嗅幽馨不在闻。
神韵孤清惟叹绝，水天一色却难分。
影摇石上溶溶艳，香满篱边淡淡薰。
直到夜深忘梦冷，洞庭波涌见湘君。

月下竹影

凌润生

秋气满灵空，光摇碧玉筒。写生不择地，弄态却因风。
相对如三友，能闲学两翁。谁呼文与可，成局在胸中。

登临清楼

方卜颁

极目登高望，溪山尽入楼。四窗尘不到，闲鸟乱沙头。

古社坛

在青塘山。宋平江大使子佺公建，今址犹存。

水月镜

在小溪之南岸，创于万历甲午。沙溪地形惟此最高，溪涨之所不及。
内供观音大士，旁有穆如室，前镜虹台，下临小溪，左右二桥，东北二水
划然在目，亦大观也。

寒夜闻水月镜霜钟

凌宏钟（昉溪）

披裘静坐夜焚香，久拥青毡愧未偿。
水月霜钟如棒喝，顿教寒气逼昂藏[①]。

卷
一

---

① 昂藏:形容人的仪表雄伟。

前　题

凌应秋（鹤汀）

南阳之山有九钟，十月霜飞钟自鸣。

今岁霜钟初应律，妙音杳杳正分明。

由来古寺依时击，长夜挑灯人寂寂。

数声带冷到檐楹，袅袅遏云何处觅。

萧飒金风吹万家，两溪流水绕平沙。

浩浩水声无可辨，钟声相间不相差。

夜来敲破迷人梦，钦钦入耳频频送。

此夜此钟几上闻，床下吟蛩①泣寒冻。

前　题

凌彝谟（竹溪）

醉眠不觉月当楼，道院霜钟促集裘。

五十四声何处听，寒砧相与报深秋。

前　题

凌彝泰（若蘋）

寒夜肌生栗，声铿昉水隈②。霜随残月下，钟度小溪来。

鲸吼凭风势，龙吟警梦回。青灯半明灭，应响落炱③煤。

篁乐墩

在隆堨干，俗称"茅草墩"。旧传晋黄积守郡时游墩上，茂林修竹，一望青翠，积乐此不忍去，故名。又云黄巢寇郡，遇此有名黄者，即敛兵不入，因易"篁"为"黄"，得免害。歙南之篁墩亦然。明学士程敏政作记，辨"黄"为"篁"，复"篁墩"。

---

① 蛩：蟋蟀。

② 隈：山、水等弯曲的地方。

③ 炱：由烟凝积成的黑灰。

篁乐墩怀古

汪尚宁

沙溪村北山之澳，篁乐高墩植修竹。

绵延一片青琅玕①，风来忧②击响寒玉。

宛然律吕③等虞弦，喧呼好鸟遥相续。

忆昔黄公溪上游，簇簇骖骓④时往复。

孤翠亭亭音飕飕，竟午盘桓忘案牍。

而今遍地皆苇茅，篁乐改为黄草读。

篁乐墩

郑旼

万竿秋竹忧⑤琳球⑥，竹忧⑦琳球韵转幽。

球韵转幽人共赏，幽人共赏万竿秋。

过篁乐墩有感

凌宏钟

侧闻此地饶修竹，风忧琅玕昉水涯。

闭户留宾应有主，弹琴清响落谁家？

半林红叶飞残照，一片平芜衬晚霞。

偶尔登临怀古迹，荒墩濯濯⑧令人嗟。

尚书第

在隆堨干高坦上。相传唐朝准公住宅，刘禹锡书匾。今废。

---

① 琅玕：像珠子的美石。

② 忧：应为"犹"。

③ 律吕：中国古代音律的统称。

④ 骖骓：古代驾车的马若是三匹或四匹，就有骖、服之分。中间驾辕的马叫服，两旁的马叫骖。一说服左边的马叫骖，服右边的马叫"騑"。骖服和骖騑，又泛指拉车的马或车马。

⑤ 忧：应为"犹"。

⑥ 琳球：美玉；玉器撞击声。

⑦ 忧：应为"犹"。

⑧ 濯濯：形容山上光秃秃的，没有树木。

尚书第

舒雅①

尚书颜旧第，唐代谏臣家。爵里先皇泽，荣名后裔夸。
立朝怀骨鲠②，居室闭烟霞。阀阅③临溪水，门楣映日华。
云连当户树，风动满园花。较昔居蓬屋，规模大有加。

文会所

在水月镜左侧，明万历二十一年，赠君琢公创建。颜其堂曰"辅仁"，取以文会友、以友辅仁之义也。堂旁有斋房、游亭，规模宏敞，台榭纡回，为一乡重镇。国朝康熙戊寅，守者弗戒，毁于火。庚寅合族重建，功未克，竟至雍正乙卯，里众重修。有记，见《艺文》。

坐文会游亭望两岸玉兰交放

凌子任（肩吾）

老眼看花苦不真，恰逢此日是花辰。
香薰落照炉边雪，影入清溪画里人。
倚玉风流思洗马，折环摇曳赋累臣。
间来且踏芳堤路，莫待纷飞羡卧茵。

沙溪文会所看红梅

程子鳌

大雅由来独羡君，缘何罗绮亦纷纷。
风流疑妒胭脂虎，月貌还怜茜子裙。
洛水妆成歌巧笑，温泉浴罢酒微醺。
荒凉野梦将谁似，化作巫山色色云。

---

① 舒雅：字子正，歙县人。南唐状元，幼年好学，才辞敏赡。南唐时，以贡入金陵（今江苏南京），师从吏部侍郎、光政殿承旨学士韩熙载，又为忘年交。入宋，累迁将作监丞、太常博士，太宗朝充秘阁校理。诗词作品详见《西昆酬唱集》。

② 骨鲠：指有刚直之气。

③ 阀阅：指有功勋的世家。

红　梅

凌世韶（官球）

东风吹艳入寒条，玉颊微醺倚画桥。

恰似梅妃愁欲绝，至今血泪未曾消。

过沙溪文会馆看梅集饮

江天一（文石）

寻芳历历趁春阳，素萼居然百卉王。

迎客不妨新扫径，开樽①何必旧登堂。

野溪遥映如描黛，暖日微烘更吐香。

醉卧花阴还起舞，小儿拍手笑予狂。

文会堂同人课义因赋以文会友

凌驹（井心）

西园标雅集，东壁焕群英。云藻②敷银汉，霜毫振玉京。

怀蛟揪③异彩，吐凤纪祥鸣。卓荦④凌千仞，纵横尽五兵。

虎皮推哲彦，尘尾属宗盟。喜得江山助，微拈风月情。

披襟吟槁木，缓颊破疑城。理折鸡三足，灵传龟百茎。

赏心颜孔乐，昔日禹陶诚。非仅夸鞶⑤悦，宁关猎组缨⑥。

星题含誉见，花报雒⑦如生。共羡针闻昧，谁云道问盲。

元珠探赤水，紫气满沧瀛⑧。大骈雕龙辨，同敲非马评。

味腴欣食旨，韵协类调笙。丽泽舟须涉，攻琼石藉砑。

摅⑨陈霞烂烂，倡和鸟嘤嘤。光焰悬秦鉴，幽馨捋楚蘅⑩。

---

① 樽：古代的盛酒器具。

② 云藻：华丽的文采。

③ 揪：舒展；铺张。

④ 卓荦：超绝出众。

⑤ 鞶：小囊，大带子。

⑥ 组缨：古代系冠的丝带，其色因地位而异；借指官位。

⑦ 雒：古书上指白鬣的黑马。

⑧ 沧瀛：大海。

⑨ 摅：发表；表示。

⑩ 楚蘅：即山姜。

园桥盈类镐，夺席冠承明。快睹阳秋炯，忘嗤下里赓。

文会堂听松声

胡渊（匏更）

帘卷万山寂，行吟窗半阴。声从烟雨杂，韵入草堂深。
细问杳无对，凭灵何处寻。寒云闲欲度，风送冷琴心。

前　题

徐冯

良园高馆读书声，更有松涛日夜鸣。
翠盖参天风浩浩，青虬翻地水淘淘①。
半空飘响秋潮涌，一片闲心洗耳听。
始信辅仁堂室好，置身如已在蓬瀛。

初春文会堂饮散松下看月

凌驯

良辰谋宴会，驱寒问酒卮②。
文章自千古，亦复谁相知。
据谈久不倦，起步临阶墀③。
忽见松际月，高悬如半规。
松影离离立，布地多差池。
仰视不敢玩，皆含烟云姿。
忆昔抚尔顶，余仅初冠时。
今复几岁月，鳞甲成龙螭④。
予老世所厌，尔老亦所稀。
为人不如物，空具此须眉。
寒月知我心，渐令松影移。
留予独对月，松声发欹歔⑤。

① 淘淘：波浪相激声。
② 卮：古代盛酒的器皿。
③ 墀：台阶上的空地，亦指台阶。
④ 螭：指没有角的龙。
⑤ 欹歔：哽咽；抽噎。

予乃大笑去，让松守月宜。

文会馆绛桃至秋复开，是岁凡三花云

凌应聘

羡尔三春色，相逢九月中。秾①华因素节，雕绘有寒风。
锦自绥山②得，镜临秋水同。频来娇绝处，双黛发嫣红。

古松亭

在文会所内，岁久亭圮，松独存焉。祁门张会元瑗有记云：沙溪古松蓄养，不知已何年矣。屈曲偃蹇③，苍甲若龙，与他松不类。歙邑名族，多有水口栽种竹木花卉者，楼台辉映，幽雅宜人。而惟松最少，间有一二青青不凋，然类皆直干丛叶，不异凡木，故虽繁而不为人所赏，岂若兹松之夭娇④盘结也哉。名贤至此，必停车缓步，坐卧其间，相与徘徊不忍去。余虽非雅人，然性耽山水与奇花异木，置身其际如入仙境。今公车北上，与凌子采湘约，因游沙溪，盘桓此松之下，兴酣耳熟，从而歌曰："松之郁郁兮，德之健也；与尔结岁寒之盟，而为莫逆之友兮，余之愿也。"

古　松

姚宗衡

长松列植不知年，色映文园影映川。
黄粉鹤粮花扑地，青葱虬甲干擎天。
更无散木材同老，只有贞心柏共研。
风入涛声谁卧听，赏音除是酒中仙。

大雪饮古松亭，暮至允修家观宋元画卷

凌驯

冬雪诚欣慰，枯木忽妖冶。古拙有画意，俗笔不敢写。

---

① 秾：花木繁盛。
② 绥山：即今四川省峨眉山市与乐山市沙湾区交界处的二峨山，为道教仙山，西周仙人葛由升天之处。
③ 偃蹇：高耸。
④ 夭娇：屈曲貌。

呼儿携小榼，集饮长松下。昂藏百尺尔，青须立白也。
移席习家池，丝竹佐杯斝①。乃出古画图，名贤跋潇洒。
卷卷冰雪姿，冷重不能把。雪画画亦雪，谁真复谁假。

松梢月影

周经邦（樊桐山人）

月挂松梢松卧地，松节月影月行天。
举头见月镜皎皎，侧耳听松涛溅溅。
松如游龙月如兔，玉兔西沉龙不眠。
明月老松常作伴，千秋清影笼沙川。

松　月

汪由宪（绍雯）

仰观天边月镜，俯看水底松针。
不知松遮月影，还是月写松阴。

松梢月影

夜分孤月挂松梢，青松月下见毫毛。
影入西流松上月，松阴横地月轮高。

文　台

在文会所内，万历癸巳年造。崇阶叠级，曲径逶迤，与不窥园地，中间衢路，上为石梁以通之。挹②瑞黄金岳之峰峦，接新安古歙之城郭，昉溪如鉴。

文学方卜频题曰"云物芊绵"。刻石存焉。

秋日登文台远眺

凌子俭（仲广）

昨日风高今渐微，登台莫怯屡飘衣。
双浮远塔环溪立，一缕轻烟出谷飞。

---

① 斝：古代盛酒的器具，圆口，口上有两柱，三足。
② 挹：舀；牵引；拉。

芦荻秋寒白半吐，枫林霜竹绿犹肥。

闲来且共儿童醉，酩酊扶筇踏月归。

文 台

凌士超（钝峰）

台俯溪流接斗宫，登临万象辟鸿蒙①。

桃翻锦浪云霞绮，松长龙鳞岁月丰。

环匝②峰峦遥近里，参差城郭指瞻中。

仰思先德文风在，磴道③层层气概崇。

雨后文台晚眺

凌宏钟（昉溪）

雨霁云衢阴雾开，林皋散步到文台。

夕阳西下笼疏柳，归鸟南飞集古槐。

瑟瑟晚风吹叶乱，萧萧爽气带烟来。

清秋自昔多佳兴，此日登临实快哉。

前题次凌子昉溪元韵

江志广（青田）

霾风④敛息湿云开，纵目旋登百尺台。

一片平沙园绿竹，两溪新碧影高槐。

斜阳叱驭衔山下，乾鹊⑤归巢度水来。

心旷神怡观不足，远岚横翠景悠哉。

秋日晚登文台远眺

凌应秋（北洲）

景色登台好，悠然四望明。雨余秋草翠，云断晚虹轻。

渺渺波无际，萧萧树有声。参差茅屋远，一缕暮烟横。

① 鸿蒙：指天地开辟之前的一团混沌的元气。

② 环匝：围绕。

③ 磴道：登山的石径。

④ 霾风：阴风。

⑤ 乾鹊：即喜鹊。其性好晴，声音清亮，故名。

咏辅仁堂阶前二石

凌彝泰（载篁）

云根①双竖讲堂前，兀立东西各一卷。
岂是当时陈纸臼，还疑今日废书研。
山灵秀骨供诗癖，石丈嘉名锡米颠②。
两美至今难甲乙，青松翠竹任年年。

辅仁亭

本里南北衢路必由双桥，桥头有亭，亭立十二柱，上分六脊，故俗呼为"六角亭"。明万历中，里人凌孟宗公造桥，而为亭于其北，所以镇水口，壮观瞻，为一方之文笔也。前人建此，一举而三善备焉。厥后，燔③于火，摧于雷，毁于邪说。盖亭之兴废三见矣。乾隆丁丑，里众用复前烈，慨然兴筑，亭成，改今名，曰"辅星"。从形家言，以其位置在辅也。

双溪桥亭览胜集唐二绝

洪天开

爱兹山水趣（阎防），细草绿汀洲（李嘉祐）。
地阔平沙岸（杜甫），暄和散旅愁（杜甫）。

只将琴作伴（白居易），心折此淹留（杜甫）。
黍苗侵野径（虚中），竹树绕春流（张说）。

辅星亭览胜

凌宏钟（昉溪）

桥亭多胜慨，游览觉神怡。昉水环如带，梅山列似旗。
平沙修竹绕，红树老枫披。忽忆舣④槎⑤客，秋风天汉眉。

---

① 云根：山石。
② 米颠：即米芾，字元章，北宋书法家、画家、书画理论家。世号"米颠"。
③ 燔：焚烧。
④ 舣：使船靠岸。
⑤ 槎：木筏。

登辅星亭漫兴

凌彝照（纯熙）

古亭高耸石桥头，麦浪风吹四月秋。

二水回澜青嶂合，千杨飞絮白云浮。

淇园

在昉溪上，园皆绿竹，青青可爱，故名。

二水洲

两溪合流，一洲中立，上植杨树百株。先年建立三元君阁、素云亭、响雪楼。万历二十五年，山水横流，冲塌沿溪民庐无数，而洲上亭台树木皆挟之而走。今百五十年，沙洲犹存，而宇舍安在，吊古者不能无沧桑之感云。

登三元君阁

方回①

二水中洲望，三元阁上过。

远烟浮水阔，和日入楼多。

树蜜花攒蝶，岩巉②翠叠螺③。

灵山看不远④，无筏度恒河。

响雪楼听雪

凌庆四

朔风吹寒透布袍，凭阑溅玉响林皋。

山家落叶添残火，孤野危松拥暮涛。

· 43 ·

---

① 方回（1227—1305年），字万里，别号虚谷，歙县人。元朝诗人、诗论家。为江西诗派殿军。但无节操，为世所讥。元初，曾任建德路总管，不久罢官，即徜徉于杭州、歙县一带，晚年在杭州以卖文为生。

② 岩巉：同"巉岩"，险峻的山岩。

③ 原批注："对面有赤霞岩。"

④ 原批注："去灵金山十五里，山上供奉牟尼佛。"

卷一

紫府客来披鹤氅①，黄庭书就剪鹅毛。

小桥欲踏寻梅去，且解琴囊换浊醪②。

二水洲杨花飞絮

凌驯

氄氄拂径几盘桓，吐白如绵绪甚繁。

入鬓忽惊潘岳③老，沾衣犹惜闵骞④寒。

半帘野马阶前合，一榻啼鹃梦里残。

引得深闺愁正绝，东风吹送满阑干。

回仙坊

在双溪桥下数步。唐时吕仙来游，里人竖坊题额曰"回仙旧游"，志仙迹也。又曰"芹曝彰赐"，志荣公之献仙方也，而受君惠也。今废。

孝烈坊

凌氏家庙左侧。凌忠烈公冢妇⑤，荫子嘉恪妻吴氏殉烈，安抚靳辅具题，旌表建坊。

八仙园

在小溪上，内有餐英阁，植梅、李、桃、杏、玉兰花，春日花开，游人接踵。先时孝廉金台公与善诗酒者八人，啸傲⑥其中，因以"八仙"名焉。今餐英阁已圮，而玉兰花犹存，抚今思昔，不无感叹。

大雪集饮餐英阁二首

凌驯

四望铺瑶海，登楼笔欲呵。水凝寒蕊厚，雪占晚山多。

---

① 氅：外套。

② 醪：浊酒。

③ 潘岳：即潘安(247—300年)，河南中牟人，字安仁。西晋文学家，古代美男。

④ 闵骞：闵子骞的省称。闵子骞，名损，字子骞，孔子高徒，在孔门中以德行与颜回并称，他为人所称道，主要是他的孝。孔子称赞说："孝哉，闵子骞！人不间于其父母昆弟之言。"

⑤ 冢妇：嫡长子的正妻。

⑥ 啸傲：指逍遥自在，不受世俗礼法拘束。

画鹢①思千里，昏鸦集一柯。龙门称盛赏，此夜乐如何？

又

景佳良不易，尤美主人贤。夺目光难视，同心客尽延。
狂歌皆楚曲，大芈胜吴绵。复饮寒梅下，幽香更可怜。

八仙园绛桃重华

凌嘉藻（永湘）

玉衡②佳气笑迎人，再顾多情在晚春。
云丽如逢龙帐③瑞，风流应厌鹤林神。
文心吐艳花中粲，丹液腾光酒欲醇④。
莫向芳华贪坐赏，禹门浪暖是前因。

八仙园看花

凌应春（昉村）

及时光景好，乘兴看花来。风雨来相妒，园林恰半开。
留余美不尽，含态笑方孩。火齐初烧树，明珠正剖胎。
春莺同睹皖⑤，粉蝶尚徘徊。莫待韶华老，纷纷点翠苔。

东 亭

在村里之东亭外，平冈一带。荆楚青翠接目，太常卿东鳌公题曰"平楚遥青"，为沙溪八景之一。

平楚遥青

凌子俭（东鳌）

万绿成丛翠欲滴，不同春日草芊芊。
眼前竹树参差立，望里郊原片假联。
一抹画中螺子黛，重光深似蔚蓝天。

① 鹢：古书上说的一种似鹭的水鸟。
② 玉衡：北斗七星之一，又名北斗五，位于斗柄与斗勺连接处，即斗柄的第一颗星。
③ 龙帐：即龙帷。
④ 原批注："园畔有丹泉。"
⑤ 皖：明亮。

醉眠可是平如掌，绝胜儒家坐下毡。

东亭田间即事

凌守约（金台）

田家犹剩古风光，起望烟墟晚色苍。
乳燕影中摇乱日，子规声里送春忙。
清和麦浪层层涌，绵丽秧针渐渐长。
筋弩不能娴稼事，一壶浊酒垅头尝。

田家行

凌䮲

田家五月真劳苦，刈①麦才完便栽稌②。
连雨浃旬③既忧潦，方晴数日即望雨。
昼尔桔槔④不得休，夜间频起饭黄牸。
昨日纳租上街市，市上酒家芬且旨。
老翁无钱不肯赊，懊恼归来叹无已。
今年闻得秋风早，七月中旬可获稻。
秫⑤米先春村酿好，陶然一醉消前恼。

东亭看红叶

凌光亨（伯衍）

秋风绘事亦何好，吹入棘林幻奇藻。
青红紫绿颜色匀，兼有轻黄与深皂。
天然一幅汉宫春，小李金碧那足道。
村村排拥似华堂，树树妖娇忘岁老。
我醉呼尊不肯休，仰天大笑长倾倒。
到此方知佳趣多，从今莫怨秋风早。

---

① 刈：割（草或谷类）。
② 稌：稻子。
③ 浃旬：一旬，十天。
④ 桔槔：汲水的一种工具，在井旁或水边的树上或架子上挂一杠杆，一端系水桶，一端坠大石块，一起一落，汲水可以省力。
⑤ 秫：高粱。

梨 园

在狮山之麓，园种梨树数十株，花开如雪。旁有紫云庵，蓄养杜鹃花数座，其大如筐。今废。

凌香更邀赏梅花未赴
方卜颇（仨二）

两约看花未有间，卧来偏梦踏花间。
清阴零乱香双袖，淡粉轻匀眉半弯。
岂是夜深月浸树，何为春尽雪粘山。
缘悭①胜赏多相负，重订携壶一醉还。

紫云庵看杜鹃
凌子俭（素庵）

杜鹃啼彻杜鹃开，满槛春光结绮来。
血落苍苔知是恨，霞蒸碧树倩谁栽。
不随归梦寻巫峡，却遣繁华上越台。
若到五更能叫月，几多红粉落如灰。

梨园看梨花
凌驯

春涛何故山中起，素练横拖有半里。
扑眼瑶华晃晃明，藐姑峰头下仙子。
冰绡雾谷纷葳蕤②，骖鸾③驾鹤车缅缅④。
香魂缥缈无定情，白雪满壑迷游屐。
灵雨忽来花发嗔，钗钿委地娇如洗。
惨淡之后吐光妍，玉随双垂珠为蕊。
雨住明月斜挂山，花容疑浸清潭里。

---

① 悭：缺欠。
② 葳蕤：形容枝叶繁盛。
③ 骖鸾：指仙人驾驭鸾鸟云游。
④ 缅缅：有次序。

溶溶潋潋差足拟，春山立变同秋水。

应接不暇神疲骫①，四望晶融叹观止。

村南水口亭

在村口。万历年里人耀信建，乾隆四年国学公晋重修，榜其前曰"西流浣月"。后曰"松径隈云"。

皇富大社

在本里小溪之南岸。宋隆兴二年，二十世子佺公以五村生齿日繁，赛祠内者嚣杂不能成礼，乃独建社坛于青塘山。祭则迎主于坛，毕则奉主于室，明初毁于火。永乐二十年，族众重雕新主奉祀于临清楼。正统元年，东西二门批捐创建今祠于此，其址计量二百二十一步，税系"人"字二百四十一二号，万历九年，册改"号"字二十七号。国朝顺治年，新丈改"巨"字，榜曰"皇富大社"，程舍人南云笔也。元夕，向例东西二门会祭，至嘉靖元年壬午，东西始分轮祀。其税存别驾公祠，详载士超公考略，见《艺文》。

蕉园

在大路门之东，建于万历年间，园种芭蕉，绿荫宜人，司马忠烈驹公与其弟文学驯公读书别业。昔公父赠君贸易桐山，归里后先建书斋，次营居室，尝曰："读书须要静处。境地嚣尘，胡可居也？"赠君卒，母夫人位氏督子甚严。公昆季请某师授学蕉园，一日，师授书过怒，误挞②驹公首，流血被面，师有悔色。母夫人知之，喜曰："儿学可成矣！"使侍者诣蕉园传语先生："谢先生惩创顽儿，主君当感激泉下。愿勿以流血为故介意，宽于督责。"因命驹公前自请加夏楚③如数。自此师教益坚，子学益力。厥后，驹公为有名忠臣，驯公为江右硕彦。

---

① 骫：曲；枉。

② 挞：用鞭子、棍子等打人。

③ 夏楚：夏，同"榎"。楚，荆条。"夏楚"就是教师使用的教鞭，是用来警惕、鞭策学生的。后泛指体罚学童的工具。

蕉园听蕉雨

唐晖

萧疏高寄泛清光，暮雨微敲韵自长。
一卷浅黄开处湿，几声新绿溅来凉。
闲听堪读金衣啭①，急就时裁玉版②方。
惟有幽人知爱此，北窗领略望羲皇。

蕉园四友诗

凌驯

方竹

潇疏几挺拂斜阑，耻学圆通逐世权。
岳岳虚怀良可挹，棱棱③峻节岂容刓④。
淇园遇雪应成壁，渭水临风不制竿。
我欲与君偕白首，携筇摇曳勉加餐。

赘榴

遇村轮困味非甜，安石风流此独谦。
枉道事人如惮点，丹心映日匪趋炎。
浓阴尽可闲来卧，酸实惟供渴者沾。
形貌支离何所似，相逢莫逆一掀髯。

疏梅

老干嵚崎历雪霜，年年几点缀寒芳。
轻烟半剪沉空水，皓魄才临上短墙。
如对素心共晨夕，尤怜女子怯衣裳。
莫羡邻家花事好，淡交能久两相忘。

---

① 啭:鸟婉转地鸣叫。
② 玉版:古代用以刻字的玉片,亦泛指珍贵的典籍。
③ 棱棱:威严貌。
④ 刓:削去棱角;挖;刻。

弱柳

张郎佳致久知名，未染春光态已萦。
长缕有情堪击马，柔条无力可留莺。
披猖①不禁东风恶，濡忍②还凭骤雨倾。
多少强梁摧落尽，何如荏苒③度平生。

蕉园吊古

郡守·曹鼎望

蕉园之蕉今犹古，碧叶萧萧潇疏雨。
忠臣义士千载名，断碣④残碑一抔土。
缅想当年舍馆间，兄弟相师尝闭户。
把酒论文杜少陵，谈兵说剑陈同甫。
经文纬武两关心，手扼崇城力如虎。
舍生取义殉封疆，乾坤崩圻⑤忠魂补。
而今物在人已亡，秋风飒飒鸣庭树。
百年往事痛难云，长歌再拜向荒圃。
古人地下闻不闻，芭蕉绿荫谁为主。

过蕉园有感

凌宏钟（昉溪）

蕉园以蕉名，绿叶映堂宇。贤母重斯文，贤子绳其武。
昔为风雅地，今成荒凉圃。抚今以追昔，感叹泪如雨。

---

① 披猖：飞扬。
② 濡忍：柔顺忍让。
③ 荏苒：时间渐渐过去。
④ 碣：圆顶的石碑。
⑤ 圻：同"垠"，边际。

蕉园吊古四首

凌彝泰（若蘋）

其一

蕉园之蕉蔀①蕾，蕉园之主意怠。
年年蕉绿阴阴，甘露无人采采。

其二

蕉园之蕉尚在，蕉园之色已改。
藭蕉昔日文缘，尽事韩湖苏海。

其三

蕉园之蕉不在，蕉园之名千载。
兄弟共一锤垆，铸成国家鼎鼐②。

其四

蕉园之蕉如古，萧然之室环堵。
蕉园书剑犹存，留待后贤法祖。

沙 堤

南北通衢，堤长里许，高一丈余，皆沙石筑成。外溪内田，堤上两旁夹植桃柳，至济阴桥与徐村分界。载《歙志》。

沙堤晚霁望黄山

凌驯

烟峦许久为谁封，濯濯新姿近晚逢。
返照遥围金凿落，空青例浸玉芙蓉。
峰头夭矫倚天笑，石骨嵯岈③佐席供。
犹忆昔年偕素侣，光明顶上一支筇。

① 蔀：遮蔽；古代历法称七十六年为一蔀。

② 鼎鼐：比喻朝政。

③ 嵯岈：错杂不齐貌。

· 51 ·

卷

一

沙堤新柳

江志广

才向长堤望远程，柔条早已系闲情。
春心乍托飘梅后，写怨初闻羌笛声。
未及成阴权试马，先教携酒听流莺。
空山残雪依然白，摇曳鹅黄分外明。

沙堤新柳

凌宏钟

几行垂柳放黄初，可爱入春春雨余。
弱干拂墙风袅袅，长条临水影疏疏。
慢教系马听啼鸟，尚少游人走钿车。
曾识往时攀折处，依稀萌蘖未全舒。

建　　置

仙井巷

吕仙宫傍，东通大圣桥。

登科第

去仙井巷数步，孝廉金台公住宅。

柱史第

在忠孝巷内，少司马忠烈公住宅。

忠孝巷

即大路门，北通忠烈公祠堂。

有功亭

在隆堨干。里人凌有功家贫业，功悯农人作苦烈日之下无避阴处，因措资建亭，俾农人于其中餐馌①焉，群以有功称之。足见好善在人，无论贫富也。

廷尉第

在东边桥，即孝友堂也。

五马第

在街上东栅门旁。

朗吟楼

吕仙宫内，乾隆二十二年②建造。吕仙屡征灵异，祈井水者，日多以千计。祠宇窄隘③，展拜④者多无憩息之处。里人凌和欣、顺琪、宏钟等集众批捐，扩祠旁隙地，构小室数椽，又建楼于宫左，名曰"朗吟"。钱塘周龙冈书额。

虚白室

在朗吟楼后。

川上馆

在东祠之对。

九甲巷

北通古荷花塘。明崇祯间，户部镜沩公未第时，值除夜祷灶神前请方向，抱镜出门，窃听里人无意之言，以卜来岁休咎⑤。行至此巷时，夜已半，寂无人语，只闻鸭鸣者三。明年会试，果登三甲进士。

水 巷

南栅门外。西过小桥，通梅山。

---

① 馌:给在田间耕作的人送饭。
② 乾隆二十二年:即公元1757年。
③ 窄隘:狭小;狭窄。
④ 展拜:拜谒,行跪拜之礼。
⑤ 休咎:吉凶;善恶。

丁字巷

在村里中隅。南通吕仙宫，北通三分支祠。

桥　屋

在北栅门外，王三槐堂左旁。系"巨"字一千一百八十二号，计税一分四厘三毫三，系土名上仓屋基。又"巨"字一千一百八十四号，计税一厘七毫。路外地二税存义桥户。

里长田

田税八分二厘九毫，系"号"字一千一百零六号，土名师姑桥。其谷租每年十甲轮收，税存义桥户。

卷二

桥　梁

仙姑桥

俗呼师姑桥。出北栅门外，相传郑仙姑游任公钓台，桥圯难行，仙姑用石甃之，故名。按《歙志》："郑仙姑之父曰郑八郎，儒者也。姑幼与父居乌聊山之小阁，客至，父见客阁下，姑上自捧茶汤下，率以为常，未尝见阁上有烟火。"苏辙[①]时为绩溪令，到郡谒之，闻其旧宅摧坏，夜大风雨，屋毁有声，邻人疑其压死，且视之，一木斜倚床上，得不压，而姑酣睡未觉。子由与论五蕴[②]、五行[③]，多所发语，具《龙川略志》。

过仙姑桥

罗　愿[④]

问路沙川南，仙姑在何处？只在此村头，绕溪行上去。

仙姑桥

凌润生

仙桥沙川西，仙姑此来去。桥上有姑名，仙姑不知去。

---

　①苏辙(1039—1112年)，字子由，四川眉山人。北宋文学家、诗人，唐宋八大家之一。

　②五蕴：指色蕴、受蕴、想蕴、行蕴、识蕴五种。色蕴，是指一切客观存在的物质的聚合，即物质现象，具体包括地、水、火、风等四大物质因素；受蕴，是指感官接触外物所生之感受或情感等；想蕴，通过对因接受外界事物而产生的感觉进行分析而得到的知觉和表象；行蕴，通过对外界事物的认识而产生的行动意志；识蕴，主要指人的意识作用。五蕴是佛教关于人体和其身心现象都是由哪些要素构成的理论。

　③五行：指金、木、水、火、土。五行是中国古代的一种物质观，多用于哲学、中医学和占卜方面。

　④罗愿(1136—1184年)，字端良，号存斋，呈坎人。荫补承务郎，授临安府新城县监税。历任鄱阳知县、赣州通判、鄂州知事等，人称罗鄂州。精博物之学，长于考证。淳熙二年(1175年)，纂成《新安志》十卷，为南宋方志代表作，开方志学注重民生、注重考证先河。著有《尔雅翼》《罗鄂州小集》等。

仙姑桥

邑令·靳治荆①

仙桥起何代，不记几多年。仙姑曾过此，嵌石放流泉。

义桥渡

西北往来，中隔昉溪。古渡者，所以通西北之要途也。向有舟楫济人，然舟小人众，待渡需时，行人未便。康熙年，里人德源、德舟二公捐资，爱仁公生息置田数十余亩，请于有司，给发义桥印照，每岁收租息造木桥。自此问津者不至病涉，三公之力也，义哉之仁矣夫。

过沙溪渡

江东之②

晓问沙溪渡，呼童荡小舟。云林不辨树，沙路共谁游。
花点春衣露，临寻细草洲。依稀桃柳色，诗意淡波流。

过沙溪古渡

程道东③

昉水看无际，行人叹不前。孤舟呼夹岸，轻楫济长川。
野老扶篙立，村童旁桨眠。频频问舟子，古渡不须钱。

小桥

在水巷口。

---

① 靳治荆：字熊封，号书樵，能诗文，好风雅，辽东人（今辽宁省）。康熙二十一年（1682年）任歙县知县，有惠政。康熙二十五年（1686年），于县治后建问政山堂；二十九年（1690年），主修《歙县志》十二卷。善于制墨，负有盛名。

② 江东之：生年不详，卒于1599年，字长信，歙县江村人。明万历五年（1577年）进士，擢御史。首发冯保、徐爵奸，受知于帝。后因争寿宫事坐贬霍州，以病免。复起，知邓州。累官右金都御史，巡抚贵州，击高砦叛苗，斩首百余级。复以遣指挥杨国柱讨杨应龙，败绩，黜为民，愤恨抵家卒。

③ 程道东：字震伯，介塘人。明嘉靖三十八年（1559年）进士。后授工部主事，奉诏营建景藩之宫。事竣，治理黄河，成绩斐然。遭诬陷出守深州，旋任青州倅。因治海有功迁南京户部郎，寻转兵部郎。后以亲老不便迎养告归。

沙溪桥

在吕祖宫之东。宋隆兴二年，浙西平江大使凌子佺公创建。跨溪作桥，因桥作亭，上祀大圣之神，故俗呼为"大圣桥"。见《徽州府志》。

临清桥

在临清楼侧。

东边桥

在临清楼桥之下。

双　桥

在本里水口。万历年里人凌孟宗公建，以其与大圣桥相望并列，故名"双桥"。以其后大圣桥而造，又曰"新桥"。西流胜概，北道通途。花柳夹堤，互相掩映。车马往来，辐辏①之区也。

双　桥
凌士超（钝峰）

飞虹相映水光澄，碧宇云晴势若腾。
栏畔绿拖春柳叠，镜中彩耀夕阳蒸。
跨溪并峙星躔②应，连陌斜通雁齿乘。
徒倚石桥人意爽，风生细谷簟纹③层。

新桥观涨
江忠广（宝所）

一夜腾蛟雨，双川浊浪漂。湿云凝未散，驶水势如潮。
侧耳声澎湃，舒眸岸动摇。鱼罾④排古路，展齿响新桥。
别泒⑤于然会，原泉所自超。浑疑田变海，料得市容船。

· 59 ·

---

① 辐辏：人或物像车辐集中于车毂一样聚集。
② 躔：天体运行。
③ 簟纹：席纹。
④ 罾：一种用木棍或竹竿做支架的方形渔网。
⑤ 泒：泒水，古河名，源出山西省，流至天津入海。

疏蹦思神禹，畴咨在帝尧。怀襄形未定，垆畔酒帘招。

夏日双溪看云因赋夏云多奇峰

凌应秋（鹤汀）

朱夏看云出，凌空耸作峰。卷舒非起蜃，来去定从龙。
三素同春色，千岩拟岱宗。孤飞悬落雁，轩学列芙蓉。
气结丈人影，光浮玉女容。桥边闲眺望，返照水中浓。

薄暮步双桥眺望

凌彝谟（竹溪）

斜日西沉岚气幽，疏星几点动西流。
两溪泽畔来鸟犊，二水洲边拍白鸥。
晚火相连炊竹筏，寒烟深处系渔舟。
蝉声欲静凉风起，远报高梧一叶秋。

双桥看洪水

凌彝泰（香海）

夜听潇潇雨，悬知水势骄。睹兹双港浪，何异浙江潮。
横润怀山麓，奔腾拍石桥。安澜如可度，泥滑可乘撬。

晚过新桥即事

凌彝乾（健符）

牧童饮犊溪弯，归鸟呼雏树间。
俯看桥边月影，蛾眉恰扫西山。

同友人新桥缓步·调寄菩萨蛮

凌彝荣（暻漩）

春阑日永人如醉，山城池馆花阴碎。缓步石桥头，呼朋上酒楼，酒清人亦韵。嚣杂都成静，此景洵悠哉，松声带月来。

苦雨小霁步双溪新桥口占

江志广（清恬）

沉霆弥月水漫漫，浣月溪桥路未干。

目送湿云归远岫，身沾细雨不知寒。

更路桥

在梅山之麓。

步梅桥

与更路桥相去数步，沿溪一带多植桃柳。昔黄南二逸，筑室于赤霞岩畔，时步桥上咏游其间，人号二逸桥。

过步梅桥怀黄南二逸

凌宏钟（昉溪）

其一

扶筇着屐步前川，探遍梅花月正圆。

清事何人传二逸，胡公载笔有遗编。

其二

清芬铁干清标合，淡写罗浮淡处妍。

泌水衡门①成往事，步梅桥号古今传。

前 题

凌彝谟（禹襄）

忆昔黄南二逸，灌园桥畔溪隈。

春夏观鱼观涨，秋冬探桂探梅。

今日木花千树，尽是当年手栽。

---

① 泌水衡门：语出《诗经》："衡门之下，可以栖迟。泌之洋洋，可以乐饥。"后指隐居之地。

水　利

隆　堨

　　创于唐初，其时自堨首迄尾，空旷未有村落，我凌氏先人相形势，勤奋插，横绝中流，埠①而筑之，厥名曰隆，引水入渠。税分隶十甲。由渠而下潴水于袈裟丘，减水于仙姑桥，灌溉田五百余亩，为凌氏世守之业，他姓不得而与焉。宋元以来，汪姓始居富堨之旁，因堨名村。后渐殷繁，间临隆堨圳畔，创建屋宇，本族欲申理之而未果。行至明崇祯十四年大旱，隆堨始有雀角②之衅，族人凌起宾、凌良等控告各宪，反复申理，卒得直而还，至今有揭帖、案卷、碑文存公匣焉。详载文学方仸二《隆堨记》中。

连日霪雨隆堨田麦漂流

凌驯

来年四月将成熟，农夫仰此慰枵腹③。
四野蠓蠓数载稀，旦夕磨汝供朝粥。
姑呼阿嫂嫂呼叔，今年破絮无可鬻④。
如何连朝天地昏，雨声注瓦如崩屋。
一日犹盼二日晴，二日犹望三日暴。
自从月朔作狂霪，转眼便到念五六。
良畴日日起波涛，遥遥仅见前村木。
男儿号天女号饥，雨恕咆哮不闻哭。
大麦漂流小麦萎，布裙久破不堪漉⑤。
初想一亩可三担，于今数亩不盈斛⑥。

---

①埠：小堤。

②雀角：指狱讼。

③枵腹：空腹，谓饥饿。

④鬻：卖。

⑤漉：液体往下渗。

⑥斛：中国旧量器名，亦是容量单位，一斛本为十斗，后来改为五斗。

糊口尚难官催租，公廷忍饿熬敲朴①。

到处流亡日益多，炊烟不起啼饥鹭。

咏隆堨

邑令·靳治荆

隆堨依时浚，凌家世代传。桔槔间外舍，水泽满千田。

秧插频加粪，禾收早易钱。先人遗此业，无用叹凶年。

戊寅六月三日，余监筑隆堨，适值风雨大作，农工告止，因作歌以志喜

凌应秋

俗传六月初三雨，从此七十二瀑来。

我意从前皆不爽，十风五雨无旱灾。

今年此日湿云起，大雨时行势不止。

因知此后足郊原，预卜丰亨庆闾里。

闾里原田广且饶，高高下下流水绕。

农人陇上咸鼓掌，彼此共羡田中禾。

错落田禾黄渐至，晚稻扶疏绿可视。

不须辛苦浚河渠，天泽散为万姓食。

有年好载入诗书，兴黍兴稷满篝车。

盛世黎民每如此，仓庾堆作九年储。

富　堨

唐初沙溪周绕十余里，地广人稀，我凌氏卜居于此，力田代食，开浚富堨浇灌，以资水利。宋元以来，有汪姓者居富堨圳旁，因堨名村，故称富堨村。后渐殷庶，置有富堨，遂与彼共之。凌姓疏渠，汪姓筑坝，同买村口石山二十亩，名为堨山。又共建雨粟庵，每岁征茶租完课。山为凿石修筑坝圳之用，庵为首事憩息之所，至今世守之矣。其雨粟庵僧人租批，现存本族富堨匣。

---

① 敲朴：也作"敲扑"。鞭笞的刑具，短曰敲（木杖），长曰扑。这里指鞭笞。

皇呈埧

唐时村南田畴开垦无多，临溪车戽，人力疲劳。我族于唐光启间相形势，兴水利于小溪上流今郝村三板桥地筑堰浚渠，名曰皇呈云者，因皇富社之名而连及之荣，君赐也。后五代南唐时，徐姓卜居朱吴村，因与共业，立有分水界石，至今犹在。

休　埧

宋初天下承平，村南田亩开垦日多，而小溪细流不敷灌溉，凌徐两姓又于皇呈埧下三里许，兴筑休埧。取休息之义，以补皇呈之不足也。

水　湖

即袈裟丘也，系"菜"字四十一号，税分十甲。装载隆埧水由圳而下，至此散入各田，为咽喉要地，故名水湖。从此一往高坦上，以灌西南之田；一往黄泥丘，以灌东北之田，其间千条百缕，分而益分，皆原本于此，潴水其袈裟丘。田随埧甲耕种，他人不得而佃，所以遵祖制，防奸宄①也。埧甲者系本族仆人充当，每年办理渠务。计田二亩零四厘五毫，土名过水丘。

古荷花塘

在沙溪村之北。

安儿塘

在石路上。今填塞成田。

匠户塘

在北溪草堂之左。

逊刚塘

在村里九甲巷口。

---

① 奸宄：违法作乱的人或事（由内而起叫奸，由外而起叫宄，也有相反的说法）。

金刚塘

在细太公坟旁。

新荷花塘

在水月镜之对。六月芙蓉盛开，游人玩赏不绝。

并蒂莲

凌驯（香吏）

瑞召天葩宝气骎[1]，奇姿入镜浴波深。
才人醉吃三宫火，妃子娇摇十步金。
鸳结连环衔藕臂，燕钗双鬓伴芳心。
韩凭有梦浮青沼，不作临邛[2]暮夜吟。

水口观荷

江志广（清恬）

其一

消受荷风趁早凉，此身如在水云乡。
闲行堤岸满天露，三匝芙蕖[3]半亩塘。
望去火炉敷顷刻，旋看金炬斗辉煌。
玉堂清贵瀛洲[4]客，胜事于今未渺茫。

其二

风从水面过来凉，况挟新荷一味香。
清露如珠团翠盖，轻红看辨里莲房。
西沉斜月鉴中影，东有启明华上光。
静悄方塘观不足，高吟惊起宿鸥翔。

---

① 骎：骎骎，形容马跑得很快的样子，也形容事业等进展得很快。
② 临邛：秦置古县，治所在今四川邛崃。
③ 芙蕖：荷花。
④ 瀛洲：传说中的东海仙山。

水中荷影

汪志高（亦园）

青莲家世返瑶池，依样妆成别样奇。

波底洛神浮锦袜，潭心仙子斗蛾眉。

霞光印出高低辨，风影勾连上下枝。

白鹭欲栖栖不得，雪翎倒入彩琉璃。

水中荷影

凌应春（昉村）

清影还疑是洛神，霞标从不染红尘。

萍开水漾星妃淡，波绉风吹西子颦。

日映晶盘成并蒂，月悬冰鉴悟前身。

恨他鸳鸟翻澄碧，隐却当年步步人。

看荷花

凌应秋

不染污泥质最良，芰菱未许与齐芳。

人来侵晓风还湿，花到黄昏月亦香。

叶叶翠擎珠颗动，枝枝露滴鉴中光。

品题正合称君子，爱玩溪边逸兴长。

长塘

在富竭干。

善民二公塘

在王家宅。王姓人租，每岁交租银四钱，其塘堤毋许开挖，立有禁碑。

岩前塘

在赤霞岩下。

菱角塘

在梅山。

梅隐塘

在梅山。

祠　　庙

玄坛庙

在溪东中街，西栅门旁。

观音大士庙

在水月镜。

张仙祠

（无正文）

罗汉祠

（无正文）

五猖祠

（无正文）

吕真人祠

在文会所旁，以奉吕仙。而遇仙翁凌荣禄公从旁配之，额题"丹泉留踪"。明定州同知子信公书。

土地祠

社稷明公祠

奉祀皇富大社。

大圣庙

在沙溪桥上，以祀泗洲大圣。

隆竭都土地庙

在石路上。

隆富都土地庙

在桐树园。

凌偏将军庙

以祀吴亭侯统公。公字公绩，三国时人。

凌氏忠节祠

以祀宋徽猷阁待制唐佐公、明太常卿子俭公、刑部尚书义渠公、兵部左侍郎骊公、河南道御史润生公、户部郎中世韶公。在八仙园旁。

凌忠烈公祠堂

在忠孝巷内，俗称"官厅"，为忠烈公住宅。公讳骊，字龙翰，明末殉节。徽州推官温璜题其额曰"天中一柱"。

明御史凌龙翰先生死节一律

袁文鼎

乾坤惨淡国生香，束罢生刍①泪几行。

---

①生刍：吊祭的礼物。

一剑已堪酬智氏，甘心元自许徐郎。
歇^①留正气千秋凛，何必忠名太史扬。
怪底西风泣夜雨，黄花白草黯秋霜。

哭伯兄侍御四首（用陈涉江吊镜汭侄韵）

凌馴

其一

牧马南来一见人，诗歌慷慨便捐身。
耿冯上谷曾经战，张许睢阳好作邻。
义倡孤城齐已复，阵精背水帜犹陈。
运逢阳九臣应尔，家室流离敢怨贫。

其二

滔滔大势去难还，家国沉沦巨浪间。
万众已离成解瓦，一夫难勇莫当关。
总师元老心犹怯，料敌书生气颇闲。
主辱臣亡千载谊，龙髯^②抱痛好同攀。

其三

结塞愚夫苦未舒，从戎深入阵云荼。
心驰北阙身膏血，天厌中原祸未锄。
山左萑苻^③曾避马，河干官舍有悬鱼^④。
至今风雨伤心夜，怕读当年绝命书。

其四

蕉园种树已成阴，一诀危城岁月深。

---

① 歇:盛怒,气盛。

② 龙髯:帝王之须。

③ 萑苻:春秋时郑国泽名。据记载,那里常有盗贼聚集出没。

④ 悬鱼:典出《后汉书·羊续传》。讲的是东汉羊续任南阳太守时,下属送给他生鱼,他收下来悬挂在院子里,后来这人又送鱼给他,他把上次悬挂的鱼给这人看,叫他以后不要再送。这样,"悬鱼"一词便成了官吏廉洁的代名词。

我学招魂歌楚曲，公骑箕尾①伴长琴。
谁从荒冢挥寒涕，空向新亭叹陆沉。
寂寂泉台知己少，幸偕小阮结同心。

谒凌忠烈公祠堂

郡守·曹鼎望

庙貌巍峨甏斫工，我来此处哭英雄。
两河再造田单计，一死无惭信国忠。
华表霜飞含碧泪，松楸②落月带寒风。
孤臣自有栖神地，家国由来享祀同。

挽凌御史公古调一章

方卜烦（炫二）

古有忠兮孰若君偏，刀箭井础且绳悬。古有忠兮孰若君□，勺水不饮饮毒药。古有忠兮孰若君忍，四岁孤儿惟一哂。古有忠兮孰若君纯，弗计皤皤③母七旬。古有忠兮孰若君差，登科何日戴乌纱。古有忠兮孰若君玄，开箱不见半文钱。古有忠兮孰若君闲，柱上忙杀颜常山。古有忠兮孰若君婳，薰风吹散李司隶。古有忠兮孰若君德，吴楚朦朦伍相国。古有忠兮孰若君浮，江上逍遥屈大夫。古有忠兮孰若君宁，麦城劳攘关寿亭。古有忠兮孰若君狂，妻妻妾妾张睢阳④。古有忠兮孰若君福，鬼哭风波岳武穆。古有忠兮孰若君陟⑤，英雄泪满宗留守。古有忠兮孰若君详，白昼无光李侍郎。古有忠兮孰若君中，时来时去文信公。古有忠兮孰若君全，从容迥越余忠宣。古有忠兮孰若君复，去年此日死上谷。古有忠兮孰若君优，今年此日死中州。死后翔鸟终日睡，忠臣尽节天垂泪。气成乔岳血成星，柱折维倾补乾坤。雷君策骑云母歌，相随先帝游大罗。君不识凛凛孤魂在襁褓，从今只见天地老。

---

① 骑箕尾：指去世；游仙；仙家。

② 松楸：松树与楸树。墓地多植，因以代称坟墓。

③ 皤：白色。

④ 张睢阳：即张巡（708—757年），蒲州河东人。至德二年（757年），安庆绪派部将尹子琦率十三万精锐军南下攻打江淮屏障睢阳，他和许远等数千人，在内无粮草、外无援兵的情况下死守睢阳，杀伤敌军数万，有效阻遏了叛军南犯之势，但终因寡不敌众而被俘遇害。

⑤ 陟：晋升，进用；登高。

拜忠烈公祠步袁文鼎韵志颂

凌普（东寰）

共羡双溪溪水香，斯文大节着戎行。
鞠躬空自扶危主，裂胆无亏职侍郎。
浩气蟠天风骨劲，精忠贯日义名扬。
于今捧读存遗疏，字字争严彻剑霜。

读凌忠烈公绝命书有感

徐裡（榖符）

围城援绝势难持，片纸书传绝命期。
自况平原城不爽，即居信国有何差。
鞠躬尽瘁虽无补，取义成仁正此时。
从古忠臣皆一死，惟君热血雨淋漓。

东祠

在皇富大社之旁，明嘉靖四十一年建创。见《徽州府志》。

雍睦祠

在小溪之北岸，康熙六十年创建。

善公支祠

在康熙年，支下买孝廉金台公住宅，改为支祠。

民公支祠

在雍睦祠旁。雍正年民公支下股法银两建造。乾隆三年支下复营两庑朝堂，安奉上门姚主，春秋致祭。

大分支祠

（无正文）

二分支祠

（无正文）

三分支祠

康熙年，支下德佑公、爱伦公，以室内支丁杂处，人烟密，风火可虞，集议捐资，尽移居人于他所。拆去房间，扩为享堂。建大门，立龛座，安奉神主，岁时禋祀①，至于今不坠。虽曰询谋金同，而二公之毅然身任，不避怨毒，良足多矣。乾隆二十二年，支下彝训、应秋、彝谟等，又倡首批丁停胙，创建祠前照墙，重修寝室。自祀事而外，岁朝有团拜之礼，元宵有张灯之举。设祭三日，祀三十一祖显旭府君，暨历世神主焉。

凌氏家庙

大路门旁，嘉靖年建，在北栅门外。康熙间，桐城相国张英题匾。

丘　　墓

儒士凌庆四公，墓在村里柏枝园。
处士凌善公，墓在螃蟹形。
太常寺卿凌子俭公，墓在隆堨干。国朝乾隆廿三年族裔彝谟重立石。
金华府同知凌光亨公，墓与太常公同葬隆堨干高坦上。
处士凌楫公，墓在村里荷花出水，与弟道公、蜜公同墓。
处士凌辛寿公，墓在象山。
兵部左侍郎凌骊公，墓在上岐山。
孝子凌嘉恪公，墓在上岐山。
烈妇凌嘉恪妻吴氏，墓在上岐山。
烈妇凌儒炳妻汪氏，墓在狮山。

里　　甲

歙九都十六图，沙溪其一也。东至江村五里，西过昉溪至郑村十里，

---

① 禋祀：泛指祭祀。

南至徐村一里，北至富塌三里。通衢大道，往来要津。达歙城十里，江宁省六百五十五里，京师四千里。图内分列十甲，甲有里，排统十里而置册书，合一图。而严保伍，鱼鳞全册，明万历间丈量编入"号"字。国朝顺治年新丈改"巨"字，用是开载十甲里排号字税亩于左：

一甲　　二甲　　三甲　　四甲　　五甲

六甲　　七甲　　八甲　　九甲　　十甲

本图万历年间丈"号"字，共二千五百三十六号。

国朝顺治年新丈改"巨"字，共二千四百六十四号。

田一千三百九十八亩三分；地四百三十七亩一分三厘；山十五亩七分三厘；塘十亩零七分八厘。

列祖墓税附载：凌荣禄公墓系"必"字一千六百三十六、一千六百三十七、一千六百三十八号，土名洪山野坞坦。本图二甲凌学儒户管税一厘二毛；三甲凌大中户管税一分一厘六毛；三甲凌义桥户管税四厘三毛；六甲凌观老户管税三厘六毛；十甲凌别驾祠户管税三厘五毛；十甲凌友汴户管税一分七厘一毛（拨入三甲凌大中户）。

道、楫、蜜三公膳茔税亩系"号"字一千四百号，东支管田税九分四厘，地税一分三厘七毛；善公派管田税四分七厘，地税六分八厘五丝；民公派管田税四分七厘，地税六分八厘五丝。又"号"字六百六十号，东支管地税二分四厘五毛；善公派管地税一分一厘二毛五丝；民公派管地税一分一厘二毛五丝。

道、楫、蜜三公妣墓系"生"字一千四百六十等号，计地五亩有零，土名东山湖田边。东祠装税二亩，有李天铭租约。余税系南乡支裔装入户内。闻后畏差徭弃去，今已为他姓占矣。

子佺公墓税系"光"字二千九百八十七号，土名半月山。二甲佛公户管税四分一厘四毛一丝；一甲善公户管税四分一厘六毛六丝；三甲大中公管税五分五厘五毛四丝，又管税二分七厘；十甲别驾祠管税六分六厘三毛三丝。

忠节祠屋税系"巨"字一千六百廿二号，计四分四厘。

义桥户田地山塘共二十五亩八分九厘七毛，折实二十二亩四分五厘八毛二丝。

义渡户田地山塘共二十一亩二分五厘五毛五丝五，折实十八亩零七分八厘五毛。

富堨堨山坐落十都五图，"芥"字六百三十八号，计税二十亩零二分五厘，东至汪夒坟茂山，西至汪琼柔坟山，南至泛涷蒲，北至大路。

富堨四至：东至黄荆堨，西至竹会寺，南至堨坑，北至黄荆桥。凌仝裔分庄山十亩一分二厘五毛，先年本图十甲分庄，今归二甲隆富堨户。

隆堨圳，税三亩，上至堨坝，下至南亭。

隆堨袈裟丘，系"菜"字四十一号，税分十甲装载，计田税二亩零四厘五毛。

隆堨圳，天窗屋内起，桥旧额七处：牛肉店，即汪才新家；尹兰，汪位俊，新；社德；元麻，汪升秀，新；同人店，金福糕饼店，新；药铺，许店，新；盐店屋，许良住宅，新。

环山招租批附载：

九都七图沙溪立招批凌　今因十世祖荣禄公墓，土名石壁山，坐落"必"字号，金牛脱轭形。自唐迄今千有余载，周围山业从顶至脚，并两旁余山，于上蓄养荫木。今召到二十四都六图许金龙，看管其山上柴草，租与剃刈。其租照古例，每年折米一斗零六合，纹银一钱零六厘；菜蒜照旧例。俟本家标祀之期分作三股：于清明前一日，宽、守二公支丁标祀，交出米三升五合三勺，纹银三分五厘四毛；菜蒜照旧例。清明日完公支丁标祀，交出米三升五合三勺，纹银三分五厘四毛；菜蒜照旧例。清明后一日，善师、克明、辛寿三公支丁标祀，交出米三升五合三勺，纹银三分五厘四毛；菜蒜照旧例。本家三大支各收租批一纸。自召之后，许家务必勤谨看管，毋使无知人等损坏坟境、盗砍荫木及六畜践踏。如有此情，即日来报，以凭呈究。即租人亦不得看守自盗，每岁支丁三日标祀，须备柴薪家伙等项，以便本家支丁饮散。清明前日照旧例给赏，清明日并清明后一日，各给肉三斤，祭饼三个以为犒劳。今欲有凭，立此召租批存照。

再批：面点大松木五十七株，中松木十四株，小松木百余株。并杉木长大再点，又照。

乾隆三十二年四月初三日立召批　凌

完公支下司事　季升　汉有　天植

宽、守二公支下司事　仲友　有上　景臣　启明　墨章　增华　增福善师、克明、辛寿

三公支下司事　日升　国藩　汉昭　圣周　遂有　赞成　以耀　周武北洲　用光　禹襄　乐亭　集嘉　惠光

二十四都六图立租批人许金龙，今租到九都七图沙溪凌名下坟山一业，坐落"必"字号，土名石壁山，大小金牛脱轭形。从山至顶脚，并两旁余山，于上蓄养荫木。系身承值看管，其山上柴草，租与身剃刈。每年交山租照古例折米一斗零六合，纹银一钱零六厘；菜蒜照旧例。其租分作三股：于清明前一日，宽、守二公支丁标祀，身交出米三升五合三勺，纹银三分五厘四毛；菜蒜照旧例。又于清明日完公支丁标祀，身交出米三升五合三勺，纹银三分五厘四毛；菜蒜照旧例。于清明后一日，善师、克明、辛寿三公支丁标祀，身交出米三升五合三勺，纹银三分五厘四毛；菜蒜照旧例，不致短少。每日备柴薪碗箸等项，以便凌宅支丁散胙。自租之后，每年清明前，坟加草块，身勤看管，不使无知之人损坏坟境、盗砍荫木及六畜践踏。如有此情，即日来报，以凭凌宅呈究。身亦不得看守自盗。今欲有凭，立租批三纸，各送一纸存照。

再批，面点大松木五十七株，中松木十四株。小松木并杉木，日后长大再点。

捡出旧租批，不得行用。又照。

乾隆三十二年四月　日

立租批人：许金龙（押）

中人：邓近三（押）

代笔：余友三（押）

善师、克明、辛寿三公支下所收许金龙租批一纸，存贮雍睦祠匣，经费附载。

本里科岁二考，新进学生员送学日，公备旗帐、羊、酒并设果酒迎入文会，特敬。

本里应试生员盘缠卷资等银每位一两，祠堂出。

本里乡试中式，举人填亲供回日，公备旗帐、羊、酒并设果酒，迎入文会，特敬。

本里会试，举人盘缠酒席等银十两。

本里里长十甲轮充，每粮贴十之三。

本里义桥每年縶①桥索，谷二十斗。

本里富埸埸甲一名，工食谷每年十八斗。

本里隆埸埸甲一名，工食谷每年十八斗。

---

① 縶：拴，捆。

本里皇呈塌塌甲一名，工食谷每年二十斗。

岁　时

正月元旦，每户人各执灯笼至水月镜、皇富大社、吕仙宫等处礼神祇①，谓之"出行"。其时虽有熟识者，亦相对无言，以新岁出行，关系一年吉兆。

初六日，东祠致祭。

元夕祀社稷明公之神，每岁此日，社宇张灯鼓吹三日。其大路门在冯塘村皇富古社内，与方氏分日致祭。溪上皇富大社东西二门裡祭，东六年三举，西善派六年二举，民公派六年一举。以善公派倍葬螃蟹形地，故六年之间，善公二，民公一。民公派司年，则社祠灯烛交辉，水口二桥沿溪两岸，俱各张灯。顺治年又兴一牌楼灯于社之甬道，四柱中立，高二丈余，横二丈有奇，远近观者，莫不羡其巧。是日俳优②狄鞮③震于乡井。故至今牌楼之名，歙人皆啧道之。

二月二日，土地诞辰，里中会次大小百计，是日爆竹之声过于元旦。

十五日，雍睦祠致祭。

二十日，世忠祠春祭。

三月清明节，家家展墓④增封，悬楮⑤曰"挂纸"。

四月十四日，吕祖圣诞，四方士女，拈香礼拜，日计千人。是日，里中设祭演戏。

五月端阳为天中节，家家以葵菖、蒲艾植之中堂。

七月十五日为中元节，每家荐奠祖考。以纸作袋，内贮纸钱、冥衣，上书祖考讳号，焚之。

水月镜建兰盆会，请僧焰口。本族起宾公理隆塌有功，是夕，特设主于文会所前，合村专祀。

八月十五日为中秋节，人家以月饼相送，取团圆之义。是夜，里众往吕仙祠，以井水洗目，谓之"换青眼"。

①神祇："神"指天神，"祇"指地神，"神祇"泛指神。

②俳优：古代指演滑稽戏的艺人。

③狄鞮：地名，在河内，出善唱者。这里指歌舞艺人。

④展墓：省视坟墓，即祭祖。

⑤楮：构树，也指纸。

二十日，世忠祠秋祭。

十月十五日，雍睦祠致祭先考。

十二月初八日腊祭，俗称"腊八烧年"。婴童皆至，杯盘狼藉，殊少文雅。

余民公派也，康熙六十一年，众议以六年一举灯事，照丁派费。贫者苦于无资，而房分挨派又万不能免者，于是以烧年田六亩有零，拨入花灯会内收息，则人无派费之苦，而烧年又无狼藉之形，可谓两全者矣。其腊八祀祖以民公人丁会租息支取，年司办物致祭，概不烧耳。

除夕日，家家悬先人像于堂，陈樽列酒，过灯节乃撤。

风　俗

沙溪居人多尚气节，矜取与有唐风瞿瞿[1]之意（方𫍙二《见闻录》）。余里中人性多崛强，不自贬损，虽至愚者，亦有气骨。故其间忠臣义士，垂名青史者多，较他族倍有光焉（本《蕉园杂志》）。

世以侈靡相竞，余族崇尚简朴。举凡冠婚丧祭，画为定式，有宁俭毋奢之意。

余乡上下两干田畴平野，昔时人大半安于农业。习儒习贾，各有正务，而游手者寡。近世稍异于古矣，是在振起一乡者，为之规戒也。

祥　异

唐　朝

元和十年，旱饥。

泰和四年夏，大水害稼。

永和元年，苏贼方清陷歙州，村民保于山险处，稼业俱废，其明年始平。

乾符六年，黄巢陷歙州，民死不可胜计，村人多逃散。

景福二年，杨行密陷歙州，刺史裴枢奔京师，以池州陶雅为刺史。

---

[1] 瞿瞿：指勤谨貌。

宋　朝

宣和二年，妖贼方腊反，十二月陷歙州，州将郭师中死之。三年韩世忠从大将王渊，大败腊众，腊擒。

绍兴元年，江东盗王琪陷徽州，十一月，琪伏诛。

十八年五月，庆云见。

嘉定七年，大水，村多溺没。

元　朝

至正十二年，蕲黄冠陷歙州路，十四年李克鲁复之。

十六年，浮梁兵起，掠歙，里人逃散。

明　朝

天顺元年，田有麦瑞。

成化八年，歙大旱。

十四年，夏秋大旱。

二十二年，夏水伤麦。

嘉靖三十四年，倭寇数千人①自杭入邑，里人奔散。知县史公桂芳②始创县城。

三十九年二月甲子申时，地震，从西而东。

四十四年，流贼入掠，焚烧民舍。其明年复入镇。

万历十年，大饥，斗米一钱八分。知县彭公好善劝赈，里中煮粥赈济。

三十五年六月，霪雨不止，大水，巨蛟纷出，冲没庐舍，村口二水洲上三元阁，并亭台树木，俱漂去。

三十七年，荐饥，知县张公涛多所兴作，以佐荒政。

崇祯六年，荷花塘台阁莲生数朵。越明年，甲戌科礼闱会试，世韶

---

① 此记载有误。据民国《歙县志》卷三《武备志·兵事》载，嘉靖三十四年（1555年），倭寇百余人由淳安西突入歙境，知县史桂芳率众于方村防御，倭寇北窜绩溪、旌德、泾县、南陵等地，后被歼于苏州杨家桥。

② 史桂芳，字景实，号惺堂，鄱阳人。嘉靖三十二年（1553年）进士。性耿介，学宗陈献章。初知歙县，廉直爱民。历知延平、汝事二府，专以德化民。迁两浙运使，老幼送者数千人。嘉靖三十四年（1555年）十月，因倭寇犯境，知县史桂芳倡筑县城，三十九年建成。

公、必正公俱登进士第。

十一年，旱饥，里人捐米赈济。

十四年，大旱，斗米五钱。人相食。族间设糜减粜①赈济，乡民多有刳②木皮、掘地肤以活。

国　朝

康熙十一年，旱荒，民掘地肤、蕨根以食，死者载途。知府曹公鼎望运米平粜劝赈，知县孙公继佳设糜，全活数万人。里中亦批捐米谷，减粜设粥周济族人。

十三年九月三日，饶寇罗万顺犯徽州，犯歙焚掠，十室九空。吾里居人逃避山谷间，蹂躏惨酷。十五日江宁将军统大兵至，克复城池。知府张公登举，知县孙公继佳力济军需，民赖以安。

三十一年，大水，溪西街上坝冲塌十余丈，漂去街口房屋十余间，民不能居。里中六续折移，嗣是连遭水患，今变为沙滩矣。

五十七年六月二十四日，霪雨不止，巨蛟纷出，水长数丈大，冲塌沿溪民房无数。

乾隆元年正月，冰雹自西而东。

九年七月初六日，大雨连日，巨蛟尽出，溪东街水深五尺。

十六年辛未夏、秋、冬三时，亢旱，赤地千里，民饥食寡，斗米五钱。知府何公达善、知县王公鸣劝谕捐赈减粜，里中批捐米谷，赈济族人。

十八年，大水伤稼，溪东街水深三尺。

二十七年四月二十一日，冰雹，里中创建六角亭，功将告成，为风雨坍塌，无存。至闰五月重建。

三十四年二月，洪水，桥屋前河塝倒塌十数丈冲去及路。十一月二日兴工修筑，计费百六金，次年正月告竣。

三十九年五月十一日，隆堨圳上盖造棚房，鸣保申理，其屋始止。

· 79 ·

---

① 减粜：荒年时，米价上涨，国家将常平仓粮米减价出售。这里指宗族间的互济。

② 刳：割。

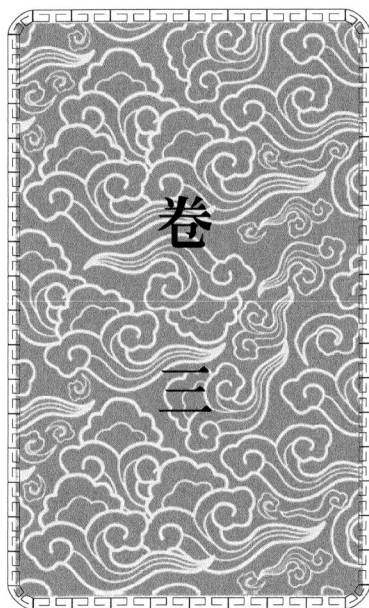

卷

三

科　第

举　人

宋　朝

嘉祐中举人	凌念六，解元
元祐中举人	凌天钧，见进士
宣和中举人	凌哲，见进士
建炎中举人	凌揆，见进士
绍兴中举人	凌景夏，见进士；凌次英，见进士
庆元中举人	凌翀，见进士
嘉定中举人	凌云，见进士；凌嵩，见进士
咸淳中举人	凌仁，授玉山知县
景定中举人	凌懋翁，见进士

元　朝

至正中举人	凌云标；凌云翰，成都教授；凌彦翀，授平江路学正；凌悦，见进士

明　朝

洪武中举人	凌昂，授开封府通判；凌贤，授应天府治中
永乐中举人	凌永；凌克温，任归州①知州；凌修德，授南丰②教谕；凌宗贵；凌晖；凌通；凌霄
宣德中举人	凌道生
正统中举人	凌英，授南昌同知
景泰中举人	凌枢；凌煜
天顺中举人	凌本；凌镐，见进士

---

① 归州：即今湖北秭归县归州镇。唐武德二年（619年）置归州，辖秭归、巴东二县，治所在秭归县。天宝元年（742年）改置巴东郡，乾元元年（758年）复置归州，仍治秭归县。1912年废州为秭归县。

② 南丰：即今江西南丰县。始建于吴太平二年（257年），因县境内常产一茎多穗之稻，故初名丰县，别号嘉禾。又以徐州有丰县，故名南丰县。

成化中举人　凌云翰，见进士；凌凤；凌玉玑；凌景；凌珊；凌玘；
　　　　　　凌采，见进士；凌瀚；凌山，见进士；凌升

弘治中举人　凌相，见进士；凌九乐；凌霞；凌杞；凌宗；凌楷，见
　　　　　　进士，通州籍

正德中举人　凌旦；凌骐；凌友志；凌华

嘉靖中举人　凌儒，见进士；凌飞鸾；凌云翼，见进士；凌汝志，见
　　　　　　进士；凌友德；凌迪；凌琯，见乙卯进士；凌邦奇，见
　　　　　　进士；凌立，解元，见进士；凌云鹄

隆庆中举人　凌登名，授徽州同知；凌尧伦（庚午）；凌登瀛，解
　　　　　　元，见进士

万历中举人　凌子佺，授永安州知州（壬午）；凌云翀，见进士；凌
　　　　　　子俭，授曲靖府知府（戊子）；凌汉翀，见进士；凌守
　　　　　　约（乙酉）

天启中举人　凌义渠，见进士

崇祯中举人　凌世韶，见进士（庚午）；凌必正，见进士（癸酉）；凌
　　　　　　骊，见进士（丙子）；凌世斌（壬午）；凌燧（壬午）

国　朝

顺治中举人　凌克开

康熙中举人　凌尔弼；凌昌；凌鹗远，见进士；凌治基；凌嘉藻
　　　　　　（甲子），授桐城教谕；凌子燧；凌绍雯，见进士；凌燽
　　　　　　（癸巳），授江西按察使司；凌赓臣（丁酉），拣选知
　　　　　　县，有传，见文行；凌如焕（戊子），见进士；凌绍炽

雍正中举人　凌应龙（己酉），见进士；凌应兰，见进士；凌景泰
　　　　　　（壬子）；凌镐，见进士

乾隆中举人　凌应春（丁卯），有传文；凌应曾（丙子）

进　士

宋　朝

淳化中进士　凌策，吏部侍郎兼知谏院事

大中祥符中进士　凌彦仁，兖州知州；凌彦智，钱塘知县

天禧中进士　凌彦义，福建提举解盐司；凌彦信，国子学正

天圣中进士　　　凌彦忠，浙江市舶提举
庆历中进士　　　凌彦和，四川廉访使
景祐中进士　　　凌景阳，龙图直学士
嘉祐中进士　　　凌民瞻；凌民师
熙宁中进士　　　凌永宁；凌乐
元祐中进士　　　凌天钧
政和中进士　　　凌琰，特科状元，翰林学士；凌伯玉
宣和中进士　　　凌构；凌哲，通议大夫，年八十六岁，号凌佛子
元符中进士　　　凌唐佐，应天知府，赠徽猷阁待制
建炎中进士　　　凌揆
绍兴中进士　　　凌景夏，吏部侍郎；凌次英
庆元中进士　　　凌翀，含山知县
嘉定中进士　　　凌云；凌嵩
绍定中进士　　　凌万顷
淳祐中进士　　　凌大渊，济源知县
咸淳中进士　　　凌仁
景定中进士　　　凌懋翁，翰林学正

元　朝

至正中进士　　　凌悦，都御史

明　朝

永乐中进士　　　凌晖，按察使司
天顺中进士　　　凌文翰；凌镐
成化中进士　　　凌云翰；凌山，户部主事；凌采，东流知县
弘治中进士　　　凌相，都察院右都御史
正德中进士　　　凌楷，户部郎中（戊辰科）
嘉靖中进士　　　凌儒，都察院右金都御史；凌迪，工部员外郎（丙辰）；凌琯，陕西按察使司（壬戌）；凌云翼，兵部尚书；凌邦奇，祥符知县；凌汝志，应天府丞
万历中进士　　　凌登瀛；凌汉翀（甲辰科），长洲籍，陕西道御史
天启中进士　　　凌义渠，太常寺正卿（己丑）
崇祯中进士　　　凌世韶，户部郎中（甲戌）；凌必正，广西桂林道按察

使司副使（甲戌）；凌驷，河南道御史，赠兵部左侍郎（癸未）；凌云翀（癸未）

国　朝

顺治中进士　凌焜

康熙中进士　凌鹗远；凌绍雯，左春坊左中允；凌如焕，兵部左侍郎（乙未）

雍正中进士　凌应龙，刑部安徽司主事（乾隆丙辰）

乾隆中进士　凌应兰，万安知县；凌镐，兵部职方司主事（壬戌）

国　学

明　朝

凌谔，贡生	凌锦，贡生
凌永，监生，见科第	凌良柱，贡生
凌震，监生，见仕宦，乌程籍	凌良柯，监生
凌雯，贡生	凌良桢，监生
凌昕，贡生，兵部指挥	凌通，监生，见科第
凌德厚，监生	凌德生，监生
凌云翰，拔贡，见科第	凌起潜，监生
凌应科，监生，见仕宦	凌汝登，副贡
凌泮，副贡	凌英，恩贡，见科第
凌约言，拔贡	凌举，贡士
凌必选，监生	凌珊，贡生，见科第
凌汝周，副贡，有传，见文行	凌鼏征，拔贡
凌朝阳，监生	凌岱，贡生
凌森美，拔贡	凌子信，贡生，见仕宦
凌琪，庠贡	凌鸣和，副贡，有传，见文行
凌升，监生，见科第	凌泰亨，副贡，有传，见文行
凌让，贡士	凌琛，贡生
凌光亨，监生，见仕宦	凌骐，贡生，见科第
凌志，贡生	凌莘征，贡生
凌世华，监生	凌銮，贡生

凌本，监生，见科第　　　　　　凌必耀，恩贡
凌云，贡生　　　　　　　　　　凌云翼，监生，见科第

国　朝

凌爱敕，监生　　　　　　　　　凌爱任，庠监生，考授州司马
凌璇玉，庠贡生　　　　　　　　凌和钊，监生，有传，见文行
凌如焕，庠监生，见科第　　　　凌晋，监生，有传，见文行
凌行健，庠监生，见仕宦　　　　凌爱肇，监生
凌辉，贡生　　　　　　　　　　凌和贞，监生，有传，见文行
凌作圣，拔贡，见仕宦　　　　　凌和祚，监生
凌国柱，监生　　　　　　　　　凌宏瑞，监生
凌宏儒，监生　　　　　　　　　凌应云，监生
凌舜年，监生　　　　　　　　　凌应春，庠生，见科第
凌彝璜，监生　　　　　　　　　凌志模，监生
凌应曾，拔贡，见科第　　　　　凌彝照，监生
凌宏仁，监生　　　　　　　　　凌诰，监生
凌尹珍，监生　　　　　　　　　凌昌，监生
凌彝淳，监生，候选布政司理问　凌彝云，庠贡生
凌彝圣，监生　　　　　　　　　凌禄，监生，考授州同知
凌彝震，监生　　　　　　　　　凌应豹，监生
凌应鹤，监生　　　　　　　　　凌彝贤，监生
凌应熊，监生　　　　　　　　　凌人理，监生
凌锡爵，监生　　　　　　　　　凌和霞，监生
凌彝理，监生　　　　　　　　　凌彝丰，监生

庠　序

明　朝

凌社瑧，邑庠生
凌淮，郡庠生
凌汉，邑庠生，见仕宦
凌耀宗，邑庠生，见仕宦
凌相，邑庠生，见科第

卷

三

凌璪,邑庠生

凌宗相，邑庠生，有传，见文行

凌楷，邑庠生，见科第

凌修德，郡廪生，见科第

凌从文，郡庠生

凌熙同，邑庠生

凌昂，邑庠生，见科第

凌贤，邑庠生，见科第

凌元登，郡庠生，原名云路，有传，见文行

凌晖，郡庠生，见科第

凌正纬，邑庠生

凌正宾，廪生

凌克温，邑廪生，见科第

凌霄，邑庠生，见科第

凌正绥，邑庠生

凌道生，郡庠生

凌玉玑，邑庠生，见科第

凌森，郡庠生

凌自全，邑庠生

凌枢，邑庠生，见科第

凌凤起，邑庠生，名淑

凌汝翼，邑庠生

凌必耀，邑庠生

凌雄武，邑庠生

凌子通，邑庠生

凌云，邑庠生

凌自松，邑庠生

凌煜，邑庠生，见科第

凌贞来，邑庠生

凌瀚，邑庠生，见科第

凌起涓，郡庠生

凌应蛟，郡庠生

凌山，邑廪生，见科第

凌瑄，邑廪生，见科第

凌尧伦，邑庠生，见科第

凌应眷，郡庠生

凌泮，邑庠生，副榜

凌九皋，邑廪生，见科第

凌起晔，邑庠生

凌采，邑庠生，见科第

凌飞鸢，邑庠生，见科第

凌应聘，郡庠生，有传，见文行

凌尧位，邑庠生

凌尧俊，邑庠生

凌汝志，邑庠生，见科第

凌有德，邑庠生，见科第

凌女登，邑廪生，副榜

凌汉翀，邑庠生，见科第

凌云翀，邑庠生，见科第

凌云鹄，邑庠生，见科第

凌登瀛，邑庠生，见科第

凌嘉会，郡庠生

凌子俭，邑庠生，见科第

凌邦奇，邑庠生，见科第

凌汝忠，邑庠生

凌升，郡庠生

凌子仁，邑庠生

凌登名，邑增生

凌迪，邑庠生，见科第

凌子任，邑庠生，见科第

凌蒙亨，邑庠生

凌泰亨，邑庠生，副榜

凌守约，邑庠生，见科第

凌汝周，邑庠生，副榜

凌儒，郡庠生，见科第

凌德遵，郡庠生

凌汝奇，武庠生

凌鸣盛，郡庠生

凌义康，邑庠生

凌履吉，邑庠生

凌淇，邑庠生，见太学

凌霞，邑庠生，见科第

凌子仪，邑庠生

凌复亨，邑庠生，有传，见文行

凌鸣和，郡廪生，副榜

凌义渠，邑廪生，见科第

凌世韶，邑廪生，见科第

凌必正，邑廪生，见科第

凌驷，郡庠生，见科第

凌翀汉，邑庠生

凌克开，邑庠生

凌世斌，武庠生，见科第

凌驯，邑庠生，有传，见文行

凌正亨，郡庠生

凌德儒，郡庠生

国　　朝

凌治基，邑庠生，见科第

凌嘉蒨，郡庠生

凌焜，邑庠生，见科第

凌嘉藻，邑庠生，见科第

凌标锦，郡庠生

凌鹗远，邑庠生，见科第

凌种玉，郡庠生

凌绍雯，邑庠生，见科第

凌绍焐，邑庠生，见科第

凌万升，邑庠生

凌懋伟，邑庠生

凌懋仔，邑庠生

凌燽，邑庠生，见科第

凌梦雷，武庠生

凌子燧，邑庠生，见科第

凌起潜，邑庠生

凌爱任，邑庠生

凌顺晟，邑庠生

凌璇玉，邑庠生

凌如焕，邑庠生，见科第

凌赓臣，邑庠生，见科第

凌献珍，邑庠生

凌普，邑庠生

凌士超，邑庠生，考授州同知，有传，见文行

凌行健，邑庠生

凌景泰，邑庠生，见科第

凌应龙，邑庠生，见科第

凌炎，邑增生

凌应兰，邑庠生，见科第

凌治鉴，郡庠生

凌应春，郡庠生，见科第

凌芸，邑庠生，有传，见文行

凌应曾，邑庠生，见科第

凌应秋，邑庠生

凌彝荣，邑庠生

凌彝乾，邑庠生

凌万里，邑庠生

凌镐，邑庠生，见科第（此名在应曾之前）

凌彝泰，邑庠生

凌雷翼，邑庠生

凌玨，郡庠生

凌嘉品，邑庠生

仕 宦

唐　朝

凌安，高宗显庆二年为歙州判，遂居新安歙之沙溪，为始祖。

凌万一，西台舍人。

凌秀兰，国子司业。

凌准，字宗一，以孝弟闻于乡。年二十，擢崇文馆校书。转兵曹掌邠宁节度掌书记，朱批反以谋画功，升大理寺评事。迁侍御史，为浙东廉访使判官，召为翰林院学士。德宗崩，廷臣议秘丧三日，公独持不可。顺宗立，入为尚书，著有《后汉春秋》《解围》《人文集》，见柳州文。

凌荣福，浦江知县。

凌直，开元进士，翰林学士承旨。

凌积瑞，宣城别驾。

凌义，饶州学正。

凌英，扬州刺史。

宋　朝

凌策，字子奇，登兴国进士，任吏部侍郎。学专敏，超绝一世。真宗常言："策治蜀而有断。"王旦对曰："策性质淳和，临事强济。"上深然之。天禧初旦，进太尉兼侍中，因荐可为大臣者十余人，其后不至宰相为唯李及凌策耳。公初登进士，梦以六印加剑遗之，后六子皆登进士。

凌彦仁，祥符进士，兖州知州。

凌彦智，祥符进士，钱塘知县。

凌彦义，天禧进士，福建提举解盐司

凌彦信，天禧进士，国子学正。

凌彦忠，天圣进士，浙江市舶提举。

凌彦和，庆历进士，四川廉访使。

凌景阳，景祐进士，龙图直学士。字少明。初为仙游尉，常出郊，见二童子，知非凡品，留衙舍，日课以经，后俱第，即蔡襄与高也。世称知之。

凌唐佐，元符进士，应天知府，死刘豫之难。赠待制，见忠节。

凌千祥，字国龄，以父任补承侍郎，拜御史中丞。随高宗南渡，扈至欣州提兵，馈饷预有其劳。帝如临安，召加赐中奉大夫、礼部尚书。

凌哲，字明甫，宣和进士，高宗召对，擢为御史。初周望守平江，金兵入寇，望遁去，以罪谪死连州。至是，其家自陈，召复原官，泽及其子。公因奏望弃城罪恶，竟寝其命。又上疏，论秦氏亲党夤缘①科第，有妨寒士进取之路。并奏王会前知湖明二州及移平江，恃权贪酷，亡投鼠避，方以为慢，令贼民之戒，会竟编管侑州。公以通议大夫、吏部侍郎卒，年八十六。号曰"临佛子"云耳。

凌景夏，字秀文，绍兴进士。策对大廷，吕颐浩言其词胜张九成。擢著作郎，与胡程、朱松等齐名。从同官曾开等陈和议非便，秦桧憾之，罢知外郡。桧死，迁给事中，终吏部侍郎。

凌子佺，绍兴朝以茂才举浙江平江税司大使。

凌淑源，苏州学正。

凌翀，庆元进士，会山知县。秩满，归装一砚，仍令还之。

凌皓，太学博士。知保昌县，筑堤活水，民赖其利，至今号曰"凌江"。

凌似祖，建宁观察判官。

凌简，通判兴化路军事。

凌远，江阴司理。

凌奎，秘书省正字。

凌念六，嘉祐，省国学司业。

凌伯佺，扬州知府。

凌瓒，浙江节干。

凌鲁，翰林学士。

凌仁，玉山知县。

凌琰，政和状元，翰林学士。

凌迁，工部主事。

凌百五，兰州学正。

凌应元，太平府推官。

凌朝元，太平博士。

凌朴，于潜知县。

———————
① 夤缘：攀附上升，比喻拉拢关系，向上巴结。

凌煜，太常寺丞。

凌珙，河南提刑使，赠尚书。

凌尚贤，中书舍人。

凌采，翰林司书。

凌棨，院判。

凌允，工部尚书。

凌昉，光禄少卿。

凌雍，礼部尚书。

凌槃，院判。

凌曙，给事中。

凌恺，大理寺卿。

凌岳，钱塘知县。

凌墀，两浙盐运判官。

凌懋，四川廉访使。

凌循，国子博士。

凌懋翁，景定进士，翰林学士。

元　朝

凌时中，拜秘书少监。

凌彦翀，平江路学正。

凌攀，常熟教谕。

凌时德，至正间任嘉兴府推官。

明　朝

凌悦，字孟传，登元至元进士。有时，明太祖召为廉访使，常称老凌而不名。累官都御史。性峭直，每以憨谏忤上意，竟以疏之籍其家。所著有《六经疏议》百卷。

凌云翰，字彦翀，传通经史。领元至正十九年乡荐，除平江路学正不赴。作梅词《霜天晓角》一百首、柳词《柳梢青》一百首，号“梅柳争春”韵调。洪武初年，杭州府训导升成都府教授卒。所著有《柘轩集》，钱塘籍。

凌耀宗，洪武初年，以秀才授中书舍人，兼礼部员外郎，侍经筵。天顺间修《大明一统志》。

凌王，青田知县。

凌辂，汉阳知府，建五美楼。文章政事，绰然著声。

凌传，象山知县。

凌克温，归州知府。

凌永，南康府推官。

凌注，广东按察使司。

凌远，四馆绎宇，入直内阁。

凌守诚，诏明知府。

凌汉，字斗南，洪武中举。至京献《鸟雀赋》，擢正字。官都察院右金都御史，礼部侍郎。擢右都御史。原武籍，当依明合史传。

凌贤，字彦能，懋翁四世孙。洪武戊辰膺浙江乡荐，任应天府治中，居官刚正不阿。改知郑州，寻又谪均州。时隆平侯张信礼科给事，胡溁自荆还，荐当大任。原宗作《招隐歌》，命行人斋敕赐，驰驿召还入见，命进兵部尚书，掌都察院事。固辞。上曰："汝欲学疏广耶？朕遂汝高志。"御书"赐老堂"三字褒之。杨东里士奇为记。

凌璇，承天府推官。

凌信，太常寺卿。

凌景和，字安然。初授中书舍人，文皇帝临中书省，喜公书法，召论事称旨，擢吏部给事。扈①驾北征，转金都御史。刚正不阿，与都御史顾佑齐名。

凌友谅，吉水知县。

凌汉翀，万历进士，除福清知县。选陕西道御史，赠大理寺卿。

凌文献，四川都匀知府。

凌震，黔阳训导。

凌英，南昌府同知。

凌雯，南直太平知县。

凌霄，嘉兴知县。

凌昂，开封府通判。

凌晖，永乐进士，按察使司。

凌修德，南丰教谕。

凌士英，南昌训导。

---

① 扈：随从。

· 95 ·

卷

三

凌楷，户部郎中。

凌昕，西城兵马司指挥。

凌采，字熙载。知东流县事。兴学重农，毁淫词，崇正道，政治卓越。征书方下，卒于官。民哀墓焉。

凌山，户部主事。

凌相，弘治进士，都察院左都御史。

凌昌，大理寺副。

凌儒，嘉靖进士，都察院金都御史。字真卿。

凌奇邦，嘉靖进士，祥符知县。字正伯。

凌杞，仁和知县。字尚忠。屡征东乡巨贼，备尝甘苦。

凌汝志，嘉靖进士，顺天府丞。

凌立，嘉靖解元，癸丑进士。建昌知府。

凌云翼，嘉靖进士，兵部尚书兼右副都御史，旋督漕运，巡控淮阳承督河道。加太子大保。太仓籍。

凌云鹄，嘉靖进士，应天府丞。

凌登名，徽州府推官。

凌琯，字惟和，嘉靖壬戌进士。司理南安。巢贼自广东突南安，公勒兵分哨，追杀渠魁。从御史至会城，释平民李贵等淫盗之狱。寻擢御史，入朝遇诸珰①，不少为礼。法清平伯之叔吴三买婢事。百户王桐随权珰镇陕，珰败，桐鞫赃淹狱至老，家产尽绝，琯疏放之。朝审柄政，欲释都御史，路楷尝党奸陷杀沈练，公持不可，直声大震。会边警，巡视东城，大珰亲戚来侦，必执鞭之。出为福建金事，忝议江南，提学贵州，参政四川，——有廉能声，按察陕西，上疏迄归。详《歙县志》。

凌士颜，太和知县。

凌尧伦，号云楼，隆庆庚午举人，授青浦学，日课自会，文风振起。寻擢国子博，金华同知。府多盗贼，公开诚劝谕，贼少衰息，监司奖公有"萑苻息警"语。后公摄守事，积案逾百，匝月而完，又奖公有"清比双溪"语。在婺数年，民无不诵其清修劳绩者矣。鲍应鳌撰文。

凌玄超，锦衣卫指挥使。

凌应科，山东平林州知州。

凌起潜，陕西榆林卫经历。

---

① 珰：指宦官。汉代宦官侍中、中常侍等的帽子上有黄金珰的装饰品。

凌子任，字肩吾，号觉庵，万历壬午乡荐，始就海上沾毡。秩满升龙泉令。邹南皋有"计绩最诸侯"之句。寻迁济南别驾，赍凭至则隶山东治，驻辽阳，名督饷而实理刑者也。公赴任，上下军民一切以廉平持之。适丁内艰去辽，辽之民遮道者数千人，咸恋恋不忍舍。服阕，补广西永安知州。半杂夷俗，公作歌以晓之，颁式以正之，四境几为变。后以病告免。订《圣唐诗话》《燕喜堂集》。详《新安名族志》并《歙志》。

凌子俭，万历戊子举人，贵州监军道，赠太常寺卿。传详《忠节》。

凌子仪，四川顺庆府参军。

凌云树，南京济州卫经历，升四川潼州同知。

凌光亨，浙江温州府同知。

凌义渠，天启进士，大理寺卿正。明末殉节。见《忠节》，有传。

凌世韶，崇祯进士，户部郎中，有传，见《忠节》。

凌必正，崇祯甲戌进士，广西桂林道按察使司副使。

凌骃，崇祯癸未进士，殉节。有传，见《忠节》。

凌润生，布衣殉节。赠河南道御史。有传，见《忠节》。

凌森美，广西永淳知县。

国　朝

凌嘉藻，字采湘，康熙甲子举人，授桐城学教谕。廉静不阿。诸生有司责，未尝暴其过，受赍多散给贫生。居官数年，日有课，月有会，学者翕然向风。署邑令事多仁恕。后病卒于皖，崇祀桐城名宦祠。详见龙眠邑志。

凌希圣，山东济南府经历。

凌作圣，康熙辛卯拔贡，历官吏部郎中。

凌绍雯，康熙进士，左春坊左中允。

凌焘，康熙癸巳举人，江西按察使司理。

凌俊征，河南府教授。

凌如焕，字琢成，号榆山，康熙乙未进士，选庶吉士，授编修。视学湖北，凡考试间，不仅较短长于文艺，必核其品行，访家声。会举行拔贡，录取应山生杨可镜者，乃前明杨忠烈公涟之曾孙，诣京部覆上，优诏答之。寻擢阁学，晋兵部少司马。戊午典试江右，己未再典会试，皆称得人。公任戎政，一切揆情准公，夤缘弊绝，老吏束手。至每年办理秋审，各直省汇送册续，公检阅详慎。遇可平反之狱，必于会议时直言之。慎刑之章数上，不可身作刑官，置民命于膜外也。后以父耄，陈情归养，报可。父卒，未几公病卒。著有《燕都草》《皇华集》等书。

凌行健，浙江德清知县。

凌应龙，乾隆丙辰进士，刑部安徽司主事。

凌应兰，乾隆丁巳进士，江西万安知县。

凌镐，乾隆壬戌进士，兵部职方司主事。

吏　材

明　朝

凌日晋，礼部典吏考授经历。

凌云树，刑部典吏，授四川同知。见仕宦。

凌起潜，郡典吏，授陕西榆林卫经历。见仕宦。

凌邦理，郡典吏，授长汀县典史。

国　朝

凌希圣，县典吏，授山东济南府经历。见仕宦。

凌廷韬，布政使司，典吏，授经历。

凌宏钟，郡典吏，授经历。

凌士铮，刑部典吏，授四川卢山知县典史。

凌万骧，县典吏，考授州吏目。

武　职

明　朝

凌尧辅，蓟辽守备。

凌云翀，万历武举，授应军民把总。

凌霄，万历武举，授把总。

凌正斌，崇员武举。

凌应寿，云南卫千户。

封 荫

唐 朝

凌秀兰，以子准赠翰林学士承旨。
凌夷仲，以子英赠扬州刺史。
凌正，以子荣赠浦江县尉。

宋 朝

凌念一，以子景夏赠吏部侍郎。

明 朝

凌社孙，以孙瑄赠中大夫，四川布政司右参政。
凌相，以子瑄同前赠。
凌珊，以子子俭赠刑部广东司郎中。
凌嗣立，以子世韶赠户部郎中。
凌琢，以子子信封定州同知。
凌尚廉，以孙驷赠浙江道御史。
凌邦瑛，以子驷同前赠。
凌瀚，以子重树封南京济川卫经历。
凌光亨，以父荫仕至温州府同知。
凌嘉恪，以父荫入监。

国 朝

凌驯，以子嘉藻赠桐城县教谕。
凌日荣，以孙如焕赠内阁学士。
凌起潜，以子如焕同前赠。
凌璇玉，以子应龙赠刑部主事。

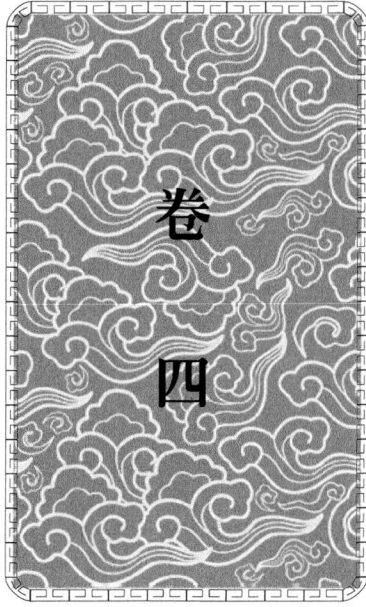

卷

四

忠　节

　　凌唐佐，字公弼，登元符①进士，曾祖自歙沙溪迁休邑，盖仁一公裔也。初授大明府②司户，就差夏津③县令，适河北有疑狱，逮系百余人，历数年不能决。公至，力为剖断，无辜获释。邑大旱，苗稼皆枯，狱平，乃大雨，时号县令雨焉。迁宗正丞，寻知登闻检院，语与王黼忤，遂左迁④。因荐起知睦州，提点京东刑狱。时寇蜂起满浙东，公力与贼战，杀伤过当，除知应天府。金兵数十万围城，誓以身与城存亡，竭力死守，及城陷不屈。金帅义释之，逆豫受伪命，污以枢府不受，羁留使守应天，乃密遣人以城中虚实达行在，事泄被捕，至沃，豫曰："何为见卖？"公曰："朝廷何负于尔？而反面事寇耶！世人皆欲杀尔，何独我也。"豫知公有才，系之累日，度其终不为用，遂见害。临死，毅然曰："恨不见枭⑤刘豫⑥之首。"明年，夫人田氏以事闻于朝，诏赠徽猷阁待制，本末具详《宋史》。

右　传

　　凌公子俭，字仲广，号东鳌，歙沙溪人也。以乡辟起家，广文已北迁大理司务转郎比部，迁曲靖府⑦。曲靖，夜郎地，迁客畏途，人皆为公难之。公笑曰："此非王尊叱驭⑧时耶？"趣驾去，允三越月抵黔省。适安酋

---

　　①元符：1098年至1100年，宋哲宗赵煦的第三个年号。

　　②大明府：也叫大名府，旧址在今河北省大名县的东南部。大名府春秋时代名"五鹿"，是历史上著名的"五鹿城"。大名府是宋朝的陪都，当时大名府人口达百余万，后被水淹没。

　　③夏津：今山东夏津县，因"齐晋会盟之要津"而得名。地处鲁西北平原、鲁冀两省交界处。北依德州，南靠聊城，西临京杭大运河。

　　④左迁：指降职（古人以右为上）。

　　⑤枭：悬挂（砍下的人头）。

　　⑥刘豫（1073—1143或1146年），字彦游，景州阜城人。徽宗政和二年（1112年）拜殿中侍御史。宣和六年（1124年）判国子监，授河北路提刑。南宋高宗建炎二年（1128年）知济南府。冬，金兵攻济南，他杀勇将关胜而献城投降。建炎四年（1130年），被金册立为帝，国号"大齐"，都大名府。绍兴二年（1132年），迁都东京开封。绍兴三年，攻占襄阳、随州。绍兴四年（1134年），岳飞等人大破之。绍兴七年（1137年），金帝下诏废为蜀王，后改曹王，赐田以为生。

　　⑦曲靖府：今云南省曲靖市，素有"滇黔锁钥""云南咽喉"之称。1381年，明改曲靖路总管府为曲靖府，1394年又升曲靖府为曲靖军民府，府治在南宁（今曲靖市老城）。

　　⑧叱驭：为报效国家，不畏艰险。

作逆，公在围中，抱鲁连①之愤慨，借前箸②诸所条议，动中夷情，台司郡推毂公，畀以监军威安平三篆③，公慨然曰："真源令何人哉？死不避难，臣之职也。吾安得以非土之官为解，卒摄篆。"受事编察形势，申明约束。令招集良家子，分为七队，而以指挥能事回天地之名。昼则戎服训练，夜则绾钥登埤。贼众数万，周匝把截，间出游兵，合围攻城。公亲执枹鼓④，奖率士民，撼敌督战。来则奋勇冲坚，退则婴城⑤自固，屡挫其锋。贼旋退旋合，经十月不解。城中食尽，草马俱罄，继以食人爨骨。公自二月以至十月初，犹每日米五合，渐至不满一合，家口十五人，以殍死者十二人。望救不至，浸⑥不支。公乃呼家口之存者，谓曰："吾死封疆，分也。汝曹鸟兽散或得脱，归以面父母，不则坐受缚矣。"家口皆伏地恸，不仰视。公取笔大书联于壁曰："一瞑万世弗视，九死百折不回；厉鬼宁同张许⑦，饿夫无愧墨胎⑧。"书毕，抚剑长叹，犹力疾周巡城垣，申忠义以励士气。越三日，援至，围解。贼锋虽挫，滇道尚梗，台复檄公平坝等处，督会滇师，扫清关岭。乃上剿抚条议三款，大切机宜。随督战盘江，以久机⑨劳致瘁而竟奄逝于军，盖天启癸亥⑩九月八日也。事闻奉旨赠太常寺少卿，荫一子，入监。嗟夫，公之事大略与张睢阳同：一为真源令，一为曲靖守，其非土之官同；一杀妾以飨⑪士，一殍毙家口十五人于围，其以骨肉殉难同；一以力竭而死，一以督战而死，其死于封疆同；第睢阳以无救，城破而江淮以南遂不能守，公幸有救，城完而得全两省者，以还朝廷。其有幸不幸？国运也。其忠其烈则无两也，前张后凌，后先竞爽，谁谓古今不相及哉！详《歙志》。

① 鲁连：指鲁仲连，战国时齐国人。有计谋但不肯做官，常周游各国排难解纷，是一个兼有隐士、侠客和政治家特点的人。

② 前箸：进餐时座前的筷子。筹划时用筷子以作比画，后谓为人筹划为"借箸"或"前箸"。

③ 篆：印章，借指官职。

④ 枹鼓：鼓槌和鼓。这里指战鼓。

⑤ 婴城：指环城而守。

⑥ 浸：逐渐。

⑦ 张许：唐张巡、许远的并称。安史之乱时，两人死守睢阳，阻遏了敌人的攻势。

⑧ 墨胎：这里指伯夷、叔齐。商代诸侯孤竹国国王姓墨胎，伯夷、叔齐是孤竹君的两个儿子。武王伐商成功后，天下都归顺于周朝，而伯夷、叔齐以此为耻，坚持不吃周朝的粮食，"采薇而食"，后饿死于首阳山。

⑨ 机：通"积"。

⑩ 天启癸亥：即1623年。

⑪ 飨：用酒食款待人，泛指请人享受。

右　传

邑人毕懋康孟侯撰

凌义渠，字骏甫，号茗柯，先世徽歙沙溪人也，迁住浙江乌程。凌氏世族鼎贵，公尤翩翩玉立，修髯清姿，推乌衣第一流。制义特标玄胜，天启乙丑①举进士，由行人授礼科给事中②。三河知县刘梦炜至任，以境内失鞘③自缢，义渠疏："比年来，兵兴盗起，文网益密，以甲第县令，畏法而甘心引决，何有于小民。祈因此一官之不得其死而恻然，动体群臣子庶民之念。"人传诵焉。宜兴、溧阳诸邑不逞哨聚④，焚掠巨室，狱系迭兴。疏言："国家所与立者，惟此名分纪纲。日者发奸之令方严，告密之门渐启。藩国悍宗入京越奏，间阎⑤小故排挞声冤，甚至仆竖⑥可以侮家长，厮役可以钳本官，市侩可以持缙绅，盗贼可以傲失主，此《春秋》所谓六逆也。苟决裂防维，无复界限，即九重之上，安所恃以提挈万灵，役使群动也哉！"给事中刘含辉劾温体仁，下部院议，忤旨，各贬二秩。义渠言："国家设部院以司表率，复设六科以司封驳，大小相维，权无旁落，法至美也。其使七品小官得上议，如纶如綍⑦之王言者，重言路。正所以尊朝廷、贵封驳⑧，所以慎丝纶也。若使谏官不得规执政之失，部院反得操言路之权，而臣等又唯唯诺诺，一任其颐指，于国家亦何利哉！"本兵滥叙广东废将，为给事刘昌所驳，昌反被斥。义渠言："今天下事事相蒙，而疆场之欺蔽为甚。官方在在滥徇，而武弁之倖功为甚。中枢之不职，已见于天下矣。乃辨疏一人，而进言者即被镌责，从此纠弹不及，奸弊丛生，臣窃忧之。"三迁兵部给事。朝鲜被围，疏劾岛帅不救之罪，且言："东岛

---

① 天启乙丑：即1625年。

② 给事中：明朝置给事中，掌侍从、谏诤、补阙、拾遗、审核、封驳诏旨，驳正百司所上奏章，监察六部诸司，弹劾百官，与御史互为补充。另负责记录编纂诏旨题奏，监督诸司执行情况；乡试充考试官，会试充同考官，殿试充受卷官；册封宗室、诸藩或告谕外国时，充正、副使；受理冤讼等。品卑而权重。

③ 鞘：古时贮银以便转运的空心木筒。这里指国库银子。

④ 哨聚：谓召集众人，多指图谋不轨。

⑤ 间阎：指平民。

⑥ 仆竖：仆人。

⑦ 如纶如綍：语出《礼记·缁衣》："王言如丝，其出如纶。王言如纶，其出如綍。"后称皇帝的诏令为"纶綍"。

⑧ 封驳：封还皇帝失宜诏令，驳正臣下奏章违误。

孤悬，一切仰给于鲜，使鲜先不支，岛众何以得食？不惟外侮宜防，兼亦内溃可虑。"揣摩情事甚悉，居无何，岛众果溃，挟帅求抚。义渠以叛卒鼓噪屡闻，至帅废置任意，将蹈唐时藩镇故事，请阳抚阴剿，募死士以缚凶。渠用反间以离叛党，同恶必至相残。而新帅之奉命出海者，歼渠散党宜速，速则可以图功，迟者更酿成他衅，后皆率如其言。

左良玉①拥兵跋扈②，奉命授江北，沿途淫掠，特纠之。而流氛如猬起，督抚皆禀承枢部，事多中掣。因极言争在呼吸之军机，而既俟成命，又俟部覆，俟咨旷日废时。比驱至行间，而面目全非，先着已不在手矣。山西总兵王忠奉调授河南，称病数月不进，一军哗而归。严劾其罪，得旨逮问杨嗣。初议以总理熊文灿兼郧抚，敕书已行，既而皖寇急，总理移驻控皖，于郧抚又议留。特书驳之曰："郧抚在熊文灿必不可兼，郧抚陈良训必不可不罢，宜改总兵。敕书别选贤能为郧抚。"皆得旨允行。义渠在省中，启事屡上，咸关切军国之名奏议也。

当是时，乡衮方柄国得君，人争依附门墙，梯荣躐③进。义渠独无附丽，皂衣白简，皆自抒所见，名重掖垣④。磨勘⑤癸酉试卷，河南贵公子以贿中式，义渠阅其卷，涂已满纸，拟从革。而吏掌科某公子为外舅，中以年例外转闽省臬⑥。义渠司分就职无一言，同官不平，发其事，上取卷入，觉黜公子，并落吏掌科籍。稍迁兵备，三历升大理卿。而国难作⑦，三月十九日召对，趋长安门，达旦不启，竟无司门焉者。俄传城陷，返寓，门人进士李森传帝煤山凶问，义渠以首触柱，流血被面，淋漓襟袖。李力持之而泣，义渠厉声曰："与若道义交，当共相勖勉⑧，何儿女泣

①左良玉：字昆山，临清人，明末大将。初在辽东与清军作战，曾受侯恂提拔。后在镇压农民起义军的战争中，部队不断扩大，日益骄横跋扈，拥兵自重。崇祯十七年（1644年）三月封宁南伯。南明弘光帝（朱由崧）即位后，又晋为侯，镇守武昌。此时，弘光政权中马士英、阮大铖用事，排斥东林党人。他袒护东林党人，且怀有个人野心，于弘光元年（1645年）三月二十三日从武昌起兵，以清君侧为名，进军南京。未几，病死于九江舟中。子左梦庚率所部降清。

②跋扈：专横暴戾，欺上压下。

③躐：超越；践踏。

④掖垣：唐代称中书、门下两省，因分别在禁中左右掖，故称。后世亦用以称类似的中央部门。

⑤磨勘：唐内外文武官员考课，由本司及本州府长官按规定考核其功过行能，分九等写入考状，由吏部与各道观察使复验，任期满后，根据考绩结果升降。为防止申报不实与升降不当，须经吏部和各道观察使予以复验。磨勘之名始于此时。宋置审官院主持官员考课升迁，并确定磨勘名称。

⑥臬：古代主管司法的官员。

⑦国难作：指1644年3月，李自成率军北伐攻克北京，崇祯帝在煤山自缢。

⑧勖勉：勉励。

为?”李不忍见，恸哭拜辞而去。义渠终身疏食，无他嗜好，性独爱书，命取火焚所评骘①及生平著述。索冠服，易绯袍②，设香案，正笏向阙拜，后南望遥拜。草上尊人书曰："尽忠即所以尽孝，能死庶不辱吾父！"笔墨莹然，点画不苟，以书授仆曰："我魂先归侍左右矣。"诸仆环跪号泣请，后命曰："死后可书我枢云'死节孤臣凌义渠之枢'。"遂就缢，时年五十二。南渡赠刑部尚书，谥忠清。

本朝赐谥忠介。本《续表忠记》。

右 传
赵吉士③恒夫编

凌駧，字龙翰，号井心，古歙之名族。科甲后先相映，公登崇祯癸未④进士。是岁广遴⑤庶常，公奏对详雅，宜压卷，因阅卷者避嫌，置名于乙⑥，改授京职。忽逢西贼⑦孔亟，廷推辅臣李公建泰督师防河。辅臣久重公，遂以名荐，钦授兵部职方司赞理，监辅臣军。三月二十二日，行次保定，是时督标实无一兵，本日贼薄城下，公多方御敌，歼贼颇众。至二十四日，贼应内起，公独战不支，遂为所执，贼迫公降，厉志不屈。贼益怒，连砍数刀，而一刀洞脑。环注数矢，而一矢贯喉，仆地气绝。贼视已死，舍之他。适有大悲阁僧人观吾者，夜梦金甲神，谓曰："阁傍有忠臣死节，气未尽，曷来救之。"僧惊寤，开阁见公死道傍，扶起，进汤，顷刻许始获苏。创少愈，复至临清⑧首举义旗，尽擒贼官。东鲁八十余城咸

---

① 评骘：评定。

② 绯袍：红色官服。

③ 赵吉士(1628—1706年)，字天羽，又字渐岸，号恒夫，安徽休宁人，入籍钱塘。清顺治八年(1651年)中举，十八年简选推官。康熙七年(1668年)正月至康熙十二年(1673年)任交城知县，颇有政绩，居官清廉。因镇压交山农民起义有功而擢升户部山西清吏司主事。后历河南司、四川司主事，康熙二十年(1681年)，奉使征扬州关钞，又调通州中南仓主管，纂修盐漕二书。二十五年受康熙皇帝面试，擢户科给事中。后受命勘河，因不称旨而罢官，复补国子监学正。康熙四十五年(1706年)二月，卒于北京。作品有《续表忠记》《寄园寄所寄》《杨忠公列传》《牧爱堂编》，诗作有《万青阁全集》。曾主持编纂《交城县志》《徽州府志》。

④ 崇祯癸未：即1643年。

⑤ 遴：谨慎选择。

⑥ 乙：天干的第二位，用于作顺序第二的代称。

⑦ 西贼：指李自成的起义军。

⑧ 临清：今山东临清市。

次第恢复，其功不在田单①复齐之下。寻旌其忠，拜浙江道监察御史，巡按山东暨河北、河南等处，所至威德兼著。及奉旨入朝升见，缴进夺还荡寇将军银印一颗，贼伪铜印六颗，伪凭文二十五道。廷褒倡义剿贼之功，改巡按河南，监各督镇兵马，经理河北、山东招谕等事。

福藩南立，二月初九日，辞朝启行，客有曰："太夫人老矣，能不一就见乎?"公呜咽曰："君亲不能两全，今事急矣，义不返顾，乌乌之情，何日忘之!"十二日渡江，二十二日驰入沈邱到任，随奉兼摄学政之命。时大清兵抵郾城，烽烟蔽日，公仍分路招按，几有绪。三月十八日移节入宋，镇臣意图南避，公誓以死守。二十二日巳刻大队俱集城，兼赉旨招，公拒不启视。寻闻府县造册献城，不可守，步归察院仰药自尽，为众所阻。又掣剑自刎，又为标将抱救。且豫王先示，入城必得生御史，否则屠洗无遗矣。士民环拜阶下，愿公缓死，全此一城生命。公叹曰："我以死救此城父老也，岂以死累此城父老哉!"遂单骑谒见豫王，惟侄润生从行。令旨设宴享公，闭目不食；捧貂裘革舄②进，闭目不受；其贵人某曰，拟衔铸印大用矣，闭目不答。二十三日，上豫王书曰："骃世受国恩，不克有济，天乎? 人乎? 报之以死，骃谊尽矣! 日昨不急救裁者，盖从封疆人民起见，今事不可为，正骃从容就义之日也。惟愿尚存初志，永敦邻好，大江以南，不必进窥，否则扬子江头凌御史，即昔日钱塘江上伍相国③也! 承隆礼仪不私，交裘帽革舄，缴入照收。侄凌润生相从殉义，以愧天下为人臣而怀二心者，绝笔不文，仰惟照宥，时乙酉三月二十三夜。巡按河南监察御史凌骃。"具题白箭衣诗四首。一曰："艰难历尽仍徒然，谢世长归碧落天。千古文山能有几，不如仗节效平原。"二曰："心愈酸，志益励，肥马轻裘，忠贞不易。事亲无日，事君无才，从容就义，目闭心

————————

　①田单：生卒年不详，妫姓，田氏，名单，临淄人，战国时田齐宗室远房的亲属，任齐都临淄的市掾(管理市场的小官)。齐国危亡之际，田单坚守即墨，以火牛阵击破燕军，收复七十余城，因功被任为相国，并得到安平君的封号。后来到赵国做客卿，死后葬于安平城内。

　②舄：重木底鞋，多为帝王大臣所穿。

　③伍相国：即伍子胥，春秋末期吴国大夫、军事家，名员，字子胥。伍子胥之父伍奢为楚平王子建太傅，因受费无极谗害，和其长子伍尚一同被楚平王杀害。伍子胥从楚国逃到吴国，成为吴王阖闾的重臣。公元前506年，伍子胥协同孙武带兵攻入楚都，吴国倚重伍子胥等人之谋，西破强楚、北败徐、鲁、齐，成为诸侯一霸。伍子胥曾多次劝谏吴王夫差杀勾践，夫差不听。夫差急于进图中原，率大军攻齐，伍子胥再度劝谏夫差暂不攻齐而先灭越，遭拒。夫差听信太宰伯嚭谗言，称伍子胥阴谋依托齐国反吴，派人送一把宝剑给伍子胥，令其自杀。伍子胥自杀前对门客说："请将我的眼睛挖出置于东门之上，我要看着吴国灭亡。"在伍子胥死后九年，吴国为越国所灭。

开。叔尽忠，侄尽烈，炯炯双魂，千秋凛懔！”夜漏四鼓，望南拜讫，自缢于帐中。是夜天鼓鸣，自亥至丑，起伏不绝。有大星殒城西南角，霎然有声。侄润生亦题衣诗：“鞠旅陈诗誓大川，时乎不济怅徒然。偃卧沙场声一啸，鞭驭青黄问上天。”又曰：“世食国恩，无以为报；叔忠侄烈，无分先后。”同缢于公尸之侧。

次日士民闻公卒，设位号哭，宋城为之罢市。王闻而叹息曰：“渡河以来，一凌御史而已！”入公廨[1]，启其箧[2]，惟疏草图书数卷，见者无不流涕。廷议方撤督抚，专倚重公，讣至，举国为之夺气。冢宰赤泷张公特疏，详报忠烈。奉旨：“凌骃忠烈异常，足垂不朽。准赠兵部左侍郎，荫子一人，入监读书，拟谥忠烈。侄润生准赠河南道御史。同付史馆纪载。”公祀事则入归德名宦祠，润生则入昭忠祠，本郡则俱祀郡邑乡贤祠。

公恂恂冶秀，望之如妇人女子，接物善知，终日无厉容，故人多乐就之。及至大可否，则又介然其不可夺。博极群书，尤精于天文、乐律，六壬奇门诸术皆著有图考。尝又续郑端简《吾学编》隆万朝名乡巨公行绩，搜订略备。虽任戎马，未尝不挟以自随，惜夺其年早而厥志未就。所传者惟有《疏草》帙，《代天言》一集，《代人言》一集，《黄山纪游诗》及《燕台赠答诗》一集，亦可略睹好学之绩矣。公殁，年仅四十有七，举子一，仅四岁。临终与弟书，绝不及其孤，真铁石为心者哉。《忠贞节略》。

右 传

凌润生，字玄性，为文学若昧公季子。资性颖异，一目数行俱下，虽古文艰涩数千言，才过目辄了成诵。大父[3]州守公恒异之，曰：“是儿不凡！”比长，脱略不羁，衣冠皆异时制。尝岸帻箕，踞慢[4]世俗学，里中无足当其意者，故里人恒目之为狂生云。惟喜与予兄弟游，间作诗艺，尽脱古今缰绁，一抒其胸中奇逸迈往[5]之气。应小试辄不合，亦惟余兄弟喜读之。年及壮，尚困童子中，潦倒颓唐，合族指笑，公亦不以为介意。性嗜酒，一饭能饮倾数斗酒，既醉更助其呼号怒骂之态。白眼观世，视缙绅先生若奴隶，尤鄙夷富家儿，见恒作呕不止，拦羊牢豕，故人多切齿怨之，

---

[1] 公廨：官员办公的场所。

[2] 箧：小箱子。

[3] 大父：祖父或外祖父。

[4] 踞慢：傲慢不恭。

[5] 迈往：超脱凡俗。

公则久而久未尝芥蒂胸次也。家益贫，学益进，试益不售。继叔祖太常公，后太常公殁黔难，例宜得葬祭，及福藩南立，因游白下，欲以太常事请于朝。贫不得上所请，益拓落于歌楼酒馆、僧庐画舫中。然古文词渐工，小诗亦奇爽，制字善急就，笔势遒劲，恒得张长史①法外意。画作竹石，亦能规仿髯苏②，兼善名法家言，此皆得之心匠，并未有所师授，盖公亦不屑师前人也。南中歌院名姬，公布袍敝屣啸傲其中，绡裙垩壁，得公醉笔一挥，宝为明珠翠羽，至今遗迹往往多有焉。乙酉侍御龙翰公奉玺书巡莅豫兖，幕中乏人，遇公于白门③，遂挟与俱往。时值灯夕，张钱筵于姻友汪穆临家，余亦在坐，客各言其志，或曰尽敌而返者；或曰树功而旋者；或曰报君恩酬知己，正在此日者。公独默无言，余强之，乃攘袂而起曰："吾惟草履一双，事急则逾垣④而遁耳。"举座咸大噱⑤。余戏之曰："此谚所云，走为上策也。"及抵归德，侍御以王事死，公果纳履去，其谁议之？乃慷慨题绝命诗二首，自缢于侍御之旁，叔忠侄烈，萃美一门，洵足远拟卞衷，近符刘孟矣。

奉旨："凌润生，布衣殉难，一命未沾，九死尽节，准赠河南道御史。"寻祀归德昭忠祠，并祀郡邑乡贤祠。公之以死报国固甚奇，而国之所以报公者，亦至渥⑥也。娶胡氏，善楷草，洵称女士。子国栋克继父风，侍婢山儿茹苦相从，终身不嫁，亦皆义烈所激云。

公以高放奔轶之才，负乡闾困抑议讪之累，而乃大节昭然，举世钦仰，岂非生具其至性，不可以细行测者耶。公之死，远而有光于太常公，近而媲美于侍御公，诚间气独钟邦家允赖之人也，乡之人始慕而称之曰："狂生不可及！"呜呼，晚矣。《蕉园文集》。

---

① 张长史：即张旭，字伯高，吴郡人。初仕为常熟县尉，后官至金吾长史，世称"张长史"。工诗书，以草书最为知名，被誉为"草圣"。

② 髯苏：宋苏轼的别称，以其多髯故。

③ 白门：江苏省南京市的别名。六朝皆都建康（今南京市），其正南门为宣阳门，俗称白门，故名。

④ 逾垣：翻越墙头。

⑤ 噱：笑。

⑥ 渥：厚；重。

右 传

族人驯(香吏)撰

凌世韶，字官球，镜汭其号也。幼颖敏异群儿，父赠公知其必贵，沾沾以封君自许，人遂以封君号之也。八岁去乡，塾师点对，群儿皆不能对，奔告公，公随口而出，若宿构然。师惊异，语赠君曰："是儿非吾所能训也。"年十六，补江宁弟子员，文尚幽古，坊刻皆所不屑，故小试恒得失相半。同砚蜜友为吴公榔梅、钱公伯开、程公昊昭，皆后先飞去，公尚落魄诸生中。年四十五始登甲午乡书。又三年，甲戌成进士，时主乡会试者大儒，有重望。闱中摸索得公，无不惊叹为英奇领袖，遇合洵非偶也。

筮仕[1]初，授宁化令，公素奉佛蔬食，自待清苦，即交际亦从俭薄，遂以此失上官意。左迁兴化夜幕，寻擢[2]台州司理，清廉之声犹宁化也。考政报最，升户部主事，时母太夫人年九十有三，尚在堂。随丁内艰，家居益淡泊茹苦。值岁饥，竟同犬豕食，有为仆隶之所不能堪者，公处之晏如[3]。服阕[4]，赴京补部，值烈皇帝之变，踉跄归南。福藩新立，进授本部湖广司郎中。未几，江南云扰[5]，金太史[6]起义，请为监军道。兵溃，太史被执，公遂归里。高卧黄山文殊院，作梅花寄怀诗，其真迹尚存。后因同年交荐，复往白门，寓天界寺[7]之万松庵，遂落发作头陀[8]，不遇人事。唯以字求者，则乐书不倦。公所草宗欧阳，率更颜鲁二公家，得意时觉咄咄逼前人作。为古文幽深，渊旨不可猝窥。诗亦萧达高远，洗尽铅脂，南中呼为三绝。后竟殁于万松庵，年六十七。贫不克敛，友人程昊昭等醵钱以

---

① 筮仕：古人将出做官，先要卜问吉凶。这里指初出做官。

② 擢：提拔，提升。

③ 晏如：安然自若的样子。

④ 服阕：守丧期满除服。

⑤ 云扰：像云一样的纷乱，比喻动荡不安。

⑥ 金太史：即金声(1589—1645年)，一名子骏，字正希，号赤壁，休宁瓯山人。明末抗清义军首领。清军攻陷南京，金声同门生江天一率众在徽州起兵抗清。顺治二年(1645年)八月，清军分三路围攻徽州，他与江天一等依凭丛山关险隘，固守绩溪，清兵久攻不克，后因奸细出卖失陷。拒降清，殉国难。著有《金太史文章》《尚志堂集》等。

⑦ 天界寺：位于南京市中华门外雨花西路能仁里，始建于元代，是明朝京师三大寺之一，与灵谷寺和大报恩寺并列，管辖其他次等寺庙，规格最高。天界寺旧名大龙翔集庆禅寺，原址在朝天宫东侧，为敕建大刹。天界寺不仅是佛教圣地，而且是中国传统史学文化的策源地之一。

⑧ 头陀：指行脚乞食的和尚。

备丧事，归葬焉。

配孺人汪氏，先公卒。妾某氏，当公弃家时，亦祝发为尼。公无子，以兄子德遵为嗣，亦颍江宁学，同友入京不返云。

公诗文遗稿多藏婿诸生徐斌家，闻南中好事者，集其诗三百首，镂刻以行。殁未久，购字几等金钱，重其字亦重其人也。公居官能洁其守，遇难不污其身，养高卒全其志，亦可云有明一代之完人矣。南中诸士以公品行似陶靖节①，私谥为文节先生。鸣呼，弃官如屣，设身萧寺，练衾不备，血胤斩然，较之靖节困苦特甚。谁谓南士之非公论哉。

右 传
潭水黄生白山撰

（无正文）

文 行

唐 朝

凌荣禄，字子贵，秉性淳朴，言行无伪。一日，遇异人于溪上，邀至家，以酒待之。异人欣然授以酒方，指地凿井曰："汲此水，依方造之，其味自佳。使公与公之子孙，富盛千万载，而名犹存焉！"试之，果验，忆其异人乃吕仙也。唐光启元年，以方进，蒙赐金帛而归。公不自私，遂以所赐建创里社，因名曰"皇富"，与五村共之。宋龙图阁待制②俞献可③为之立传。

---

① 陶靖节：即陶渊明（约365年—427年），字元亮，晚年又名潜，号"五柳先生"，私谥"靖节"，世称"靖节先生"，浔阳柴桑人。东晋末期至南朝宋初期伟大的诗人、辞赋家、散文家。曾任江州祭酒、建威参军、镇军参军、彭泽县令等职，做彭泽县令八十多天便弃职而去，从此归隐田园。他是中国第一位田园诗人，著有《陶渊明集》，被称为"古今隐逸诗人之宗"。

② 龙图阁待制：官名。龙图阁为宋代阁名，为宋真宗纪念宋太宗的专门宫殿，真宗咸平初年建，在会庆殿西侧。收藏有宋太宗御书、御制文集、各种典籍、图画、宝瑞之物，以及宗正寺所进宗室名册、谱牒等。又先后置待制、直学士、直阁等官。待制，为备皇帝顾问之官。

③ 俞献可：歙县人，宋代官吏。太宗端拱初进士，官吏部郎中。真宗时为广西转运使，平定抚水蛮乱。官终龙图阁待制。

宋　朝

凌大东，编辑沙溪凌氏宗谱，千余年之宗派不至失伦者，公之力也。

凌大同，出继富二公为子，笃于宗族，凡遇节时，必率族众会饮，以尊卑为序。

凌香，宋高宗南渡建都临安，公进木造殿，赐宴归。居二年，又奉旨礼请，复赐宴赏。

明　朝

凌德佑，字得民。元总兵阿鲁辉镇徽时，蕲州徐寿辉遣伪将来攻江浙，左丞老等讨贼，德佑接济军储，尝运粮米至长湍营，见棉潭汪谷祥老幼三十九人临刑，德佑告院判，俱得全活。载《新安名族志》。

凌纬，字景文，号菊山。笃学能文。元大德中，郡守荐为雪江书院山长，年九十三。学者谥为康德先生。

凌庆四，字必通，号北园先生。夙慧，从胡云峰先生游，尽得其学。归里后，构静室数楹于村南之八亩丘，日与其徒讲明朱程之旨。时槐里唐白云、双桥郑师山皆负人伦鉴①，咸折节②与交焉。明太祖自帅常遇春等将兵十万，繇③宣至歙，召故老耆儒④访以民事。守臣邓愈以公名闻，与唐仲实、姚琏、郑恒等入见对，皆称旨，受尊酒束帛之赐，终其身隐居不仕。著有《济时三策》《正心论》《北园小草》，学者称为北园先生，郡守陈彦四为之立传。

凌佑师，字彦恭。读书明善。教谕罗镒为作《乐善堂记》。载名族志。

凌泌，字若源。明洪武初，粮差繁重，籍没者多，公粮三十余石，尽

---

① 伦鉴：品评鉴定。
② 折节：降低自己身份。
③ 繇：同“由”。
④ 耆儒：德高的老儒。

给与人，其后差役稍平，民还其粮，公曰："既与，复取，吾不为也！"其人感谢不置。

凌社旭，性醇谨，尝创乐善堂。又著孝友家箴，以示子孙。至于睦宗恤友，真心为之，久而弗倦，绰乎有先民遗风焉。本《士行录》。

凌罗同，字彦纲。众推耆老。正统庚申偕其季子邑庠生宗相诣京师，请减六邑丝税。事竣，朝士咸赠诗赞美。翰林胡让为之序。

凌景圣，一门雍睦，九世同居。至今里中传诵，以为美谈。

凌立，字尔三，别号白衣人。天性孝友，事继母曲尽孝养，甘贫自乐。酷嗜书史，或解衣鬻之，突无烟不顾也。著有《六经解》《国朝典故》诸书。见《歙志》。

凌瑾，字孟绅，号慎轩。自幼失学，及长，昼务生涯，夜读诗书，晚而学《易》，恍然有得。颜其轩曰"慎"，以自警勉。尝编大宗谱牒，不惮勤劳，迄今百七十年，得以藉手续编，皆公之明赐也。族人子任识。

凌孟宗，乐善好施，建双溪桥并六角亭。

凌诰，字尹化。慷慨急公，曾捐数百缗①，造桐城县西门城楼，邑令以尚义旌焉。又于途中拾金数百两，访其人还之。

凌天相，博通经史，不乐仕进。尝与弟天佑卜筑于梅山之麓，号黄南二逸，隐居灌园，而染翰讽咏，潇洒自适。都御史程富为之序。

凌诏，笃于孝友，为人慷慨，创建梅山更路桥。

凌诚，字惟宾。济贫施棺，通学呈县，荣以冠带。县令史桂芳赠之曰："慷慨有丈夫之气，清风振流俗之靡。"

---

① 缗：穿铜钱用的绳子；用于成串的铜钱，每串一千文。

凌正本，与弟正轩笃孝悌，好诗书。母张氏守节抚孤，公达母行于官，以表忠节。母殁，哭，几丧明。中书程思温额其堂曰"永思"。载《名族志》。

凌社孙，字振祖，号克庵。家贫力耕养母。母殁，庐墓啜粥，居三年不返私室，朝夕哀哭不辍。永丰罗伦以书慰之，知县章廷城作诗嘉其孝耳。

凌敷，字朝用，号白石一漫翁。平生手不释卷，著有《孤难说》《小谱源流图》传于家。

凌廷悦，字以道。为人和易谆谨。曾于龙游道拾遗金数拾两，候至晚，无觅之者。归语子礼曰："此必穷人所遗，若无此金，性命难保。汝明早于原处候之。"晨往，果见奔号来寻者。问其数相对，还之。其人感且泣曰："余负债，为豪所逼，贫无以偿。今鬻子易此数金，仓卒偶失。蒙君归我，真大恩也！"由是拜谢而去。

凌转应，为人豪迈，素有胆略。因军役纷纭，与弟回应走京师，抗疏于朝，奉旨豁免。是以布衣而悟主庇宗者也。

凌玄庆，性温厚，有法度，累赀①巨万，而赈赡宗族，惠加乡间，里中推为里老②。明初之制，择民间老人公正可任事者，理其乡之词讼，若户婚、田宅、斗殴者，则会里胥③决之，重者始白于官。若不由里老处分，而径诉县官，谓之越诉。故正统以后有保留为令丞者，里老之选盖綦重哉。自后所选多不得人，冒滥滋弊，至为监司按问，而里老遂轻。惟公能行其职，为众所服，劝善成教，有老成忠信之誉。户部尚书程道东为之立传。

---

① 赀：同"资"，钱财。

② 里老：即里长，又称里正、里君、里尹、里宰、里有司等，是春秋战国时的一里之长，唐代称里正，明代改名里长。

③ 里胥：管理乡里事务的公差。

凌相，字廷辅，别号后松。髫年失怙①，家徒四壁，率诸弟子力挣耕之，稍幸渐裕。公生平善记诵诗书，最急人患难，居家礼让，轻财好施，雅尚文学。专经教子，长子琯登嘉靖壬戌进士，授南安司理。请公就养不允，及之任，命之曰："涤垢疏滞，使民不冤。上不辱君命，下无忝②所生。"卒后以子琯贵，赠中大夫、四川布政司参政。详载翰林何宗彦墓志中。

凌显昂，字激云。为人谆笃。弟显政早丧，遗孤尚幼，公抚其孤而均授之产，可谓笃于恩义者也。

凌炜，字汝亮。尝从族兄负贩夜归，兄蹶失所挟持，哀泣不胜。炜奋然曰："徒手起家，亦人子耳！"尽以所业业之，不耻恶衣食。而养二尊人必备甘毳③，葬父母罄其家财，然犹未慊④志，念辄泪沾。臆于仲弟，视疾哀死，体为之敝卵，翼其子，经纪其家，不遗余力也。邑令刘仲署其门曰"卓行宗伯"。李维桢为之铭曰："所谓齐鲁诸儒质行莫及者，其人乎？盖炜实录也。"见《歙县志》。

凌云路，字元登，号云舟。幼聪敏，读书十行俱下。弱冠补郡博士弟子员，试辄高等。制艺简洁高浑，王龙溪先生亟称之。数不利于棘闱⑤，遂刻意为诗，诗多创匠语。不肯寄人篱下，性复澹泊，操守甚严。著有《啸古斋集》《溪上吟》行世。

凌尚濂，字北畴。当军役甫定，缔造草昧⑥，规模宏远。时人卜公克昌厥后，及诸孙秀立，卒符舆论。公高年为乡饮宾⑦，其行谊详载郡守陆公墓志。后以孙驲贵，赠御史。

---

① 髫年失怙：指幼童时期就死了父亲。

② 忝：谦辞，表示辱没他人，自己有愧。

③ 甘毳：同"甘脆"，味美的食品。

④ 慊：满足，满意。

⑤ 棘闱：科举时代对考场、试院的称谓。

⑥ 草昧：创始；草创。

⑦ 乡饮宾：乡饮酒礼的宾介。

凌嗣立，少读书，有识见。知子世韶必贵，沾沾以封翁自许，里中遂以封翁号之。为人守正不阿，尤好周人之急，阅事见几明决，人多服之。后赠户部湖广司郎中。门年侄礼部主事罗炌为之立传。

凌邦琚，字伯良，慷慨好义，凶年出粟赈饥，存活颇众。又建路亭，以庇风雨，至今永赖焉。

凌邦瑛，字伯伟，号慎斋，少年好侠，手编《韩非》《吕览》诸书。是以儒为贾者，晚年始积厚赀，创蕉园，构居仁堂。魏上国六岳公赠并书“大司空”。金溪蔡公为之记。后以子骈贵，赠御史。载《歙志》。

凌邦玑，字伯璿。德性纯厚，凶年出粟建水口亭。

凌守约，字公绰，号金台。父怀德公家素裕，力能训子，公年十七，学已就。从叔父游东兖，用客籍补济宁州学弟子员，随应山东乡试几售，以经义弗称落。公退而揣摩曰：“吾得所以必售之方矣。”集经义数百首，昼夜涵泳。万历乙酉果获隽，几冠本房，时公年仅二十三也。神庙中郑妃擅宠，耻其族不遇乡选，泣诉于上曰：“闱试多为客子所占，故本籍士辄摈[1]不得遇。”奉旨下部，查山东乡试寄籍者。本府司里某奇公才，欲庇公，延至密室语。公性简傲物，且年少视科名如芥，见司里不甚为礼，饮茶手弄果核，脱去。适中司里面，司里怒，时榜中异籍十余人，皆得庇，独以公名上发回本籍肄业。归渐逃乎禅，以文字为戏，虽应秋闱，而已无意功名矣。同年张公督淮扬盐政，怜公贫，邀至署。以其羡千金为寿，公蹙然曰：“是商膏血也，乌容黩我乎！”诰朝，遂买舟遁去，张公嗟异不已。晚岁奉佛于石耳山庵，所谈禅理益深，凡著作皆警世语。邑人江秉谦兆豫撰，载《歙志》。

凌尧佐，号云楼，秉性仁厚，与人谦和，尝书户牖：“每日要行好事！”父廉宪公病，渡火侍奉汤药，衣不解带者三月，人称其孝焉。

---

① 摈：排除，抛弃。

凌克仁，号少城。智勇过人，蹇经略与。唐抚军来聘，功名可以立致，公曰："亲老矣，长兄参知金华，朝夕审视，惟吾与仲兄二人阙一不可。"力辞不赴。

凌景芳，字时美，号半山。慷慨施德。常贾建平，岁大凶，为粥于衢，以待远近之饥者。又券契千金，民贫不能偿，悉焚其券而去。居家所创义田、义屋、义冢，族人德之，详载郡志。邑令林元立为之记。

凌珊，字仲玉，旧泉其号也。早失父，弃儒就贾。生平好施与，喜宾客。有王孝廉宇者，闽人也，遇盗于途，无资以进，公制裘服，备器物，量其所用，而资给之。孝廉惊喜曰："今之世乃有此人也！"谢而行。孝廉以是科得隽，官邸两致书于公。公复书曰："锥刀之德①，敢望报乎？"竟弗往。嘉靖庚戌，倭奴猖獗，掠江南北诸郡，公在瓜州围城之中，城旦夕且破，守者计无所出。公奋然曰："是非重赏无以得死力者，以保危城。"即解千金装，散诸少年以为倡，从而解者各有差。诸少年踊跃登埤，倭寇疑有备，宵遁。厥明，官府访公欲识其面，而公已行矣。叔景文为吴中宦家所困，公为竭财力救之，得无恙。道经宁国，憩于云门，见族人母子流落，不能自存，哀而怜之，收养于家。居恒，自恨不卒为儒，以振家声。殷勤备脯，不远数百里迎师以训子侄。起必侵晨，眠必丙夜，时亲自督课之。每日外来，闻呻吾声则喜，否则嗔，其训子侄之严如此。岁在庚午，会祝融为灾②，楚业大挫，公往收之。忽一日语室人曰："儿辈虽幼，已为有司赏识，吾与尔教子之心当不虚。异日者，尔随任就养，必教儿为好官，以不负吾志乃可。"太宜人闻之，愀然欲应，而哽咽不能语，久乃答曰："天幸有此，吾两人共奖成之，岂独吾事。"亡何，至楚，未暮年而殁。后以子任佟贵，赠承德郎济南道判，加赠奉政大夫刑部郎中。详都御史罗朝栋墓志，又载徽州府并《歙县志》。

凌琢，字仲成，号沙洲。垂髫失父，已有成人志。稍长干理于外，算无失策，以起其业。既倦游，修其业而息之于家族。称正直，凡有事必就

---

① 锥刀之德：比喻微小的恩惠。

② 祝融为灾：指火灾。祝融是传说中楚国君主的祖先，为高辛氏帝喾的火正（掌火之官），以光明四海而称为祝融，以火施化，号赤帝，后人尊为火神。因此，火灾称为祝融之灾。

质焉，有争必赴剖焉，靡不各厌其心以去。丈量之役以公为正，乡约之举以公为长，赈饥之事以公为督，皆忘私急公，而为乡里之所推重。邑大夫之所优奖者，而且建斯文会馆于溪上，里中之有志者，得以讲德而问业焉。村傍泥泞之道路，不便于往来之错趾者，皆面之以石。又创建亭于衢，所以荫而息之，里人无不重其义者。公年八十余，素强健，联邻乡之高年为十老会，每月一聚，肴有定品，酒有定酌，仿佛洛下英耆。邑侯刘公过里中，闻而召之见，则以老疾辞。刘公曰："此善人也！"匾以旌之。年九十，而曾玄在侧，戏以娱目。古人所云："子养其父，而逮养其祖父，鞠其子而及鞠其孙之孙。"其斯之谓欤。公享年九十而殁，以子子信贵，封定州同知。邑人程子鳌撰。

凌孟礼，嘉靖丙辰，流寇薄境，公捐金筑城，县尹史公旌其门曰"尚义"，恩例荣以冠带。

凌云桂，性孝友，言动执于礼，为时楷模。载宗谱续编。

凌福元，字绍元。生有勇力且多材干。元至正间，红巾贼扰乱天下，公率里众捍卫，乡曲多赖保全。载《蕉园志》。

凌大毅，字绳武。存心宽厚。有山邻欺其懦，侵界十五丈，公遂让之。居三年，邻人自愧，复所侵之山，公亦无喜色。里人称之。

凌伯昌，字玉明。拮据惟勤，治家有道。路拾一金钗，俟至晚，无人来认。次日出帖以晓之，竟无识者。越十有余日，至一涧边，见一婢且诉且泣，欲尽于水。公叩之故，婢言："主母失一金钗，疑我匿之，挞我甚苦。"公曰："此物我收之许久，尔归，吾其与之。"婢得不死。

凌汝周，字公甫，号仲涌。性聪敏，善属文。弱冠补邑弟子员，登万历丁酉副榜，惜乎锐志功名而未大遂也。及病作，亦不请医诊视，诸子环泣。公曰："大丈夫贵昂藏之气，何乃如是？尔辈能自成立，吾愿足矣。"言毕，正坐而逝。载《歙志》。

凌云幡，字壬美。母病笃，刲股肉煮糜，祈以身代，乡人称为孝子云。

凌复亨，字见甫。在襁褓隐作呀唔声，少便聪慧，出人意表，乡人有奇童之称。一日与群儿拱，从父太常公试之曰："旗杆门前竖"，即应曰："辇毂路中推"。太常公摩其顶曰："咄咄宁馨，作惊人语，此一日千里者。"年十七补邑弟子员，与伯氏以高等偕试棘院①，素质弱，遂呕血闱中，不觅试而归，明年遂卒。载《新安名族志》。

凌应聘，字行可，号聋痴。幼颖异，迥别群儿，弱冠补郡博士弟子员，屡试高等。为人狷介自守，不苟合于流俗，或遇流俗之龌龊者，无不介然于怀，以故善喜病，中年致有耳疾，因号"聋痴"以自况。先世有子佺公以茂才荐于宋，墓在半月山，岁久浸湮，遂为邻恶窃据，协谋复之，墓得无恙。从兄客死于外，其子幼，公提携之，致有成立。志醻经史，家贫，吟咏不倦。书法善小楷、行草。某令何源钦公才德而怜其贫乏，邀至官舍，未期年郁郁咤叹，不以口腹而易丘壑，即日促装顺流，达于白门。每遇岁旱灾，旧疾大作，竟赍志以殁。嗟乎，公固工于诗，以穷而死也。诗文若干卷，恨力薄不能开雕以行于世，愿诸孤辑而藏之。世有其人如袁石公之于徐文长者，且暮耳。族弟坤元撰。

凌世明，与弟世节，素居村里，耦耕力食。一日辍耕陇上曰："一年所入，只完一年所出，倘遇岁祲，将何所恃以无恐。"于是，请命于父曰："四民之中，士农工贾，士固不能，工非所习，儿欲以农兼贾，蓄积赢余以备凶荒之岁，可乎？"父曰："尔行尔志，可也。"于是择东溪街古渡傍屋，欲赁租之。屋主人曰："田舍翁居委巷，力田亩足矣，何用此为，且余屋僦金，尔果有此大力乎？"公怒，遂止。且曰："吾异日居街上，当先买此屋。"后家业丰盈，买宅果从此屋起，积至数十间。可见有志者事竟成矣。为人好施与，当岁祲，为粥于路，以待饿人而食之，远近盖至千人，如是者两月。众建水口亭，公曰："美事也"，遂出百金助之。载《见闻录》。

---

① 棘院：科举时代的试院。古代科考，用棘围试院，以防止弊端，故称。

凌仲礼，号梅川。少随父游，之龙游，道拾遗橐①数十金，虽行李困乏，觅其人数日，而卒还之。后游金陵，得龙江关河西之浒家焉。龙江乃陪京要津，为吴越闽楚艘舫之总汇，榷政司自水部监以直指，往来商旅之应榷者恒苦滞泊，公为之条上便宜于直指，得嘉纳行之，以故商与官两益，而国课用饶。当事者皆心膂任公，公一以结客四方，名大噪江湖间。生平不事诗书，每喜敦崇儒术，宾礼师友。诸如族侄孙民部公，曾以侨寓之膏火待佐于公，而他可知矣。晚年买山半亩于城北卢龙之阳，构精室，额曰"瓖猊"，莳名花修竹，掩关自娱。年八十有八。奉恩例进服以荣之。秣陵罗策为之立传。

凌德椿，字君茂。惟至孝，母疾笃，夜半吁天刲股进，母愈，股创亦平。载宗谱续编。

凌鸣和，字之律。幼聪敏，读书十行俱下，弱冠入郡庠②，每试则高等。尝角艺于北园文会，所与诸友于唐中丞晖、程观察子鳌等，皆一时名士。而公课义，山长品评第一，且曰："之律制义理足、意足、词足，犹金之细丝也。"同辈咸以凌细丝目之。万历乙卯科南京乡试，房官阅公文曰："斯卷有古名，元法程丞。"荐之主司，亦欣赏，不置闱中定元。十日后，以三场策内稍犯时忌，欲摈去。房官屡争之，竟首乙榜③。呜呼，非时命使之然欤。载《蕉园杂志》。

凌朝曙，字东白。同太常守黔城十月。著有《羁黔纪略代对录》。

凌泰亨，字通甫。邑庠生，屡拔高等，万历癸卯科登副榜。

凌汝亨，字孟嘉。随伯太常公赴云南曲靖府任，道经贵阳，值安酋作乱，两院留太常公为监军副使，协守省城，公亦与焉。城困十月，食人炊骨，公同伯父协力死守，竟绝粮而殁。著有《枫江草》，多纪黔事。载《蕉园杂志》。

---

① 橐：一种口袋。
② 郡庠：科举时代称府学为郡庠。
③ 乙榜：科举制度中取中举人的别称，亦称一榜。

凌坤元，字幼文，同太常公守黔城。著有《长松室》《稳香舍》二稿。

凌武，同太常公监守黔城，绝粮而殁。载方伭二《见闻录》。

· 122 ·

凌起宾，字从政。为人豪迈有胆识，不畏强御。崇祯十四年隆堨之讼，有司及巡按御史咸不能决。公慨然怀楮墨①，直赴京师控于都宪，为三法司之一，尊严也若神，不轻受讼牒，赴诉者膝行而前，唱名及之，则摘词以讯，稍不合吻，则鞭蓳②交下，呼叱之声动地，虽负盛气以往，莫不震慑嗫嚅③。公独反复申理，卒得直而还。道经芜湖，值酷暑，公风尘劳顿，遂中暍④死于旅舍，同行人获其丧以归。嗟乎！隆堨凌氏之众业也，公乃奋不顾身，跋涉千余里，为一乡出力，隆堨赖以保。身殁一时，功垂百世，岂非所谓勇者不惧哉。迄今每岁中元之夕，特设主于文会所前，享合族之端祀，其一腔义烈，殆凛凛不可磨灭哉矣。

国　朝

凌允中，字体愚。崇祯间隆堨之讼，公倾产协助清理开浚，至今田亩永赖。载《新安名族志》。

凌驯，字香吏，号愧庵。邑庠生，学问渊博，不徇⑤时好，与伯兄忠贞公同处蕉园，自相师友。崇祯癸未，兄登进士，筮仕燕京，公子处溪上读书吟咏，不滥交一人。所与偕者，方子伭二、程子抑若暨族侄行可、伭性等数人而已。湖广督学高公世泰重其人，益知其学，走书请诸幕下。凡郡邑试文评定甲乙，辄合舆情。厥后伯兄殁于王事，公居溪上蕉园，益以诗酒自娱，故生平著述甚富，所著《剪蕉初集》、续集，《蕉园杂志》等书行于世。祁门翰林张瑗为之立传。

凌嘉恪，字胤三，明司马忠烈公骍之子也。公当忠烈公殉封疆之时，

① 楮墨：纸与墨。这里指诉状。
② 蓳：古书上说的一种树，古代用其荆条占卜。这里指刑具。
③ 嗫嚅：形容想说话而又吞吞吐吐不敢说出来的样子。
④ 暍：中暑。
⑤ 徇：依从，曲从。

甫四岁尔。幼聪颖，有至性。十龄，师庠生方伭二卜频，善学能文，挥毫落纸，日成数千言，卜频器之。长事两孀母以孝，每闻人言及父殉难事，辄悲泣不自胜，至母前则强欣笑，恐伤母心也。公纤尪^①弱质，既以父故隐抱终天。修钱佐之，心戚而神老，遂病羸^②。稍瘥，复往课生徒，疾复剧而卒。妻吴氏殉烈焉。卜频闻而痛之，为立合传。同邑胡匏更又立凌孝子同室吴烈妇合传，见《艺文》。

凌德翀，字子羽。乐善好施，值岁大祲，煮粥赈饥。举乡饮宾。郡守颜其居曰"硕德开光"。

凌德源，字如岷。捐田助义渡木桥。载《义桥记》。

凌德周，亦同捐助赀，造义渡木桥。

凌德佑，字玄申。敢于作为，三分支厅年久，支丁盘踞不肯修理，屋宇将倾，公倡议营葺。且虑其烟火数十家薪突莫戒，谕令迁移以杜其患，无不遵凛。今之春秋享祀，庭宇肃清，公力为多也。

凌德馨，字正馥。天性孝友，秉质刚方，有古任侠之风，而能揆度于义，事亲能养其志，待诸弟怡怡如也。财务无分彼此，小嫌不介，世以为今之刘宏。遇母氏病，医辞不治，诸弟请祷，默然弗答。夜乃刲臂肉作和羹以进，人弗知之也。后当盛暑，偶解衣磅礴裸人，乃见之。欲以闻于有司，正馥坚止之曰："若以是为名，是增吾罪也。"遂不果请旌，然当世遂相传有凌孝子云。云间周经邦理斋氏撰。

凌懋俨，字芳孟。随父嘉藻任桐城。父病笃，刲股疗疾，又夜半祝天，祈以身代。

凌慈懔，字子贞。秦州梁垛场大水，助米赈粥，存活颇多众。

---

① 纤尪：瘦小。
② 羸：瘦弱。

凌日荣，字淇生。幼失怙恃，备历艰苦。时值鼎革①，家贫不获攻举子业，习计然②之术。重义轻财，虽力所不能为者，必竭蹶以事事，瘠己肥人，而不自为己德也。为木商，多往来于临安、云间③，遇有急者必周之，人皆称公为善士。叶榭④有行业，令次子起瑞总理之，并诸长兄日升奉膳于中。不幸遭逆奴变，鸣之官，承问者按究邻里保甲罪坐多人。公以弒主者二逆奴耳，与众无与，为力辨于庭，邑宰叹曰："凌君善人，身为苦主而不欲冤人。若此善人，将必有后。"众遂得释。后以孙如焕贵，赠内阁学士兼礼部侍郎。

凌爱仁，字善长。慷慨好义，里党贫人遇丧葬急事，计无所出，向公借贷，必允诺，无不如其数以去，后虽无偿，亦不责取。故远近十余里感佩厚恩，多尸祝⑤之。本里古渡、义桥赖公持筹会计，增置田地数十亩，岁岁收其租息，以为修理更换之费，至今行人不至病涉⑥焉。康熙壬子旱荒，赤地千里，长吏⑦蒿目⑧，公倡首出粟为糜，以赈乡曲，存活甚众。

凌爱伦，字叙五。乐善轻财，恭敬桑梓，而尤笃于木本水源。里中社宇支厅建修义茸，先世楫、道、蜜三公窀穸⑨宜修，公任其事，易墓门石碱⑩。孟齐公殡⑪而未葬者，几二百年，首倡改葬。云桂公浮殡百年矣，亦公手为之归土。所动支经费皆各祝会余资，而筹划营为综理微密，不伤财而功用克就，乡族称之。卒年八十有七。公之经营义举也，至耄⑫期不倦，论者以为能任劳是固然矣，抑犹不止此，吾郡风俗多惑于术家言，拣

---

① 鼎革：除旧布新，指改朝换代。

② 计然：姓辛氏，号称渔父，春秋时葵丘人。博学，无所不通，尤善计算。对治理国家的策略极有研究，善于从经济学的角度来谈论治国方略。才冠当世，却不为天下人所知，隐逸于山水之间。南游到越国，大夫范蠡惊其才，拜之为师。

③ 云间：旧时松江府的别称。

④ 叶榭：叶榭镇，今属上海市。

⑤ 尸祝：崇拜。

⑥ 病涉：苦于涉水渡川。

⑦ 长吏：称地位较高的县级官吏。

⑧ 蒿目：指对时事忧虑不安。

⑨ 窀穸：墓穴。

⑩ 碱：柱下面的石墩。

⑪ 殡：停放灵柩；把灵柩送到埋葬或火化的地方去。

⑫ 耄：指八九十岁的年纪，泛指老年。

时日则驳年命，卜宅兆则争公位，一切富贵寿夭、贵贱穷达，皆若操其权于七尺之棺、一抔之土，故死者支丁愈众，岁月益久，有终归暴露而不得马鼠封者矣。即或有孝子顺孙，慨然起而为之，非阴阳之说，哗然聚讼于事先，则祸福之征彼此归咎于事后，苟无定识大力，则亦敛手而退耳，孰敢为众怨群疑之的乎？夫楫、道、蜜三公之葬者也，孟齐、云桂二公未葬者也，已葬其远者数百年，未葬其近者亦不下百年，支裔众者数百人，寡者亦不下数十人。偶然之数岂可预期，族众之见岂能如一，公乃毅然而任之，无所避忌，掩坎封坟，一朝而妥五祖之体魄，其胆识过人远矣。世之拘泥于堪舆①之说，而不葬其先者，闻公之风可以少愧矣。邑人江志广撰。

凌起潜，字陶友。邑庠生，以仁人耆德②，光前裕后，封内阁学士兼礼部侍郎。公年近九十，犹精神康健。次子少司马公如焕以父年高，陈情乞养。归里数载，朝廷赐御书"福"字暨内府大缎以为寿考之征。远近父老扶杖聚观，咸太息为熙朝旷典，且推公盛德所致也。

凌大德，字受之，号霭亭。孝友勤善，耄而愈笃。

凌爱业，字召遗。性至孝，母病笃，公时年十六，祈祷神前，刲左股作糜，母食之而甘，霍然而愈，复延算六龄。居乡好施予，族中贫而无依者，皆赖其惠焉。

凌爱恒，字文序。赋性纯良，为人勤敏。徽多山田，赖堨以济。公念富堨年远以湮③，与众谋曰："水利甚大，今堨水将竭，奈何使数里膏腴变作石田乎？"遂竭修浚，民田皆资以溉。

凌爱麟，字子绂。风格方雅，晚年举为里中约长，化俗成教，人以耆德重之。初以家贫，贾于浙之金衢，既封植④，曰："此邦不可与处，畀⑤之同贾者而去。"三徙而三弃焉，归里贫如故，躬耕徜徉。社宇中堂栋梁摧败，

① 堪舆：风水。

② 耆德：年高德劭、素孚众望者之称。

③ 湮：淤塞。

④ 封植：聚敛财货。

⑤ 畀：给；给以。

首倡修葺。暇复植水口竹树，望之蔚然，过者咸以为此乡有隐君子云。

凌和贵，字礼容。襁褓失恃，祖母汪抚之。事继母江克谐以孝，备尝艰苦。弱冠，游三衢，尚气谊，好施与，舍己济人，贸易累千金，辄复散去。自达官绅士以及氓庶①，无不以礼相交接。与地方长吏过从款洽，然终未尝干以私也。长沙陈侍郎鹏年，初任西安县事，严正不滥交一人，独慕君名而见焉。咨以一方利弊，君从容论议，陈为之倾倒。郡守西河靳公树德良二千石也，内召将行，求棹楔者百计，概绝弗许，独书"行堪式靡"四字，亟赍持刺②以赠，盖欲借君以风世也。

晚年居乡，首倡建宗祠以隆祀典，增置祀田以报祖母之德，下及亭台桥路，靡不以次修整。有姊适姚氏，蚤寡，守志终老，生则分以卫，殁则营请旌表。公笃于族谊而施之，自近从昆弟子侄多借其力以起家者，其施于异姓亦然。乡党高其义，会推为约正，纷乱患难，片言立为排解。或遇贫乏之者，则解囊以劝息之，迪教不倦，故终其世俗无斗讼，而女不冶游。歙令蒋公振先尝见之曰："是凌翁也耶，自翁开讲数年，未睹翁图中一讼谍，吾心焉慕之，今乃得识翁面矣。"将殁，遗言葬继母必与所生同穴，盖孝友其天性也。先生岳岳③怀方，有古遗直风，然与人为善之意多，而攻人之恶之意少，故人畏而爱之。且于贫族鳏则助之婚，死则捐木买地葬之，数数然也。余适沙川游三衢，先生已下世二十余年矣，而彼都之人士犹颂旧德不衰，是足以振高风而励末俗矣。用是，综其大概，志而传之，后有君子，当慨然而兴也。邑人江志广撰。

凌和贞，字永吉。倡首创建宗祠，勤敏任事，寒暑风雨无一日，之间五年。

凌睿臣，字以成，号榆麓。弱冠补邑博士弟子员，康熙丁酉入都举京兆贤书。为人有胆略，紫阳书院向有祀田数十亩，久为豪强所占，公清理之，复还其业，至今禋祀有赖。他如订族谱联以本支，置祭田以绵墓祀，无非以祖宗之心为心，而贻令名于无穷也。

---

① 氓庶：百姓。

② 刺：名帖。

③ 岳岳：形容人刚直不阿。

凌和钏，字渭英。国学生，与兄和钜共理礎业，昆弟间怡怡如也。厥后兄殁，抚诸侄暨侄孙如己子孙，皆教以义方。生平律己严，而待人恕，乡里互争多赖排解，人以陈太邱目之。

凌士超，字友彤，钝峰其号也。读书为业，古文词赋咸有法则，时艺独尚清醇。年四十始为歙庠弟子员，应试又数不售，益励学弗倦也。授生徒一以先正为法，弗趋时艳。然弟子率多致通显，而公遗佚如故。乾隆戊午，族弟少司马如焕典试江南，事峻后绕道归省，路出新安，诣宗祠拜祖，与公遂会约入京就试北闱，又不售。公夙明星象，乃效力天文科，年满授州同知。候缺，久不得就职，困而归，复以授徒自给。壬申二月，殁于家，年七十有三。未殁前一日，口占诗七首，遗诫无开吊诵经历基等七事，皆有关世道，练达人情。又自为墓志铭，辞旨可观其于死生之际神识夙定矣。著有《东海吟》《黄山日纪》《钝峰书屋》等行世。

凌晋，字锡蕃，太学生。生平敦厚诚一，能敬承先志，虽经营阛阓^①中，而仁义之气蔼如。与市人贸易，黠贩或蒙混其数以多取之，不屑屑较也。或讹于少与，觉则必如其数以偿焉。然生计于是益殖。本里水口亭，当北源要道，岁久将坏，君独捐资整之，行旅往来始复有所憩息。文会辅仁堂草创未就，亦首倡捐资以底于成。至今亭馆园林幽雅堪适，君实与有力焉。厥考永吉公以建祠著勤，而锡蕃公复以捐修底绩。父析薪而子克负荷，可谓世济之美矣。

凌顺霆，字永年。为人耿直狷介，乡党敬畏之。修整文会，勤敏任事，寒暑无间。

凌顺雷，字贯日。幼有至性，七岁失怙，哀毁如成人。事母黄氏以孝，家贫，与仲兄采薪以养。稍长，偕服贾，苦力负担，寒暑弗辍，虽甚惫，不敢告劳，亦无后言怨色。母殁，既免丧，哀慕不已，岁时享荐必涕泣曰："子欲养而亲不在，予何生也夫！"厥后生计渐裕，而勤敏不倦，一惟兄言是从。南北往来，岁无宁晷^②，数十年如一日也。乾隆丙辰年析箸，无一丝一粟留私箧者，蔼然推让之风，乡里以是重之。公雅嗜经史，

① 阛阓：街市。
② 宁晷：安定的时刻。

尝置别业，暇则披览于其中，教诸子以读书为首务。尝举宋真宗劝学文以提命焉。长子应秋补邑学弟子员，次彝昂、昰晁等咸恪守先业，说礼敦诗义方①之训然也。公为人和平乐易，交接不愆②于仪，或遇里巷忿争，辄以温言排解之，靡不帖然服悦从者。晚年邑令王公见之，重其才德，特举为约正。岁辛未旱饥，道殣③相望，公虑市米无多，人有怀金钱而枵腹终日者，乃冒暑热往返江苏间，采买接济。道经严陵清溪，居人阻截，公筹划申理得直，故米艘得源源而来，平价以售，如是者数四，乡里赖之。然公心力亦自瘁甚矣，是岁遂殁，年六十有四，闻者莫不悼惜焉。监察御史泾上赵青藜撰。

凌应春，字滨蘅，号昉村，初名宏鉴。初颖悟，年十二即解属文，十三应童子试。既冠，补弟子员，声华藉甚。然秋试辄罢，已而丁外艰服阕，仍试蹶④。乃慨然曰："人子求禄，将以逮养也。今吾父已矣，幸吾母存，然屡蹭蹬⑤若此，当何以承堂上之颜乎！"遂决意弃去，与同志程徐诸君游学京师，居会馆中，日夕淬励，每辨色起，手一编至漏下数十刻不休。时或拈题握管便达旦忘寐，其专精如此，尝曰："为人子旷定省职，驰驱三四千里外，白头老人朝暮倚门闾，乃复因循玩愒，竟不得持尺寸而归，非人也。"未几，果捷。乾隆丁卯顺天乡试，时主三韩阿公、诸城刘公、本房郭公咸有国士之目焉。公笃于天性，方其北首燕路也，为成名计，不得已戒途。然慕恋尤至，试事甫竣，即兼程南归，舍舟趋路，不避劳顿者。及抵家侍养仅数月，又迫春官之期，勉强束装，时本疾初愈，意诸忽忽，才出境，复大剧，遂与归而卒。君生平多所撰述，今存者有《凌氏家乘》《五忠录》及《时文集》各若干卷。槐里唐孝廉来松撰行述，汪编修永锡为之立传。

凌芸，字介于，号玉峰。邑庠生，性豪迈，吟咏自得。凡盛唐诸家靡不探讨，而独以李青莲为宗，惜乎赍志以殁。著有诗集，存箧中。

---

① 义方：指行事应遵守的规矩法度。

② 愆：罪过，过失。

③ 殣：饿死。

④ 蹶：挫折，失败。

⑤ 蹭蹬：遭遇挫折；不得意。

艺　苑

凌朝阳，字孝先，太学生。居室洁静，栽植花竹。工人物山水，笔法苍老，墨汁淋漓。

凌守训，善弈，名闻两浙，后居钱塘。著有《弈诀》行于世。

凌光亨，字伯衍。太学生，累任至温州同知，介节不玷家风。性爱兰，工于写兰，为世所重。

凌畹，字又惠，号眉山又道人。少负隽才，工诗善绘事。得郭忠恕之神，尤善为木竹，如写草书，人争宝之。吴兴守吴绮为之传，见《歙志·新安士行录》。

凌贵中，字道甫。沉酣技艺，凡琴棋书画事事皆善，而于六壬①术数尤精擅一时。

凌朝铭，以善弈游于缙绅之间，精妙绝伦，无出其右者。尤工篆隶，摹印直法古人，每作字，点画边傍无少假借。后游京师，所至以书、弈驰名。

凌应聘，名庠生。工书翰，临晋唐帖行草，学赵子昂逼真，好事者得其书用松雪款，人莫能辨。

凌翔，字云翥。为人聪明绝伦，幼学画，法兼综古人。山水师郭熙，花鸟师黄荃，人物师唐人，而楼阁亭台尤绝品也。

---

① 六壬：又称六壬神课，是用阴阳五行占卜吉凶的一种古老的术数门类，与奇门遁甲、太乙神数合称三式，天干有十，而六壬神课独取壬者，因为壬水属阳，天一生水，为数之始，壬又寄宫于亥，亥属乾宫，乾是易卦之首，所以取壬。六壬是指干支相配成六十花甲，每干配六支，以壬配六支则为壬子、壬寅、壬辰、壬午、壬申、壬戌，故称六壬。

凌和时，字懋斋。少习举子业，稍长咏范文正公愿为良医之言，遂决志习医，从余士晃游。凡《素问》《灵枢》《难经》诸书，皆洞其奥，治人病悉中肯綮①，由是名驰景镇。晚年归里，构静室数楹，蓄植花卉，吟咏自适。遇叩门求医者，诊视之一二剂，无不立愈。且有他医所不能治者治之，而沉疴顿起，所在甚多。年至八十余而殁，时论惜之。

凌纬，字章友，号沧涛。画山水人物、翎毛花草，兼法诸家。

列　女

凌天宠妻黄氏，孀居三十年，苦节抚孤，子有成立。

凌正宾妻程氏，正宾，邑庠生，殁后妻程氏柏舟之操五十余年，宛如一日。邑大夫旌其室"筠贞松秀"。

凌正庠妾张氏，矢志不二，励节四十余年，有司旌之。

凌子佳妻吴氏，朝夕奉佛，茹淡执勤，孀居四十余年。令旌其门曰"劲节凌孀"。

凌乾亨妻吴氏，年二十一而寡，矢志坚守，艰苦备尝。无嗣，继堂弟蒙亨三子为后，寿七十余而终。

凌任升妻程氏，崇祯乙亥从夫至太湖道，遇流寇，欲污之，骂贼自刎，详《孝烈传》。

凌应通妾胡氏，矢志守节，捋荼②茹淡，年七十二卒。

凌邦燮妻程氏，夫亡励节五十余年。县尹戴公东旻以"金石贞操"旌焉。

---

① 肯綮：筋骨结合的地方，比喻事物的关键。
② 捋荼：指辛苦劳碌。

凌高妻谢氏，谢无子，其妾生子天佑，幼孤，妾改适，鞠于嫡母谢氏，节操冰霜，课子成立，可谓女中君子矣。

凌天佑妻瞿氏，天佑父子相继早逝，瞿氏始而育孤子，既而抚孤孙。嗟乎，姑媳相承，孀居苦楚莫此甚也。后有司旌其门曰"一门双节"。

凌沛妻汪氏，早寡抚孤，年七十余终。

凌如信妻黄氏，夫故年少守节，抚孤成人，寿至七十余而终，乡人称之。

凌邦瑛继妻伍氏，公以子贵，赠御史，伍氏封安人。生二子，长讳驷，即忠烈公也；次讳驯，年俱幼。公卒，伍安人苦节抚孤，督令读书甚严。尝曰："与其为天下第一品官，无宁为天下第一等人。"二子闻之，潜心嗜学，寒暑不辍。伍安人纺绩织纴①以佐膏火。后驷公登崇祯癸未进士，巡按中州，殉难不屈。驯公补邑弟子员，名冠江左，以兄死于王事，隐居蕉园，著有诗集行世，岂非第一等人哉！嗟乎，上有贤母，斯下有令子，若伍安人者，可谓今之共美矣。

凌儒炳妻汪氏，未合卺②，夫亡。氏闻绝粒，母慰之不听，防稍懈，遂殉烈。文学香吏公作烈妇诗。首见《艺文》。

凌慈明妻郑氏，夫殁，氏苦节抚八月遗孤，寿八十余终。见《新安女行录》。

凌德馨妻汪氏，系出富溪。幼娴礼教，长适凌正馥，善事舅姑，睦于妯娌，温惠好施与，晚而弥笃。值岁歉，道殍相望，独设厂于门外，减食用为粥以赈饿者。既而人渐众，储米告尽，则脱簪珥易粟以继之。将殁之

---

① 织纴：指织作布帛之事。

② 合卺：一种民俗，结婚礼仪的一部分，指新郎、新娘在结婚当天的新房内共饮交杯酒（合欢酒）。

夕，正坐啜茗，问孙曾辈寝未？呼近前与言，未毕而逝，年九十有四。枫岭江衡为之立传。

凌暹妻张氏，夫亡苦节，抚二岁遗孤。年七十余而卒。

凌良机妻鲍氏，夫故，安贫守节，年六十九卒，抚侄光禔为嗣。

凌必达妻宋氏，达殁，守节抚孤四十余年。郡守旌其门曰"节孝"。

凌彦宁妾王氏，名周弟，为芜湖人。正室吕氏生子名顺，三岁吕以疾疫，委王氏养焉。顺十一岁，夫亡，王氏谓婢曰："主君之丧，淹留此地，吾年且艾①，而此子孤，又貌未有知。闻伯氏甚顽虐无礼，盍相携是儿扶柩归里，依宗族之仁者求以济。不然吾不能终其室，而此儿必不可保矣。"未几，伯氏果欲夺王氏以嫁，威胁再三，终不能夺。王励节训子顺有成立，年八十余而终。晓溪王履祥为之立传。

凌廷仪妻程氏，夫亡，守节五十余年，乡人称之。

凌应麟妻戴氏，麟死戴节抚孤，寿年七十而终。

凌嘉恪妻吴氏，名云缃，尚书吴中明曾孙，孝廉吴植之女。植高少司马骊公之忠，遂以女妻其子。嘉恪生四龄，父殉难，时时哀思其父，将顺其母。读书能文，体羸善病，药弗瘳②。殁于庚戌三月，吴氏绝粒七日，投缳③死。就殓时姑姊为周衣，见左股内溃，乃知又曾刲股冀活其夫者，胡渊、方卜频皆为立传。康熙十三年安抚靳辅具题旌表，崇祀郡城节孝祠。

凌种玉妻吴氏，种玉，郡庠生，妻吴氏刲股疗翁病。夫殁，苦节终身。

①艾：美好，漂亮。
②瘳：痊愈。
③缳：绳索的套子。

凌德途妻刘氏，夫亡，苦节抚孤。年至七十，有司以"柏节松龄"旌焉。

凌必旭妻黄氏，夫故，家贫。励节抚孤成立，寿六十七卒。

凌守愚妻程氏，氏归守愚，装遣①甚盛。守愚以孽出不得于兄，程悉出装售之，以为修息赀。后守愚客死，程闻讣绝粒，欲以身殉，其内党多慰之。强起抚孤，家难备瘁，茹淡四十余年而卒，邑令旌其贞节。见《歙志》。

凌爱权妻汪氏，夫亡无子，苦节五十余年而卒。

凌和鸣妻黄氏，公字球玉，为人醇谨和易，与物无崖角。继配黄氏，系出东乡黄村，性庄严，识大体。于归后，孝事翁姑，翁姑疾笃，两次刲股。抚元配子顺云，其己生三子顺霖、顺霆、顺雷，年俱幼。无何，公二竖为灾，黄氏忧之，又刲股置糜中以进，祈神呼天，愿以身代。后公竟不起，黄悲痛欲绝，水浆不入口者数日，亲族争劝，谕之曰："若从夫死，将置诸孤于何地乎？"黄氏始勉强进餐，日抱诸子教养备至。其抚顺云不异己子，长为婚娶。因娶后难嗣，嘱其纳婢汪氏为妾。后顺云早殁，其妾汪氏有遗腹。正妻欲遣之，黄氏厉辞曰："吾儿早亡，未有嗣，倘得生男可延顺云派。"由是得不遣，生子延宗。黄氏苦节二十余年，捋荼茹淡，式谷义方，是以诸子品诣，各有成就。卒之日，道旁闻者莫不叹息，以为闺阁失此女宗云。槐里唐赓撰，载《新安女行录》《名族志》。

凌顺云妾汪氏，夫亡，抚遗腹子，苦节五十余年而殁。

凌和义妻张氏，赋性贤淑。归凌门为家妇，善事翁姑，久以孝闻。及夫殁，张氏奉养益谨，不敢以孀居少懈，而让之姒娌。时遗孤已八岁，张氏奉夫遗嘱，必令习举业，督课甚严，后子顺晟弱冠补邑弟子员。为子择配汪族，娶媳生子，张氏方喜，夫已有孙。不幸孙方十岁，而子又夭殁，

---

①装遣：嫁妆。

于是姑媳交相励节，又以抚子者抚孙焉。卒年七十一岁，守节四十四年。安抚范灿具题旌表，崇祀郡城节孝祠。

凌晟妻汪氏，晟字侣仪，邑庠生，娶富溪处士汪圣瑞女汪氏。性严肃而重节孝，入门时即以不逮事翁为恨，孝事太姑克于姑等，深得二世堂上欢心，至其体翁姑至最。勖①夫劝读供子识，诸凡家事不使与闻，故能锐志萤窗②，早游黉序③。夫殁，汪氏与姑两世孤嫠④，更相为命三十余载，晨昏不离。姑晚撄⑤痼疾，侍奉弥艰，竭力送终。尤不堪其苦，犹百计筹划，为子娶媳以慰老姑之怀。守节四十一年，寿至六十九而卒。安抚范灿具题旌表建坊，崇祀郡城节孝祠。

凌彦芳妻程氏，芳字素卿，早殁。程氏守节五十余年，邑宰旌匾云"凌孀映婺"。（补编）

凌栋妻程氏，栋字子隆，早逝，子女俱在襁褓，程欲以身殉，姒娌谕之："若死易耳，如后嗣何杵臼⑥程婴⑦？惟汝熟思之。"如是，矢志抚孤，不虞子女沦没。会禫⑧日，乃翁命妇变服，程谢曰："初不与良人诸亡者，以二雏在也。今若此何变服为？"遂绝粒而死。

---

① 勖：勉励。

② 萤窗：形容勤学苦读。

③ 黉序：古代的学校。

④ 嫠：寡妇。

⑤ 撄：接触，触犯。

⑥ 杵臼：指春秋晋人公孙杵臼。晋景公佞臣屠岸贾残杀世卿赵氏全家，灭其族，复大索赵氏遗腹孤儿。赵氏门客公孙杵臼舍出生命保全了赵氏孤儿。后借指为别人保全后嗣的人。

⑦ 程婴：春秋时晋国义士。相传他是古少梁邑人，为晋卿赵盾及其子赵朔的友人。晋景公三年，大夫屠岸贾杀赵氏全家，灭其族，公孙杵臼与之谋，程婴抱赵氏真孤匿养山中，而故意告发，令诸将杀死杵臼及冒充孩儿。后景公听韩厥言，立赵氏后，诛屠岸贾，程婴则自杀以报杵臼。

⑧ 禫：古时丧家除服的祭祀。

卷

五

艺 文

奏章一则

凌光亨

原任云南曲靖府知府、署贵州监军道副使事、今赠太常寺少卿凌子俭男，监生臣凌光亨谨奏为固守危疆，尽忠报国，荫典未沾，忠魂可悯，谨披沥①陈情，仰祈圣鉴，照例赐给，以光圣典，以彰忠义事：

窃惟靖内捐躯，固臣子应尽之分，怜忠禄后，实圣朝优恤之章。今皇上仁扩尧天，孝隆舜慕，九区洽浩荡之恩，四海仰锡类之泽，凡大小臣工靡不佩服钦恤之典矣。矧②殉难苦节不愈加矜恤乎？

伏念臣父凌子俭，于天启元年五月间，以刑部郎中升云南曲靖府知府，携佂仆十八人行次平越，值安酋难作，众皆观望逗留，臣父独叱驭③前进，及抵贵阳而城围，贼炽，城中鼎沸，而两省咽喉重地岌岌难保。臣父毅然以身任之，遂蒙抚按委署道篆，亲督战兵。斯时外无救兵，内无余粮，臣父躬擐④甲胄，昼则置身矢石，夜则管钥登埤，身经百战，斩酋无数。迨⑤困围十月，城中米十二两一升，白昼食人，佂仆俱已守城殍⑥毙。臣父犹然枵腹⑦临戎，自分必死，乃大书壁云："一瞑万世弗视，九死百折不回。厉鬼宁同张许⑧，饿夫无愧墨胎⑨"等语，籍宗社之灵，天子之福，卒获保全重地。臣父之忠于斯尽，臣父之骨于斯枯矣。嗣后贼锋虽挫，滇道尚梗，复监军平坝等处，督会滇兵扫清关岭，乃上剿抚条议三款，以策万全。夙夜拮据⑩，督战盘江，而竟奄逝于军垒矣。当蒙制抚按臣奏请臣父恤典，荷先帝旨下吏部，嗣臣具围城固守功奇，身死封疆情惨一疏，伏

① 披沥：指开诚相见，尽所欲言。
② 矧：况且。
③ 叱驭：指为报效国家，不畏艰险。
④ 擐：穿。
⑤ 迨：等到。
⑥ 殍：饿死，饿死的人。
⑦ 枵腹：饿着肚子。
⑧ 张许：张巡、许远的并称。
⑨ 墨胎：指伯夷、叔齐二人。
⑩ 拮据：劳苦操作；辛劳操持。

关覆请。复荷谕旨①，蒙吏科参看，得凌子俭当滇黔兵起，人情裹足之时，独毅然叱驭而前，既与迁延畏避者异矣，且借滇之官御黔之难，又与势难辞诿者异矣。家口客死几尽，本官在事身亡，如疏所奏，无不义之、怜之者矣。既已两奉谕旨，倘不查例优之，何以为不有身家者劝。蒙部题覆荷，皇上谕旨："凌子俭以滇官而殉黔难，忠义可悯，准赠太常寺少卿。钦此。遵此。"足以彰圣朝褒崇②之渥③，而瞑泉壤④之目矣。至荫典一节，臣何敢妄觊⑤。窃思臣父固守围城，抗贼十月，夺勇血战，保全两省咽喉重地以归朝廷，而裹革沙场，尽瘁以死，且亲丁死者十五人，是时之功莫大于臣父一人，是时之惨莫甚臣父一家。今独未蒙圣恩荫恤，则臣父建功之奇，忠烈之苦不几泯乎？臣查得《大明会典》一款：凡在京在外文武官员，不拘品级，其以死勤事者，恩典出自朝廷。又一款：凡围城固守，身死封疆者，准其开具实绩，恤典，出自上裁。又查得万历年间，贵州监军按察使杨寅秋卒于家，赠太仆寺卿，荫一子。四川监军参政张栋卒于渝水，赠太仆寺卿，荫一子。以此二臣者，以征播之役，尽瘁身亡，均蒙荫恤，然皆职在守土，谊无所逃，未若臣父以客官而效死异地，阖家殉难，既合围城固守之节，又建全城杀贼之功，而后继以鞠躬尽瘁之死，比之二臣例相吻合，功更烈焉。伏乞皇上垂念忠魂，例准荫恤，岂特臣世世捐糜报效，而臣父亦衔恩于九泉矣，臣不胜哀恳待命之至，为此具本，谨陈具奏闻。

崇祯元年某月二十日具奏。

二十八日奉圣旨："该部着议具奏！"

奏章一则

王永光

太子太傅吏部尚书，臣王永光等谨题为固守危疆，尽忠报国，荫典未沾，忠魂可悯，谨披沥陈情，仰祈圣鉴，照例赐给，以光圣典，以彰忠义事：

验封清吏司案呈奉本部，送吏科抄出，原任云南曲靖府知府、署贵州

---

① 谕旨：皇帝对臣子下的命令、指示。

② 褒崇：赞扬推崇。

③ 渥：重；厚。

④ 泉壤：指墓穴。

⑤ 觊：希望；希图。

监军道副使事、今赠太常寺少卿凌子俭，男凌光亨奏称云云等因。奉圣旨："该部着议具奏，钦此。钦遵。"抄出到部送司。查得万历三十三年四月内，准文选清吏司付称，奉本部送准兵部咨题为："天威远震，逆寇平荡"等事，节奉神宗皇帝圣旨："杨寅秋、张栋赠太仆寺卿，各荫一子，入监读书，钦此。钦遵。"移付到司，命该前因通查，案呈到部，看得凌子俭侠骨干霄，忠心贯日，当其以滇中赴任之官，而值黔中安酋之难，道篆非所攸司①，则微服可以徐往。乃抗志守城，洒血督战，积劳尽瘁之余，竟至骨立形销，溘然告逝。既合以死勤事之例矣。况贵阳被围之日，正粮食垂尽之时，本官偕仆数人复尔饿毙，其情事悲惨，又甚可悯也。本官业蒙皇上优恤，允赠太常寺少卿矣。及查杨寅秋、张栋之例，二臣虽皆职任军监，以死而勤王事，事乎一首邱②于故园，一物故于渝水。乃子俭独毕命于结戎之日，视二臣之死而尤烈焉。二臣既有荫典，岂至子俭而故遗之，宜其子援例而陈情也。该司既查与例符合，无照杨寅秋、张栋之例，将凌子俭荫一子，入监读书。但恩典出自圣裁，非臣部所敢专也，谨题请旨。

崇祯元年六月二十八日具题。

七月初一日奉圣旨："凌子俭准一子入监读书。"

奏章二则

凌骃

其　一

兵部职方清吏司赞理主事，臣凌骃谨奏为受事最浅，蒙难最深，谨述守保情形并被执本末，仰祈圣鉴：

臣以三甲进士，例应初选推官，偶叨词林副卷。方在候旨改授，因西事告急，时简臣李建泰督师防河，臣与山西巡抚郭景昌、监军御史卫祯国、职方主事胡全才、兵部司务罗天锦及赞画徐准、王俞说等，俱经辅臣奏举，于正月二十六日悉同辅臣辞朝启行。适行次真定，出都门旬日，而太原、汾州、潞安业已告陷。此时辅臣标下实无一兵，事迫势穷，措手莫及。臣曾具有无军可监一疏，久达御前可覆按，迨二月终旬，逆镇马科始

---

① 道篆非所攸司：指不属于他所攸管辖的范围。

② 首邱：亦作"首丘"，比喻归葬故乡。

到，马、步不过二千余人，孤旅自矜，骄悍难驭。方谓借彼虚灵，可以经理河北。奈自真定兵变，而广平、顺德、大名等府又尽预为贼守，遍地侧目，视我为仇，闭城反戈，无处立脚。臣尚冒险盘旋于南宫、晋州之间，意图恢复真定，坚塞西户。不料马科又忽叛去，而事遂万不可为矣。退守保定者，辅臣不过又以一死报我皇上也。同行诸臣知事已不谐，俱各见机星散。独臣追随辅臣，明知保为死地，不忍远离一步。痴性愚忠，鬼神可鉴。尔时京营副将陈懋忠、通标都怀忠、昌标廉千总等，所领马、步兵丁尚存一千二百人，尽可避祸南退。况臣在行间颇得将士心，前此沈万里、王拱元等马步各兵哄然惊溃，臣单骑招之，而集以故，诸弁悉愿拥臣南行。臣挥泪与诀，誓甘一死。此贼信已急，保镇总监方正化，又不容各兵进城，致各兵痛哭南窜，甚有被贼裹之而去者。此二十二日巳时事也。未刻，贼队已薄城下，狠攻西北角。臣与监臣率众登埤①，亲冒矢石。箭伤臣额，而臣不顾，攻围两昼夜，百计捍御，毙贼颇多。毋奈人心不固，内应四起。二十四日巳时贼已登城，臣尚操盾格斗，遂为所执。逼挟出城，臣力抗不屈，一刀斫中臣顶。且诱且愒，曳臣不放。臣睨②道旁有井，绐其稍宽，忽跃而入。不意井枯水浅，难以毕命。贼窥未死，复挟之而出迫行。行至东寺，将近城闉③矣，臣呼："我愿死此，断不出城！"贼等大怒，劈臣脑昏，臣晕仆地，又注矢环射，身受数箭，一箭射中臣喉，血涌如泉。贼谓臣已死，乃舍之而去。日方亭午，僵委道旁。至暮，有大悲阁僧人观吾，见臣尚含微息，扶至方丈，经宿方苏，而愤憾罔极，实不愿有此再生也！渐省人事，即托僧密探辅臣下落，云有亲见辅臣骑马出关者。是辅臣皆未久一死，然臣固信辅臣之必死矣。辅臣平日每念及皇上恩隆，未尝不涕泗④交下，岂肯一旦自昧平生。再辅臣之死不察可知，第臣自痛恨不克相从地下，冥冥之中负知此。已后调理数日，僧觅小车一辆送至德州。缘车上顿跌，创痕溃裂，臣恐身填沟壑。辅臣任事之艰，无以白于皇上，即臣蒙难之惨，亦无以白于皇上。谨将情形本末，伏枕口授密事，遣亲人陈柱间道奏闻。臣拜疏后，未残喘久延。但臣心迹既明，死亦瞑目泉下矣。自揣臣死，亦不足以赎臣赞理无能之罪。伏念臣实无军可监，无信

①埤：城上矮墙。
②睨：斜着眼睛看。
③闉：古代瓮城的门。
④涕泗：眼泪和鼻涕。指哭泣。

可守，受职仅五十余日，奔走几三千余里，同事诸臣率皆避难先去，而臣独不忍去。京镇各弁共欲拥臣南行，而臣坚不肯行。保非信地协力死守，原切齿畿①南、河北望风而纳款者也。臣首伤三刀而一中于顶，身中四箭而一中于喉，臣之受事如此其浅，臣之蒙难如此其深，虽今日罪无可逃，死亦其分。然较彼诸臣之远害全身者，则一片痴愚，或仰异圣慈之宽宥垂照耳。倘蒙矜察，臣死之日犹生之年也。臣潜往德州席稿候旨，曷胜战栗待命之至。

崇祯十七年四月初四日具。

是疏，骊自德州拜发，迩时②虽传都城已破，骊未忍信也。今并所遣材官不知下落矣。后闻我皇上蒙难，臣骊向北号，踊焚疏盟，心恨获报命于有大臣之罪，与臣之痛俱无极矣。再勒此疏，泣何能已矣。罪臣凌骊谨识。

其　二

兵部职方司监军赞理主事凌骊，谨题为塘报恢复本末事：

臣自三月二十四日保定城破，被执杀死，复苏，为大悲阁僧观吾所救。此时，河间一带尽为贼有，遂间南道行。于四月初三日行至德州，创益溃甚，恐命不可延，曾拜一疏，实不知京城之早破也。往德州三日，闻伪官已至，遂搭潜船至临清，寓商人王守仕家，暗闭室中，服药调治。至四月中旬闻吴大将军已破贼，虽疑信相参，而在臣则有心响应矣。至五月初一日，闻德州被伪官激变，尔时臣即欲裹疮往德州。又闻其中人情不调，作事多舛，遂拊膺③慷慨决计自图。于初十日五鼓，密约王守仕、凌岳、汪有泽等，暗传马布行、马步、樊林、邱之隆等二百余人，激以忠义，诱以功名，乘其愤兴，忽然扬举④。而伪防御使王皇极、伪马捕厅郝肖仁、伪知州刘师曾悉骈首就戮⑤，无所脱者，秋毫无犯，市肆业不惊。然人心摇摇，遂于是日委工部主事于连跃，暂署东昌道事。十一日发牌上东昌，十二日东昌伪官亦擒，遂委户部主事何敦季署究东道事。副总兵王国栋领兵剿援东昌以宁谣，是檄书⑥远播，东至登清，南至桃宿，西至卫

---

① 畿：国都附近的地区。

② 迩时：那时。

③ 拊膺：拍胸，表示悲痛。

④ 扬举：提高，升华。

⑤ 骈首就戮：指一并被杀。

⑥ 檄书：檄文。

卷

五

漳，北至广顺，一时军声赫然丕振①。有负固者或遣兵剿除，或移文擒解，东充一带，尽皆廓清。唯济南为伪权将军郭升虎踞，恃强不服。东道不通，臣差通判薛维垣、副将郭玉鋐、武举邓秉豫、范守恒，中军陈必胜，旗鼓吴士贤，都司陈阶，贡士高元美等，纠合义师，声罪致讨。油坊一战，几已成擒，虽未膏铁钺，亦狼狈夺气西窜矣。目下，山东全区并无一贼，即广平诸县亦已渐次恢复，东南半壁可以无忧。但省会一日不可无人，而当日旧臣率皆星散矣，臣只得以兵部旧衔暂署军务。奈司道府县缺员甚多，且土寇蜂起，所在震惊。则偶署暂委，虽臣不敢诿之责，而升补实受其权，恭候圣明裁酌，伏乞畚赐施行。以安反侧，以巩封疆。

奉圣旨：凌驷等倡义讨贼，忠义可嘉，兵部从优议叙。王燮、邱磊速催赴任，地方缺官着便宜补用，该衙门知道。

奏章二则
史可法

其　一

督师兵部尚书兼东阁大学士史可法②谨题为特请优擢③能臣，以安东省事：

自北都有变，人心震摇，二东之伪官一时已遍布矣。临清为水陆咽喉，此地不守，则南北俱断。幸有前督师标下监军、兵部职方司主事凌驷，具文武异才，负匡济弘略，招来兵马，联集商民，借人心以壮干城，从捐资而充粮饷，蜂起之土寇数万，则或抚或安，鸱张④之伪吏多人，则旋擒旋杀，贼党畏而不敢近，民心悦而不忍离。倘非有过人之才，过人之

---

① 丕振：大震。

② 史可法（1601—1645年），字宪之，祥符人，明末政治家。崇祯元年（1628年）进士，授西安府推官。历任户部员外郎、郎中。崇祯十年（1637年），被张国维推荐升任金都御史，巡抚安庆、庐州、太平、池州及河南、江西、湖广部分府县。崇祯十六年（1643年）七月拜南京兵部尚书，参赞机务。崇祯十七年（1644年）三月李自成攻占北京，弘光政权建立后，拜礼部尚书兼东阁大学士，时称“史阁部”。时设刘泽清、刘良佐、高杰、黄得功镇守江北四镇（徐州、寿州、淮安、庐州），史可法为兵部尚书，督师扬州。然四将飞扬跋扈，据地自雄。弘光元年（1645年）五月十日，清军兵围扬州，史可法传檄诸镇发兵援救，仅刘肇基等少数兵至。后史可法被俘身亡，南明朝廷谥之为“忠靖”。清高宗追谥为“忠正”。

③ 擢：提拔。

④ 鸱张：亦作“鸮张”。像鸱鸟张翼一样。比喻嚣张，凶暴。

胆，而忠义之念又出性，谁肯履危若坦，临变不渝，于督抚镇道相率弃去之时，独挈危疆以还君父。骊之功业固已大著于天下矣，臣前疏拟用为东昌道，未知部覆如何？今东省按差尚未题委，与其另用生手，不如即用本官。合即准以试御史衔，巡抚东省，兼管监军。其忠愤所感激，威灵所震慑，必有远出寻常者，系破例否？如臣所议，请乞敕下施行，吏部都察院酌议，具覆施行。

崇祯十七年八月二十日具题。

奉圣旨：凌骊忠义才略，无忝台员。该部院即日具覆督师少师。

其　二

兼太子太师、兵部尚书、武英殿大学士史可法谨题为特请台臣监军，以竟中猷①事：

窃照浙江道御史凌骊，原以职方主事为督师监军，值国家大变之时，为社稷图存之计，鼓舞忠义，联络兵民，意欲控守二东，恢复河北，其布置次第俱有深心。事机渐成，为敌所觉，万不得已，渡河而南，其亮节孤忠，固已昭于日月矣。臣与骊原未识面，但就章疏书揭想见其人，昨于遵旨区画，具奏疏中，议用骊为豫督监军，或江北巡按，盖又近二东、河北，借以嘿用招徕也。然在骊澄清之志，戡定②之才，求之督抚诸臣，实不多得。此时作此可重用，庙堂③自有确裁。万一仍照原官，则臣敢乞置？臣军前如台臣王燮、苏京监奏督保督各之例合监臣，军臣与朝夕相嘀，薪胆共励，其于御敌灭寇，必有设施者。骊宜不避难，闻此必喜。既可助臣之不逮④，亦以自竟其前猷也。伏乞圣鉴，俞允施行。

崇祯十七年十二月某日具奏。

圣旨：吏部酌议。

① 猷：计划，谋划。
② 戡定：平定（叛乱）。
③ 庙堂：指朝廷。
④ 逮：到；及。

凌助教蓬屋诗序
柳宗元①(子厚)

儒者有蓬户瓮牖②而自立者，河涧凌士燮③，穷讨六籍④皆著述，而尤邃《春秋》。为儒官，守道端庄，植志不回，在京师十三年。家本歙也，而迁于吴，欲归而不得，遂构蓬屋以备揖让之位。栋宇简易，仅除风雨，盖大江之南其旧俗也。由是不出环堵⑤，坐入吴甸，色山震泽，若在牖外，所谓求仁而得斯故然欤⑥。夫南音越吟，暮望而不获者，异日道也。夫厚人伦，怀旧俗，因六艺之本，群公自有发德之什⑦。书在屋壁，予序而引之。唐贞元二年丙寅春柳子厚撰。

孝友堂腊祭序
凌子任(肩吾)

夫四时之祭，惟腊为重。于时为物之成、岁之终也。物之成则用物宜丰；岁之终，则用享不以禬。腊之始，始于伊耆氏⑧之蜡⑨。蜡也者，索也。岁十二月，合聚万物而索飨⑩之也。及汉有汉腊，有王氏腊，新不袭汉腊不同乎？然而致孝享祀之心，则宜无弗同也。

予家自大父半山府君而下，祈为四友，有瘠确⑪之田十余亩，轮收租粒以庇岁时。所获之少，恒不足以供，其所用之奢，往往有物诎举赢之患，至于岁腊犹然。等于三时之祭，牲不具，祝不设，礼不赞，乐不举，趋锵骏奔，不成行例。孝享之谓，何而顾为此简且陋也。时而观礼，有慨

---

① 柳宗元(773—819年)，字子厚，河东人，唐代文学家、哲学家、散文家和思想家，唐宋八大家之一。世称"柳河东""河东先生"，因官终柳州刺史，又称"柳柳州"。柳宗元一生留诗文作品达600余篇，著有《河东先生集》。

② 牖：窗户。

③ 凌士燮：凌准之父，唐肃宗时任睦州学正，曾为柳宗元学师。

④ 六籍：即六经，《诗》《书》《礼》《易》《乐》《春秋》的合称。

⑤ 环堵：形容狭小、简陋的居室。

⑥ 欤：表示疑问或反问，跟"吗"或"呢"相同；表示感叹，跟"啊"相同。

⑦ 什：诗篇。

⑧ 伊耆氏：古帝号。即神农，一说为帝尧。

⑨ 蜡：通"腊"。古代在农历十二月里合祭众神叫作腊。

⑩ 飨：奉献祭品，祭祀。

⑪ 瘠确：指石多土薄之地。

于其中久矣。任蹇拙①无似，入仕数年未获，从卿大夫之后，无圭田②之入，而移口耕助以供粢③盛也难矣。乃量吾力行之，捐俸薪之余，以为母钱。每岁征收子息，以供腊祭。牲拴始备，鼓乐以设，主祭、陪祭各有序次，祝史陈词相者赞礼，肃肃雍雍④，无或倚跛。物备而情由此生焉，仪具而忘用以享焉，盖庶几哉其知重腊祭矣。祭毕则有胙，于是有分胙之条，既烹则用餕，于有共餕之典。毕萃于子姓，不遗髫⑤断，以合众也。布席序坐，秩秩其仪，以明礼也。觥觞交错⑥以毕，承尊以教让也。欢洽一堂，尽饮而散，以敦睦⑦也。其胙伊何昭神之，既以尊高年则胙之，以尚有爵则胙之，傧相⑧以成礼则胙之，拮据而有成劳则胙之。非此族也，不在胙典。若夫馂余之颂，下及灭获，旧章厘然，则有司存敬诠，次其豒，以授副墨之子，而诏司阍者尚慎旃⑨哉。嗟夫，原泉不塞，混混其流，而瀹之渐于江河，愿异日更有附益之。以嗣以赎，以竢后人。则此举也垂之，云仍引之，勿替可也。

凌氏宗谱序

凌世韶（官球）

吾宗祚姬德，而胤孟侯之敬，慎于诸姬不后已，陵迟⑩周季而著于汉，风美何杰然也。他散历于中原，而东吴菇庐中，其吾东南之大宗乎？自唐初卜世于歙，判公为鼻祖，而沙溪岿然为诸州大宗，寻源问派者必归焉。中间闻人与潜德代有，而不昭炳人耳目，何也？他族新迁不一二百年，支类盛衍。吾宗延著兹土且千年，而其生不蕃⑪，何也？先世坟墓有可问，有不可问，有胊盦⑫甚著，不展望而祭焉，何也？此非人事不修，

---

① 蹇拙：艰难困拙；不顺利。

② 圭田：古代卿、大夫、士供祭祀用的田地。

③ 粢：古代供祭祀的谷物。

④ 雍雍：和洽貌，和乐貌。

⑤ 髫：古代指孩子的下垂的头发。这里指年幼的孩子。

⑥ 觥觞交错：酒杯与酒筹交叉错杂，形容许多人相聚饮酒的热闹场面。

⑦ 敦睦：亲善和睦。

⑧ 傧相：古时称接引宾客的人，也指赞礼的人。

⑨ 旃：赤色曲柄旗。

⑩ 陵迟：衰落。

⑪ 蕃：繁多。

⑫ 胊盦：扩散，弥漫；迷信指所谓神灵感应。

谱系不备，瞻教之义阙欤？由沙溪而之越、之吴、之宣、之淮南北，发迹为巨公卿，著于唐宋及我明者不一矣，何多流徙而善迁也？彼久而忘，其自此无从谂①归辙，而纪其自。其在兹土者，无汇飨②合族之诚，无敦礼讲让之事，无有亡之恤匍匐之救者，无契阔之怀，死无继绝之义，于是涣如熄如矣。岂风土善迁然欤？旧谱稍详而缺轶已多，历年又久，觉庵公故恤然忧之，慨然鸠吾宗而详之。唯详其所近要亦不易已，顾吾宗犹多朴茂自检，人耻夸毗，知诗书之统，或亦地之风气然欤，抑旧德之遗风欤？此其人故可语道而诏义，而风谊不章③，非仁孝忠信之教未施，志睽④而不类之故而何欤？觉庵公之为吾宗谱风旨赅⑤具，公未竣事，均若素氏修其绪，今式观其成，庶以胤先训远也，何居聚类辨统而礼仪生，阐幽志贤而劝诫，寓详近举远收真，阙膺而淆冒⑥杜，分义明谱之事，与聿修⑦旧典，毋忘先德，昭令绪以克世谱者之志欤。

蕉园游志序

凌驯（香吏）

蕉园者，乃余与伯子童而诵集处也。余才五龄，伯子才十余龄，先严⑧即谢世，两老母承先人之志，必以诵读事课不肖兄弟，家业替坏弗恤也。余兄弟子处蕉园，形影互吊之暇，间成硴咏，仅两人自可自否处。觅大方家问渡故处蕉园久者，莫余兄弟。

及己巳夏，方叔子小试南归，偕余兄弟同处蕉园，笔墨诱砺，篇章尤盛，仅三人自可自否难。虽族党罕得与观者，故云慎交，抑欲藏拙也。若程子抑若齿下余三岁，友籍中交余兄弟最久，性极喜诗，醉酣梦余，讴唱盈几。随其所得，必袖过蕉园问可否，于余兄弟过或数日不去，由是，蕉园中尝悬程子榻，常设程子席焉。

今岁仲秋间，余以省老母，偕叔子游皖。伯子独处蕉园，为其同人所

①谂：知道。

②飨：奉献祭品；祭祀。

③章：通"彰"。彰明，明显，显著。

④睽：违背，不合。

⑤赅：完备，全；兼，包括，概括。

⑥淆冒：混淆冒充。

⑦聿修：指继承发扬先人的德业。

⑧先严：对已离世的父亲的尊称，含有怀念、哀痛之情。

拉，住黄山几两旬日，每至一地，辄有撮纪，伯子奇愁人对奇山水，遂不觉快晤如程子抑若。亦省尊人入邦，一去一来，又得若干首。余归，日索读，呼绝。忽忆叔子前岁游天台，去岁游栖霞，二处诗稿久存余箧①，合伯子、程子所作，可勒一帙。非曰三子之长籍斯彰显，盖俾蕉园数子出处得以闻于诸同人云尔。如必谓此，足见三子书。三子不徒赋诗非儒者正业，即古文辞一道，岂仅区区调音协韵，间乎三子曰，集中安得独无季。余曰："此诗以志游也。余奚游哉？"伯子曰："子既无诗矣，可无数言，以弁②于首欤？"余因序蕉园共事之本末，斯园或以斯集著也夫。

凌御史奏疏序

程秉（抑若）

凌子龙翰，余夙交也。昨腊趋觐南来，相与晤于山寺，慷慨世务，既欢且泣。余观其从刀箭伤夷后，而忠义之气倍至，真不减二十年晦明时。顾读凌子之文者，每如见其人。今余再见其人，益叹其前后奏橄，而如见其心矣，遂为集而梓之。然古今以文章兼勋业者，欧阳韩范③外，仅文成④一人。凌子之文章，见于天下矣；凌子之勋业，行将建树二东两河者，其何如乎？凌子曰："中兴大业，匪异人任，咄咄抑若，胡不出而助理？"予曰："兄以身许国，吾敢不以身许友！"凌子于是请于朝。余惟曳裾步尘，则素志也。若曰此为功名地，岂其然！

捐建六忠簿序

凌嘉藻（采湘）

窃惟纲常乃国家之大本，节义树今日之风徽，此昔忠臣所以庙祀于百世者也。粤稽《广舆志》，凡天下郡邑，其忠臣烈士，或一郡而偶见，或一邑而间生，以郡邑之大而犹不能多有，况一乡一姓乎？吾宗自宋待制唐

---

① 箧：小箱子。

② 弁：弁言，书籍或长篇文章的序文、序言。

③ 欧阳韩范：即欧阳修、韩愈、范仲淹。

④ 文成：即刘基(1311—1375年)，字伯温，青田县人，故称刘青田，元末明初的军事家、政治家、文学家，明朝开国元勋。明洪武三年(1370年)封诚意伯，故又称刘诚意。正德九年(1514年)追赠太师，谥号文成，后人称他刘文成、文成公。刘基通经史、晓天文、精兵法。他辅佐朱元璋完成帝业、开创明朝并尽力保持国家的安定，因而驰名天下，被后人比作诸葛武侯。在文学方面，刘基与宋濂、高启并称"明初诗文三大家"。

佐公死刘豫之难，明太常子俭公死安酋之难，忠节凛凛。至崇祯末年，司寇义渠公燕都殁节，司马骊公归德舍生，他若润生公以布衣死国，世韶公以部郎逃禅，其精亮节有不可磨灭于天地间者。沙溪一乡何若是忠臣之数数觏①也？然则沙溪凌氏其芳名不亦垂百世哉！予尝与父老谈及此事，无不咨嗟②涕泗，感发兴起。盖懿德③者人心所同，好名节者国家所必崇。昔范文正公书院未立，犹有遗憾。兹数公者木主虽有安奉，岁时祀事不过祔④庙合享，而未立专庙，未享专祀，则无以显六公之忠义，亦无以见后代之尊崇，实阙典⑤也。今议水口亭下左侧乃文会隙地，立簿批捐构堂而奠焉。其左右两庑则镌传立碑，以纪其事。大门额曰"凌氏忠烈祠"。以每岁春秋设祭，人心以之而振，世道以之而兴，天地人神同有依类，其于国家，岂小补哉！

稽德堂祭祀簿序

凌应秋（北洲）

鉴生也晚，不获见高曾行事，每遇故老，辄称余家孝友植德事，心窃志之，然未核其实也。雍正庚戌寒食，家大人暨诸父兄弟叙饮一堂，宴言往事，鉴因辟席⑥而请曰："前言往行多识，可以蓄德，敢请大人胪⑦示前烈，以为后嗣法。"唯时，大人抚几太息曰："尔亦思今日丰衣足食者，果皆若曹福命耶？忆吾先世曾祖考君竹公，敬慎自持，家庭雍睦⑧，事亲以孝闻。祖考正馥公至性肫笃⑨，曾刲臂以疗曾祖妣之疾。祖妣汪太君乐善好施，值凶年减餐撤膳，煮粥以活饥人，不足，脱簪珥⑩以继之，会账乃止。予与尔诸叔犹及见之。于时，予稍长，故犹能记忆焉。小子听之，今之幸不坠我家声，而得免于饥寒者，皆祖宗累世之遗泽也。"于是小子鉴志而请曰："礼隆报本，祀典聿兴，有其举之莫敢也。是故然矣，惟曾祖

① 觏：遇见。
② 咨嗟：赞叹，叹息。
③ 懿德：美德。
④ 祔：古代的一种祭祀，后死者附祭于祖庙；合葬。
⑤ 阙典：犹憾事。
⑥ 辟席：避席，离开座位。表示尊敬。
⑦ 胪：传语，陈述。
⑧ 雍睦：团结，和谐。
⑨ 肫笃：诚恳笃厚。
⑩ 簪珥：发簪和耳饰。古代多为贵族妇女的首饰。

考妣墓在西田，地僻而远，他日祭扫，恐有惮行不前者。诸大人夙有加隆祀事之志，曷及今图之，以为长久之计。"大人曰："然，宜急举行。予老矣，尔兄弟其代予倡诘朝立簿，列孙若曾各人，各出资若干两。俾曾孙宏瑞会计，候充足乃置祀田，庶几祀事世享不坠。"簿成，因述所闻，命于大人者弁之，俾后人知今日之举为报本也、祭扫也，岂以恣①饮食醉饱之乐哉！夫尊祖故敬宗，故收族，诚能奉先思孝。戒渔利以肥己，子子孙孙引之弗替。不惟列祖之灵克歆②其祀，而饮福受胙，洗爵奠莘③，序昭穆，笃宗盟，一秉孝友家风，则于尊祖之中，已寓收族之意。将见和气致祥，椒兰④蕃衍，绳绳正未艾也。

凌友彤黄山日记序

胡宝光（剑溪）

先生黄山之奇英也，少时读孔氏书，即志在雩沂之间。而性尤嗜古方，其搜群言之沥液，摘六艺之芳润，握营生花吐露，白凤咽紫鸾⑤，每于良辰好景，山巅水湄而哦吟其间。向尝与余应试，古学辄高等，但见其笔阵之汩汩乎其来也，仿佛孙吴止齐、郭李为鹳、为鹅、为鱼簏⑥，为常山之蛇，奚啻⑦衔枚疾走而横扫千军，此盖秉山英气，峥嵘屺嶙⑧，峭壁悬崖所磅礴郁积而生者也。故其为文也，洋洋洒洒数千百言，而倚马可待，有似于枚皋⑨。既而屡蹶省闱，入京师举天文科，膺⑩锡命补郡佐，喟然太息，掀髯而言曰："大丈夫际此升平王烛，风不鸣条，海不扬波。方将握魁冈⑪，转斗杓⑫，左右勾陈，辅弼紫极⑬，周环十二次之列，以二十八宿

---

①恣：放纵，无拘束。

②歆：古代迷信指祭祀时神鬼享用贡品的香气。

③莘：杂色牛。这里指祭品。

④椒兰：椒与兰，皆芳香之物。比喻美好贤德者。

⑤紫鸾：传说中的神鸟。

⑥簏：竹编的盛物器具。

⑦奚啻：何止；岂但。

⑧屺嶙：亦作"峥兀"，指山峰高耸。

⑨枚皋：字少孺，西汉辞赋家枚乘之子，著名的汉赋作家。皋以文思敏捷著称，武帝有感，令侍从作赋，皋总最先作好。班固说他"为文疾，受诏则成，故所赋者多。"

⑩膺：承受，承当。

⑪魁冈：指北斗星的河魁、天冈二星。阴阳家认为魁冈之月及所系之地，不利修造。

⑫斗杓：即斗柄。

⑬紫极：星名。

卷

五

为经，二曜①五星为纬，于是泰阶平庆云，郁景星见世，露霖醴泉涌，上及太清，下际太宁，中被万灵，诸福之物毕集，不亦康乎？"聆先生之言，知先生之志，此盖秉山之奇气，岚横风卷，日出林开所灼烁②，变幻而生也。故其好游也，南浮江淮，东瞻泰岳，北走幽燕，有类于史迁。今且归矣，至于山者还于山，因次其诗歌以纪游，绩以酬山灵，而其声之所发于山之鸣谷之应。其声之所到如山之高，水之流，其貌之苍，鬓之霜，如山之冬、松之雪也。英气犹未灭乎，而更奇于诗古文词矣。

文会簿序

凌应秋（北洲）

文会以会文事也，正其名，宜有其地，而立会于族党之间。斯文以伯叔仲季，而兼师友之谊焉。吾宗道义文章虽不因文会而始兴，然自文会之建，风执愈振。粤若太常公、司马忠烈公精忠亮节，照人耳目；若民部州牧诸公丽添芳躅③，展柘振拔。自时厥后，甲科代不乏人。皆非铮铮细响，意者地脉之效灵耶。盖文会由来久矣，缅创造之初，相泉原渡夕阳，堂之构之，竹苞而松茂，岂非为后起者培植其基，于以振兴文学，更千年而不替乎？顾自创有讲堂以来，坏而复修，毁而再建。而自今以往，绵世浸远。风雨之飘摇，鸟鼠之剥蚀，岂能无改于物？凡一瓦之覆，一楹之栱，一几一坐之设，与天作架擎梅，编篱获菊，垩墁④洒扫，率动费金钱。则剧金殖产，岁征什一之息，以准不时之需。又筹前箸者所不得已，非好为是逐逐也。

比岁以来，责负或有不征偿者矣，课入或至无所稽覆矣，揆厥所由得，毋非关一己事，负担可驰，故因循至此乎？吁此，吾会中人责尔而谁逶耶，语云："前事不忘，后事之师。"又云："有为者，亦若是为之。"此其时已。乾隆甲戌之春，游者归，散者聚，居者则皆与靓⑤面而谈矣。宴言契阔，休其余间，从同而议之，议每岁轮三人班值焉，周而复始，如环之无端。入有贮蓄，出有会计，毋侵蚀，毋徇情，毋费事，俾会所永完而美。斯文愈加炽而昌，可乎？佥曰："可。"抑犹有说，会所以待整理，诚

---

① 曜：日、月、星均称"曜"。

② 灼烁：鲜明貌；光彩貌。

③ 芳躅：指前贤的踪迹。

④ 垩墁：用白土涂饰，铺饰。

⑤ 靓：妆饰，打扮；美丽。

眉睫间事。而从前积逋①都难以复问，与其执空券以十，较数年之锱铢，曷若谨于来者，而置其已往，请入捐若干金，使坏者、圮者筑跂翼矢棘，鸟革翚飞②。有财以为悦，则他年之度支，今而后源源而来者，皆可取诸宫中耳。金又曰："可。"斯举也，文会藉以弗替，盖乡先生灵爽，实式凭之，于是相携度松，迳上文台，把酒临风，抚手称快。倩管城子述此中人语，弁于简端，俾后之为会者，有所观览取法焉。

郡司马灵楼凌公祖视篆③得民序

太常寺卿·赵崇善

明仿汉置郡守、相守，以其尊总一郡。而甲兵钱谷刑狱，郡相分治之。治甲兵者，即郡司马。其诸邑令又皆分符莅民，而听命于守相，守相协恭于上，诸令展采于下，纪纲相维经也。邑令入计④或被征，邑事乏人总理，而假郡相往视之，权也。岁乙未，当大吾兰叶令君以例行，顷征为侍御。兰邑缺令，两台使遂檄郡司马凌公视篆。凌公俨然临下邑，是时不佞⑤得请还里，里中士庶言公慈者、慎者、安静不扰者、廉洁不染一介者、宽不为急弦者，乃日至耳。稍久之，言公慈而威者、慎而断者、静而明作者、廉而不激者、宽而不弛者，又日至予耳。予维观善御者，观其马；观善治者，观其民。民之颂公于是，可以观善治矣。又久之，新令至，公将返郡，兰之人不啻若赤子恋慈母，咸曰："公在郡，吾侪虽蒙覆露，终不若在邑之昕夕噢咻也。"于是荐绅逢掖既托之诗歌，以鸣其情谊，父老则率郡弟子谒予为赠言，而复告予曰："若凌公者，真古凛凛德让君子哉。"夫州郡司马雁行二千石，其体尊易于恣睢临下，公独约躬救，未尝以疾言遽色及吾民。曩署邑篆者，往往以传舍视邑，公独视邑如家，视民如子。而为拊循计甚周，催科酌缓急，鞭笞不事，而民率无逋。讼狱酌情法，肺石不设，而民自不冤。清戎伍而不以扰编户，弭盗贼而严于治窝匿，版籍苦于再造，赖公议免而劳费省。邮役困于冲剧，赖公调停

---

① 逋：拖欠。

②跂翼矢棘，鸟革翚飞：即"如跂斯翼，如矢斯棘，如鸟斯革，如翚斯飞"，语出《诗经·小雅》中的《斯干》篇。意为为房屋端正如人立，急箭穿过如线直，宽广犹似鸟展翅，色彩艳丽锦鸡衣。主要是描写宫室的修建及其内外结构规模的宏大壮丽、环境的优美。

③ 视篆：掌印视事。

④ 入计：地方官入京听候考核。

⑤ 佞：有才智，旧时谦称自己。

而罢。敝苏已乃修文庙以光俎豆，葺城垣以固保障。而又表先贤之墓以风励后学。其他善政既更仆未易数，若公者真古凛凛德让君子哉，吾侪①讵能一日忘公也！不佞闻而叹曰：予所见天下循吏，其犹景星庆云乎寥寥也。即有之，其务藻饰者，也非其质也。观公为治，率以质，而不以饰。故令不烦而事赅，治不贬而民亲，语云："白璧不雕，明珠不饰"，盖重质乎。夫毛嫱、西施见者莫不美之，美其质也，而非以其脂泽粉黛也。韩子乃以脂泽粉黛喻善治不已太胶乎？甚矣，吏之弊于饰，而公之善政得信，非可以声音笑貌为也。抑又闻公之尊人斗城先生②平动必由礼，言必由衷，视不视咸称为恂恂③长者。且其官宪长非不通显，归之日，宅不西益，亩不拓，其清白乃尔。今公又能修于躬行，而习于吏事，可谓令闻长世矣。语云："昆山之玉，产无弗良；丹穴之雏，毛无不异。"信然哉！诸父老辗然喜曰："谭治行之美而归诸质，且及其世，是可以为公赠矣。"

赠栝郡司李镜汭公凌祖乔迁民部主政序

周应期④

明兴，地遭繁剧，更定⑤民度金仓四科，分理天下户口、钱谷、赋役、课程之事，协赞邦政，任良重矣。矧值国事告匮，司农仰屋⑥之时，圣主焦劳于上，民生日蹙⑦于下，穷山穷海，虽使《周礼》司徒、汉廷计相，亦以为意外。理外不可行之事，必不得之数，付之无可奈何。他如达财异能，又欲择选清要，衮衣⑧博带以坐镇，一切度支辄委为俗吏之事，何异承家子？但思轻肥以游，而不问耕织者乎？亦思百官所领，莫非朝廷之事。委吏乘田皆可效力，尽天下而委以为俗，谁为任事之人？今者恩

---

① 侪：同辈；同类的人。

② 斗城先生：即凌琯。

③ 恂恂：恭谨温顺的样子。

④ 周应期（1586—1664年），字克昌，一字际五。浙江永嘉县人。万历四十七年（1619年）进士，授礼部郎中。魏忠贤专权，出为福建兵备海道。崇祯初任九江兵备，在任五年，军安于伍，兵安于营，农安于野，商安于市，时称善治。历任江西、山东布政使，刑部尚书等官职。生平刚正不阿，清廉正直。

⑤ 更定：修订。

⑥ 司农仰屋：主管钱粮的官员一筹莫展，无计可施。形容国库空虚，财政拮据。

⑦ 蹙：紧迫。

⑧ 衮衣：简称"衮"，亦称"衮服"。为古代天子及王公的礼服，因衣服上有龙的图案而得名。

纶①诞布，遍求海内廉明之吏，宏济时难。栝苍司李镜汭翁凌公特膺首简，公固恬然受之而无难，亦不以是为上难者。何以明之于其治郡，明之于其治郡而兼治邑明之，公于郡神君也，而于邑又慈母也。德器深广，安凝如山，仰而望之，乐其可亲，初不知为刑官也者。至一往专断之才，行之以敬，持之以介，徐而就之，又皓乎其不可泽，而凛乎其不容犯。大抵立法务简，持法务平，明允刚正，悉从静慧洁远，中出无一毫操切摘抉，探迎跂②附之气见于意色之间，而又事事皆依人情为之。下车尚未及期，兼摄严、遂两邑，物物中窾③肯，仁回化鹤，智湛燃犀④，虽穷乡幽壑，陈说利病，无所隔阂。讼至立剖，较若持衡⑤，法讫威当，不为少阻。而铢两之奸，无不毕得，从来伏宄⑥宿慝⑦，自公在事，犹之去腐，置水蛟虬不就也。又有言桑木内蠹⑧则外若痈⑨，酒家之犬猛而噬人，则沽者不至。下属胥吏仆隶，不乏桑痈猛犬，悉置以法，清一人，所以省一弊，去一弊，可以兴一利矣。栝固朴鄙，公俭约茹淡，只饮南溪一水。凡一草一木、一羽一鳞，无不获爱安全。固其慈航之普渡，而至往所钟，特以母太君上寿，依违膝下，虽案牍盈前，时作舞斑斓想，所愿酿合郡乐利之气，予以养其志，而资其福，以故政清讼简。每下县庭众胥自间，惟嘉惠征收厘等，法马咸经手定，尽革去火耗浸渔等弊。令甫下，不出三日，民之输将恐后。即又禁之勿输，赏之使逋亦不可嗟嗟。方今积逋满天下，使皆知征栝之治治之，国计会通便足储，军国丰享之庆，输转长美于此，可想见其一班。行且翱翔版部，圣天子倘亲问民事，更治闾阎⑩病苦，时政得失，缃缃⑪条陈，措此实惠于天下犹反掌也。名重当时，致位乡相，日可俟也。古者僚友之间相须至殷，而比至勤行者不能为居者留，则居者为之盛祖帐发为咏歌，使其风声奕奕，耀人耳目。今公行矣，一时同事诸君日奉

---

① 恩纶：恩诏。

② 跂：踮起脚后跟。

③ 窾：法则；规矩。

④ 燃犀：比喻能明察事物，洞察奸邪。

⑤ 持衡：意思是指持秤称物。比喻公允地品评人才。

⑥ 宄：奸邪，作乱。

⑦ 慝：罪恶，邪恶。

⑧ 蠹：蛀蚀器物的虫子。

⑨ 痈：一种毒疮。

⑩ 闾阎：平民居住的地区，泛指平民。

⑪ 缃缃：有次序。

公条教，从政淑公最亲，而不能挽公之行，遂以公所行实政一一编次，问言于余，余既雅慕爱公，而又以重诸君请，于是乎序。

　　崇祯十三年仲春，山东布政司参政治生①周应期撰。

---

　　① 治生：旧时部属对长官或旅外官吏对原籍长官的自称。始于明代。

卷

六

艺　文

凌偏将军传

晋著作佐郎·陈寿

凌统，字公绩，吴郡余杭人也。父操，轻侠有胆气，孙策初兴，每从征伐，常冠军履锋。守永平长，平治山越，奸猾敛①手，迁破贼校尉。及权统军，从讨江夏。入口先登，破其前锋，轻舟独进，中流矢死。统年十五，左右多称述者，权亦以操死国事，拜统别部司马，行破贼都尉，使摄父兵。后从击山贼，权破保屯先还，余麻屯万人，统与督张异等留攻围之，克日当攻。先期，与督陈勤会饮酒，勤刚勇任气，因督祭酒，陵轹一坐，举罚不以其道。统疾其侮慢，面折不为用。勤怒骂统，及其父操，统流涕不答，众因罢出。勤乘酒凶悖②，又于道路辱统。统不忍，引刀斫勤，数日乃死。及当攻屯，统曰："非死无以谢罪。"乃率厉士卒，身当矢石，所攻一面，应时破坏，诸将乘胜，遂大破之。迁自拘于军正。权壮其果毅，使得功赎罪。后权复征江夏，统为前锋，与所厚健儿数十人共乘一船，常去大兵数十里。行入右江，斩黄祖将张硕，尽复船人。还以白权，引军兼道，水陆并集。时吕蒙败其水军，而统先搏其城，于是大获。权以统为承烈都尉，与周瑜等拒破曹公于乌林，遂攻曹仁，迁为校尉。虽在军旅，亲贤接士，轻财重义，有国士之风。又从破皖，拜荡寇中郎将，领沛相。与吕蒙等西取三郡，反自益阳，从往合肥，为右都督。时权撤军，前部已发，魏将张辽等掩至津北。权使追还前兵，兵去已远，势不相及，统率亲近三百人陷围，扶扞权出。敌已毁桥，桥之属者两版，权策马驱驰，统复还战，左右尽死，身亦被创，所杀数十人，度权已免，乃还。桥败路绝，统被甲潜行。权既御船，见之惊喜。统痛亲近无反者，悲不自胜。权引袂拭之，谓曰："公绩亡者已矣，苟使卿在，何患无人？"拜偏将军，倍给本兵。时有荐同郡盛暹于权者，以为梗概大节有过于统，权曰："且令如统足矣。"后召暹夜至，时统已卧，闻之，摄衣出门，执其手以入。其

---

① 敛：收起；约束。
② 凶悖：凶暴悖逆。

爱善不害如此。统以山中人尚多壮悍①，可以威恩诱也，权令东占且讨之，命敕属城，凡统所求，皆先给后闻。统素爱士，士亦慕焉。得精兵万余人，过本县，步入寺门，见长吏怀三版，恭敬尽礼，亲旧故人，恩意益隆。事毕当出，会病卒，时年四十九岁。权闻之，拊②床起坐，哀不能自止，数日减膳，言及流涕，使张承为作铭诔③。二子烈、封，年各数岁，权内养于宫，爱待与诸子同，宾客进见，呼示之曰："此吾虎子也。"及八九岁，令葛光教之读书，十旦令乘马，追录统功，封烈亭侯，还其故兵。后烈有罪免，封复袭爵领兵。

凌孝子吴烈妇合传

胡渊

歙孝子凌嘉恪，字胤三，御史凌公之子也。御史凌公者，史册所著殉难之凌御史也。崇祯壬午岁四月二十九日，胤三生，甫④一月，适京中书至，公速行与夫人时氏别，题数语枕上曰："人龙不与凡胎，并又桑蓬⑤客，岁克间庆功名，四海妖氛净云云。"乙酉三月二十三夜，御史公死归德矣，胤三竟不识面也，索父不得，数问夫人，夫人哭告之故。授枕，胤三抱枕哭，更早晚卧枕哭。及长，通书义，一日观室中有铭在柱上，左柱曰："宜惜庭阴"，右柱曰："莫愧屋漏"。恍然曰："忆此，亦吾父笔也。父书此，所以教我哉知之矣，庭阴宜惜，而屋漏不可使有愧。"遂立志勉学，读夜分不休。处暗室正衣冠坐，不喜出门户，寡交游，不苟言笑。更虑柱上书风裂虫触，恐残缺，字画恐灭没也，揭而藏之，如大训天球然，又勾榻镂之板，仍悬之柱，用时时省观。事适母⑥与生母，自幼长来不敢有违厥志。戊戌夏，适母殷病笃，命授室⑦，泣不忍离适母也。家人伺之，三四岁间未尝共其妇女笑。厥后，事生母，母未食，不敢食；母未寝，冬之夜不敢入己室寝，恐败衾残絮不足以御母寒也，又不能制衾奉

---

① 壮悍：勇壮强悍。

② 拊：拍。

③ 铭诔：铭和诔。泛指记述死者经历和功德的文章。

④ 甫：刚刚。

⑤ 桑蓬："桑弧蓬矢"的略语，古时男子出生，以桑木作弓，蓬草为矢，射天地四方，象征男儿应有志于四方。

⑥ 适母：即嫡母，古代称父之正妻。

⑦ 授室：把家事交付给新妇。后称为子娶妻。

母，则已和猥眠母足傍而敬温之。他出必告拜，出或遇时物必就而遗之。一室之内，母子妇雍雍如也，秩秩如也。奈体羸善病，己酉馆山中，因归途伤暑，嗽久痰血，为药之愈矣。抵腊劳，复药之愈。庚戌春，又寒，复药，半愈。勉就馆失调，归则剧泄泻。三月初三日游矣。嗟哉，其叔父香吏至是，踊且哭且告曰："吾今乃知吾侄之为贤侄也。吾与语终日，无已便者。吾外醉暮归，必掖吾门门焉、堂堂焉，必茗吾。入室视卧，已，阖门乃出，无已便者。吾色之有辞也，只自罪从无后言者。嗟哉，已矣，吾今乃知吾侄之为贤侄也。"予曰："嗟，予忝被父执，然势贵之子颇交之矣。厥考殁，庭礼，予坐扰坐矣，若夫坐必侍，行必随，不命退不敢退，不问不敢对，胤三则然。外是方司马荣曩公孙、璞公之子亦肰此二人耳。"胤三素寡交，不喜出门户，惟髫时同学数人相友善，凌曰清、曰粤、曰欢，汪曰应龙，吴曰宗贵。胤三时急也，道之劳也，任之病则日群视而数祷，死之日咸奔哭几绝。其宗族之老者泣曰："是子也，不为奇行惊人。时时哀思其父，又时能将顺其母，实孝子也。"其闾党之众，及庸版儿童之属无不嗟叹曰："天乎，天乎，何吾里之不幸而失此孝子也？何御史之忠烈而不俾有是子也！"夫人时氏恸绝为不食曰："吾未亡，赖儿孝，嗣我先御史，今若此，何生为也？"其妻吴氏竟绝粒也，七日复自缢，烈死焉。

烈妇吴氏者，歙篁南吴尚书之曾孙、孝廉吴山立之女也。凌御史殉难后，家冷落矣。子胤三读书不出户，人亦鲜问之者。岁癸巳，予馆尤溪之程甥，山立馆予咫尺也，每酒，会酣大呼曰："咄咄，凌公有子幼，我得志愿以吾女妻之。"间日，会又曰："咄咄，凌公未闻有妻其子者，异日吾必以女妻之。"维时众瞠也，谓酒语耳。甲午秋，山立登贤书归来，又适酒，会予饮半，又言："凌公殉难事，咄咄者久之。"予曰："而尚忆以尔女妻其子之言乎？"山立曰："然，有是言也，盟成非先生不可。"来朝肃驾予，予则往。偕佽二方子告于夫人殷氏，与夫人时氏共订焉。纳采之日，播闻当道，诸公咸喜。冬令胥徒来役，于是从者塞途，干旄[1]蔽野，瓜斧列前，介驷拥后，鼓金喧空，弦匏[2]缭绕，煌煌扈扈，观者、闻者目眩而心畅，叹赞之声洋洋数十里之外。归之人以尚书家子，一帏幕娇雅女

① 干旄：以旄牛尾饰旗杆，作为仪仗。
② 弦匏：借指弦歌之声。

子也。庙见①后，适姑殷病笃，即亲供糜药唯谨，偕胤三三四年间，未尝苟一言笑。更裘后负滋薄田不足用，浸迫矣，乃悉去簪珥易荆布，躬亲炀灶具饔②飧而进之。时圃之艺，芥苋瓜菜菔躬莳之，裙履泥渍斑斑然也。曰之任靡佣代，则躬舂之，十数年来，家食之粟，尽自其手所脱。瓶瓮之泉竭耶，汲靡代，则候夜沉村行者静矣，夫人同胤三伴出永巷，下滩濑，击寒潭月影而取之，十余肩始得到，村人尚莫知也。岁匪难，而食每缺，食则蔬，蔬缺则麸③，犹节腹供其姑之养且以佐宾也。宾猝至，或浆或茗，笾豆④楚楚，仍不使胤三有失德之怼者。己酉夏，胤三膺重疾，供糜药唯谨。庚戌春，病再复危矣，则昼夜侍，衣不解带，首不膏沐，时泣时祷，惟冀其病之痊也。奈之何以上巳加申，竟如秋桐之脱也。哀哉，烈妇伤恸悲号踯躅，累昼夜不休，不复欲生矣。乃因时氏夫人议，负人者不可不偿而死也。计粥田偿之而未得，则绝粒不食者七日，家母闻之，与其姆弟妇咸从篁南来劝食，烈妇曰："儿志决矣！"岂母远特来，忍逆之，遂一食后不复再食。时夫人亦不食，计决偕死，乃以枕诗并柱铭遗予。予往，为语之曰："妻为夫死，是曰烈，正也。若母因子死，义安出？甚非所以安胤三于地下也。且御史公、殷夫人与胤三，柩三而土举未事，伊谁视？"夫人是予言。予反再饷时，人来告予曰："吴氏成烈矣。"自予返则梳椋如常，若不复有悲色。使人不复更劝食，忽入室传成烈矣，三月十有七日也。诸姑伯姊奔视之，容有笑。敛乃知其内衣百片缕缉，似上古之以叶缀成者。视其左股肉溃围如盏，又知其又曾刲股冀活其夫者，于乎烈哉。未有子，以胤三之堂兄子懋仪嗣。于乎，哀哉。

匏更胡氏曰：御史忠，胤三孝，吴氏烈，与时氏夫人之节，一门俱有，在古觐哉。何御史忠，而胤三不嗣，天道实无知耶？非然也，昔文山不嗣，亦以其得弟壁之子嗣，是皆钟间气不得常有。若麟凤然，未闻麟可累系，而凤有遗卵也。人龙之咏御史公，岂无说哉，若吴氏其祖，常则以古议庭诫其子女，故山立之妹未笄，而刲股活姑，兹则尽烈以从其夫也，缘素有股教云。同邑紫阳学人胡渊撰。

----

①庙见：古代婚礼仪式之一。即婚后至迟三个月，须择日率新娘至夫家宗庙祭告祖先，以表示婚姻已取得夫家祖先的同意。

②饔：熟食。

③麸：小麦磨面后剩下的麦皮。

④笾豆：古代的礼器，一为竹制，一为木制，笾盛果品，豆盛肉食，借指祭祀时的礼仪等。

凌孝子同室吴烈妇合传

方卜颁（佚二）

呜呼，天道果有知耶？翁死国，子死亲，妻死夫，而并见于一家也耶？天道果无知耶？翁尽忠，子尽孝，媳尽烈，而并盛于一家也耶！余于凌氏父子、夫妇，其理有不可解，思其事而肠九回，不禁泪尽而继之血也。伯氏龙翰兄孝友积学，仅一第尽瘁捐躯，用酬主眷，国史载之详矣。余何敢言。伯兄死事之岁，其子嘉恪仅过一暮，呱呱而泣，予窃喜天之不绝善人也。但体质素羸，清癯又弱，酷类其父。予私心又窃忧其生，患难之后，屡然一身，未足以任厥家事。年十龄即余手授经，搦管①能文，日成数纸，如蚕食叶不休。余又窃喜，其真龙种也。性更醇，谨事母，两夫人无间言，怡怡下气，视寝奉餐，虽古孝子无以过，且事季父如父，事诸从兄如师，一门称之为曾闵②，殆不诬云。及将受室，孝廉山立吴君闻其品行，慨许以女，伐柯③者，亦即余与胡子匏更。行聘仅以荆钗，孝廉犹将行古之道也。吴女来归，夫妇相敬如宾。室无侍媵④，操杵臼任汲爨⑤，有贫家之所不能堪者，欣然躬亲。上以当两安人心，而下亦无失夫子欢，诚一堂熙熙雍雍如也，恪因先人破家佐国，仅贻瘠田数亩，不足以供租赋给滫髓。私与室人计，非授馆则家益穷。由是而致亲心不安，是则罪，口嗽身热，岁终归，几骨立矣。视脉制剂，甚费匏更心。今春色稍稍起，又授黄氏馆。此虽为贫所使，欲致廪糈⑥以养其亲，其于守身之道则未善矣！乃竟于季春初三日，以疾殁于里居，计年仅二十九。痛哉龙翰之胤，天既予以贤子而又复夺之，何也？吴氏夫病之日，静夜祷天，愿以身代。割股肉如掌大，密投药缶，其家人初不闻知也。夫殁之后，即绝粒不食，区画殡殓诸务，纤悉曲尽，夫有积负，罄产偿之。且按序继夫从兄嘉藻之次子懋仪为嗣，以主烝尝⑦，可谓笃至性识大体者矣。母与娣姑苦劝，终不进餐，至夫俗云回步之期，日下春以缳加颈，家人奔救之，气已绝矣。

----

① 搦管：执笔，也指写诗文。

② 曾闵：曾参与闵子骞的并称，皆为孔子弟子，以有孝行著称。

③ 伐柯：为人做媒说合。

④ 媵：陪送出嫁；陪嫁的人；妾。

⑤ 爨：烧火煮饭。

⑥ 糈：粮食。

⑦ 烝尝：本指秋冬二祭，后亦泛称祭祀。

玉容怡怡犹生平,何其从容而不迫有如此!含殓时,启其左股,刀痕赫然,始知曾割股肉也。夫能孝,妇能烈,双璧皎洁,与日月争光,凌氏之门,抑何树立之多异节哉!嗟乎,龙翰之忠固不必以子传,乃有子而忽无子,则天之报之若甚酷?无子而反得孝子与烈妇,则天之报之又若甚厚?孝子之亡,亦不意其烈妇乃夫亡而妇忽亡,则人见之若甚酸。妇亡而夫若妇俱得附翁以不忘,则人羡之又若甚巧,其理果可解也耶?果不可解也耶?天道果有知也耶?果无知也耶!予侨寓安仁署,忽闻此讣,谊视嘉恪为犹子,顿足捶心,诚有不可解之痛。而怨天之梦梦者,遂滴泪研墨,以纪其略。俾观风者采择,知凌氏之有世德焉。

岁康熙九年仲夏,哉生明异姓愚方卜频泣撰于玉真邑署。

故连州员外司马凌君权厝①记

柳宗元(子厚)

尚书都官员外郎、和州刺史、连州司马凌君,讳准,卒于桂阳佛寺。先是六月,告于州刺史博陵崔君,曰:"余尝学皇帝书,切脉视病。今余肝伏以涩,肾浮以伐,将不腊而死。审矣,凡余之学孔氏为忠孝礼信,而事固大谬,卒不能有示乎世者,命也。臣道无以明乎国,子道无以成乎家。下之得罪于人,以谪徒丑地。上之得罪于天,以降被罹②疾,余无以御也。敢以鬼事为累。"又告于老氏者某曰:"余生于辰,今而寓乎戌。辰戌冲也。吾命与脉叶,其死矣乎!吾罪大,惧不克归柩于吾乡。是州之南有大冈不食,吾甚乐焉,子其以是葬吾。"及是,咸如其言云。孤夷仲求以其先人之善余也,勤以志为请。

呜呼,君字宗一,以孝悌闻于其乡。杭州刺史常召君以训于下,读书为文章,著《后汉春秋》二十余万言,又著《六经解围人文集》未就。有谋略,尚气节,赒③人之急,出货力犹弃秕糠。年二十,以书干丞相,丞相以文试,其文日万言。擢为崇文馆校书郎,又以金吾兵曹为邠宁节度掌书记。泾之乱,以谋画佐元戎,常加大功,累加大理评事、御史,赐绯鱼袋④。换节度判官,转殿中侍御史。府丧罢职,后迁侍御史,为浙东廉使

① 权厝:临时置棺待葬。

② 罹:遭受苦难或不幸。

③ 赒:接济,救济。

④ 绯鱼袋:指绯衣与鱼符袋,旧时朝官的服饰。

判官，抚循罢人，案验污吏。吏人敬爱，厥绩以懋，粹然而光，声闻于上，召为翰林学士。德宗崩，迩臣议秘三日乃下遗诏，君独抗危词，以语同列王伾，画其不可者十六七，乃以旦日发丧，六师万姓安其分。遂入为尚书，仍以文章侍从，由本官参度支，调发出纳，利衰止。以连累出和州，降连州。居母丧，不得归。而二弟继死，不食，哭泣，遂丧其明以殁。盖君之行事如此，其报应亦如此。夫人高氏，在越。孤四人，南仲、殷仲在夫人所，未至。执友河东柳宗元哀君有道而不明白于天下，罹愍逢尤夭其生，且又同过，故安以为志，其辞哀焉。铭曰：噫凌君，生不淑。学孔氏，扬芳郁。好谋谟①，富天禄。雠②禁书，赞推毂③。观灵龟，获贞卜。徒东越，翊④明牧。罢人苏，污吏覆。升侍从，躬启沃。斥危疑，兴大福。史尚书，徒隶肃。佐经邦，财用足。道之踬，身则辱。乌江垂，九嶷麓。仍祸凶，遭兹酷。能知命，无怨毒。罪不泯，死犹谬。何以葬，南岭曲。魂有灵，故乡复。封咨壤，归骨肉。为之铭，志陵谷。

乐善堂记

罗锱（待时）

昔颛孙师⑤问善人之道，而未闻乐善，所以不入圣人室。乐正子，善人也，亦未乐于善，所以止于二人中。若禹闻善言，则拜颜渊，得一善则服膺，诚可谓乐善矣。天所赋予之理，仁义礼智，根于心，孝悌忠信，行于己，苟能反身而诚，则乐莫大焉。然人孰无是善也，求其克乐者，世之人千百之十一耳。今歙沙溪凌君彦恭，幼而聪敏，长而好学，老而不倦，凡经传子史之书，亦曾涉猎于耳目，有应变之才。而不逢知己荐，洒然光风霁日，而乐于世。尝谓士君子之处世不以善闻，即如邵子⑥诗，所谓却似不曾生一般，其意盖欲反己以求，至贵而为高出世间事也。然世间事莫

---

① 谋谟：谋划，制定谋略。

② 雠：校对文字。

③ 推毂：推动，协助；援引，荐举。

④ 翊：辅佐，帮助。

⑤ 颛孙师，名师，字子张，春秋末年陈国人，孔子弟子。出身微贱，且犯过罪行，经孔子教育成为"显士"。与人交往豁达，喜交贤于己者，主张"尊贤容众"。颛孙师为人豁达，不拘小节，不计私怨，被誉为"古之善交者"，更兼其勇武忠信，后人称有"亚圣之德"。

⑥ 邵子：即邵雍（1011—1077年），字尧夫，谥号康节，自号安乐先生、伊川翁，后人称百源先生。北宋哲学家、易学家，创"先天学"，以为万物皆由"太极"演化而成。著有《伊川击壤集》《皇极经世》等。

有大于为善，又莫有为善，又莫于乐善，于是构一华室，颜其额曰"乐善堂"。既乐矣，堂成久矣，未有录其事者，乃子希向伊宗叔慎轩翁来请其记。

尝观司马公记《独乐图》，曰："迂叟平日读书，上师圣人，下友群贤，窥仁义之图，探礼乐之绪。"未言踽踽焉，洋洋焉，孰有何乐可以代此。彼其乐也，岂无所事而徒乐乎？其曰师友，其曰窥探，则其所乐者，异乎常乐远矣。曰圣贤，曰仁义礼乐，则其所善者，超乎众善多矣。彦恭，希贤者也，岂不闻温公之风而诚心企慕者钦。以温公之笃学精修，其言德功烈，足以敦浇俗；其深衣张拱，足以肃薄夫，岂惟独乐哉！则夫善君子莫不相像，其所乐而为之乐也。彦恭问学广览，识见宏达，乡之好善者，有同声相乐之意，鄙薄者有渐染从善之美。则是所乐者，不惟独善其身，又能兼善众人矣。由是求底温公之乐，以学颜乐，以希禹拜，何患不至于美大者耶？是为乐善之验，因以为记。时景泰丙子孟春既望，直隶徽之歙学教谕、湖广辛酉解元、安乡罗镒撰。

中和堂记

赵曾

圣贤之道，中和①为至。而其要为，在乎治心。心具众理，吾能调适是心，敬养是理则心正。而性情感动，靡或弗正，体用备，斯道行，夫岂弗适中和乎哉。歙之沙溪凌彦纲氏，端厚孝悌，读书尚义，慷慨慈祥，当匾其室曰"中和堂"。盖本乎子思子"中和"之说。而谒予为之记，余曰："嗟乎，至矣哉。"彦纲之名堂钦，天降民彝②，而根于心。吾以是心权衡庶务，以节制喜怒哀乐之感，俾性情之发，毕由乎仁义礼智之贞。而靡所偏倚，达道之行，从容乎。父子君臣之伦，而靡所乖戾③。天下之事，或洪或纤、或隐或显、或盈或亏、或难或易，缤缤乎，纷纷乎，弗齐也。而吾以方寸之心运量之，优优乎，恢恢乎，无复毫发过，亦无毫发弗及，以之为己，则心广体舒，貌温辞顺，而身心以安。以之为家，则父子慈孝，兄弟友于，闺门雍睦，族里协缉，而家以宁。以之为国，则明良会

---

① 中和：喜怒哀乐之未发，谓之中；发而皆中节（节度），谓之和。从德行言之，即谓中庸。社会中和，天下太平。

② 民彝：犹人伦。旧指人与人之间相处的伦理道德准则。

③ 乖戾：背离。

合，云龙翕从，谏行计听，功施社稷，而国以治。推而极之，所以位两仪[1]、翼元化[2]，所以育群生，而与化机，冥乎默契，不亦大矣乎。彦纲才行淑诸公而礼让，达诸乡邦，闻望昭于时，而歙之士大夫靡弗敬之、爱之。其固有得夫圣贤中和之教也夫，其亦有得夫治心之说也夫。

凌氏义田记

林元立

田以义名，何也？夫义利之对也，人情趋利如水就下，一介以上，鲜不拘争，虽其至亲，亦计利否然后动，不肯一推其心，若秦越肥瘠，视者以利也。故曰："君子喻于义，小人喻于利"。喻义利人，喻利利我，道大有间矣。然分有大小，济有广狭，惟力所至，各尽乃心。均已郭然一体，不间形骸，若血脉流贯于一身，百顺皆其自跂，此之谓以义为利，义利田之类是也。

嗟乎，若凌景芳者，其义士欤。芳，歙沙溪人也。吾闻其事，亲孝，居乡谨，尤喜施与，周急赈穷，贾于广德、建平间，尝有冯先生焚券风。此其义气，已加寻常辈数等。既游姑苏，慨慕文正公之为人，乃捐其资置田与族饥馁者，共亩计之凡有若干；创屋与族无依者，共楹计之凡有若干；又置冢一区，与族之死无归者，共族之人，养生丧死无憾。芳义足多哉。夫范相人也，有高爵厚禄，视圭撮累起者，奚啻[3]千万。义田之设，且为百世诵。芳固一介人，乃能拔出，计当之俦，与范等垺。岂不尤难。使得时居位，其有济于众当不止此。徽居山之中，地隘民聚，田隶收给不逮其食之半。居者累阁而栖，一抔之土，殴斗而争，或至累世。彼其谣俗，计利不让族人，有以盖已，斯已高矣，况出己有共族人哉！吾是以知好义之士，不知不利不恩于俗，而古昔大道之公，亦不出此。用之王也，恒产足民，有圭田以赡君子，余田赡野人，盖周公成文武，而天下为家，海内无一冻馁。此无他，以人情为田，与民同利，是王道也。王道行于天下，则平王道行于家，则齐随分，有济其义，一也。余莅治于斯，念常家视一邑，而王道之始，使民养生，丧死无憾，则芳之义，于余心有戚戚焉。乃其孙子人等十数人，皆足以光其先人。而子任、子俭，冲和尔雅，

---

① 两仪:指阴阳。

② 元化:天地;造化。

③ 奚啻:何止;岂但。

英特有造，余皆子弟视之，冀其有成。兹因请记，乃述以告。使告异日，或责在郡邑，而至乡相，如念乃祖之同利，以追迹于周、范二公之相。则斯义也，尤非一家之义也。

归骨记

凌子俭（仲广）

归骨记者，何也？凌氏之归其先人之骨也。匪凌氏独也，章岐之汪，蟠溪之方，皆有归也。又匪汪方止也，凡县尉吕君之所封，而践更之所守者，骨以百数，皆归有日也。呜呼，亡人得土以自为无患，与人无争矣，胡然而揭①之乎？胡然揭之而去乎？胡然去而复归乎？亦大异矣，是不可以无记。

记曰：夫侵人之地以埋其亲者，则狐埋之，而狐揭之尔矣。侵人之郭以埋其亲者，止于揭之乎，而罪莫赎。侵人之棺以埋其亲，止于罪之乎，而法无赦。故祸莫惨于破郭，尤莫惨于毁棺，惨莫极于以赝骨而溷②真，尤莫极于去真骨而入赝，斯未之前闻也，律所弗及也。圣人以为上下千百世所必无之事，而弗为之防也。讵意当今之世，而有是乎？一人创之，数十人尤而效之，轻于鸿毛而祸重于邱山。蕞尔③之歙，福地几何？封豕长蛇，何处不毒。地下有知，将无以子孙之贵盛为惧府乎？嗟夫，斯人也，试与之言杀人，必将应之曰："人胡可杀？"与之言为盗，必将应之曰："盗安可为？"是不杀一人而杀百千人，是不盗人之粪土，而盗人之根源也。夫明效章章，不费寻求而可以几子孙之昌炽，岂古人智虑遂不到，此则古之元恶大凶。孰不可忍？而于此犹不可忍也！呜呼，闻斯事也，而不痛哭流涕者，非情也；见斯人也，而不发指目瞋者，非情也！吁嗟乎哀哉，骨之存者虽杂以他骨，而其原解之形自可辨也，若殷、若曹、若江、若汪之类是也。骨之去者杂于众骨之中，莫可辨也，若汪、若方、若敝垄之类是也。既莫辨之，夫安得认之，而安得归之？幸而辨之，又安得不认之，而安得不归之，不腆敝垄。

自乙未之春，碑前有形如盂，大抵半寸许，尚窃疑之。三载之间，丧亡接踵，哭不绝声。俯仰所需，十减其五，则疑益甚。今年夏始发自北

---

① 揭：挖，掘出。

② 溷：混乱。

③ 蕞尔：形容地区小。

岸，乃知是举也有朱大绶、朱从志、方岩泉、朱寄庄之属为之谋，鲍春桂、程寄禄、朱明、程四元之伦宜其力。朱明者，号穿山甲，斗大之穴或深丈余，负骨以出，负骨以入，转身如狸，盖绝技也。或曰五党，或曰七党，皆家歙之南鄙。而昌绩三安、江右亦有人焉，闻其风而悦之，以传其述。至若气用之利，机械之巧，载在江户部《修墓记》，汪氏禀帖①中不具论。论其所以盗敝垄者，初方岩泉之人狱也，狱中之人传言曰："沙溪凌氏之冢发矣，其骨色红。"不肖等闻之骇而未信。未几，鲍春桂彼缚巡司矣，拓数十冢焉，所闻于二冢，独详曰："某名冢，虽土覆而郭上有石盖，吾不遗余力从旁入之。沙溪之冢其土浅，其用力不劳。"然两地皆平高皋，骨色皆红，时骇信者半。又未几，而章岐汪氏以盗骨鸣县，大夫钱公命尉君往斜干为之赎。斜干者，朱党之巢穴也，其旧痊处有上里山、上菜园牛斧栈，吕君皆亲履之。见其暴骨如莽，一人之骸，而或散之，数人之骸，而或总之，或同棺而三骷髅，或异桶而置草泽。泫然叹曰："此谁非黄红成色，受山川之灵气者乎。"其暴之也，次第封之。偶举一桶，问曰："此谁之骨？"朱重光接声曰："此吾母之骨也。"因诘曰："母死几年矣？"曰："二十年矣。""若何而桶盛之？"曰："材朽而易之桶也。"吕君笑曰："焉有朽腐二十年，而有此骨色乎？"时程四元在傍指之曰："此沙溪凌氏之骨。"复指一桶曰："此蟠溪方氏之骨。"骨各封毕，命邻里践更守之。曰："吾将告之堂翁。我堂翁仁人也，将必使若骨各归故土，而后即安。"当是时，四元不知凌氏，凌氏亦不知四元也。后数日，姑得访四元而问焉，其言曰："宅中之冢，是朱大绶等为，凌夏九、凌天元盗之者也。夏九、天元卜居斜干，二代与朱最厚。乙未之春，邀至墓所，依法车土，从碑前直下，横过右手，凿开郭墙，取去我高祖妣祖氏原骸，空掩而去。既验穴中，有气骨色若朱，乃起伊祖骨以苏木染之，择吉而开葬焉。顶上有树二股，斫以筑土，土坚乃去。"不肖等闻若言，不觉泪如雨下，誓不共戴天矣。往谒吕君，吕君曰："先生为祖骨来乎？吾闻之矣，吾见之矣，其具由遂有红骨之说云。"不肖等急哭诉于县大夫钱公，钱公为之恻然动容。是日，即差擒凌夏九等。

八月初二日，命老人里排同夏九往洗墓，果得郭后一孔，外用砖蔽，而隙可容造。遂开堁顶，独有朽骨，第非原解象形，头足自亦顺序取出，犹有苏木色也。乃知四元所言语，语皆真实无丝毫谬，而所云原骸亦真

· 167 ·

卷

六

① 禀帖：旧时老百姓向官府或官员向上司报告、请示的帖子。

矣。遂禀县大夫请尉君往取原骸。不肖等随至斜干上菜园，见所封桶，桶已开烈，雨之所洒，日之所暄，风之所震荡，渐成枯白。又不觉泪如雨下，誓不共戴天矣。其日，朱重光复来认，如前且云桶有泥灰，开视之毫无有也。四元面证之曰："汝母之骨，盗埋石潭铁斧形者，非耶？且汝家祖骨尽葬他名墓，今人果请尔母归之福地，喜之不胜而哭，而随之乎？"重光因语塞，里邻及诸观者皆曰："是也！"不肖等遂请而归之小祠，俟审明详，允而后归葬，盖其慎也。方不肖踵尉君登上菜园，所见骨数十副，红黄渐枯，怆然悲曰："固若是多乎？"尉君曰："先生未见上里山、牛斧栈耳，视此且倍亿不啻百数矣。"夫此百余骸者，皆曾融地灵，钟光岳，覆露子孙，富贵鼎盛，以此著歊之名者也。岂其无灵而苦于此，抑终有所归期乎。今日墨墨之四元，非往日谔谔之四元也，盖恶党之恐吓，畏其多而法之重也，彼高明之家方且舆而至之，饮而食之，跪而拜之。祈四元之一言而竟不言，则四元之为德不卒也。虽然四元者朱大绥之雇役也，大绥所为，四元且知之而未尽。况从志辈纷纷四出，今日凿一穴拔其尤，明日凿一穴拔其尤，又乌知从之，吾于四元乎何责也。嗟夫，世之号为老成之士，每不敢轻信人言，以动其邱墓，盖曰此吾先人之遗骨，足系祸福耳。岂先人之骸已出，他人之骸已入，而犹恝然①不为动哉。则与其得四元而观之，以释其疑，不若不得四元观之，以存其疑。疑则有明之日，不疑则无明之日，百骸之暴露朱园者将安归乎！噫，斯亦难矣，即敝垄土之闻见最真，而开视之日犹然阻者再四。赖祖宗之灵，天理之昭灼，竟得以去伪而迓真。不然，宁无见土之坚而止乎？宁无见郭顶、郭门之无故而止乎？宁无见暖气之瀚浡②其泄之而止乎？宁无见伪骨之铺有次序误认之而止乎？他人之亲不永享乎？吾之亲不终暴乎？盖彼之为术甚谲，骨或顺铺之，或棕裹之，或桶盛之，使人去其棕裹、桶盛者，而存其顺铺者，以为真不知其所谓真者非真也。然尤有最可恨者，全骨而盗之，择其一胸骨、一脊骨而别置之，不与其全也，使不得为厉也。且曰使其子孙亦若是也，毒之毒者也。即所取高祖妣之骨验之，良然。睹骨思亡弟侄为之连丧，每丧必以三人疫不至，是言之于邑。噫，朱党极矣，夏九、天元辈之肉其足食乎！痛恨知之已晚，不及其祸之未发而先图之也，于凡祸已基而尚隐者图之，此为时矣。

---

① 恝然：冷漠不在意的样子。

② 瀚浡：腾涌的样子。

方今仁人君子，在事诸孝顺之族，素封之里，世德世宦之家，度吾之冢墓，足供被人垂涎者。幸同心控诉，痛治奸党，各招所盗，还归故骸，即泽及无主之骨，犹曰阴功。况其为祖宗之遗哉，吾犹虑存骨归矣，而有投诸深潭，如某氏之类者，终不觉也。即一二名冢不及于难，或亦有之。稍不早除此辈，必将更事，更事不就其所未掘，宁能侥幸于万一，以免必至于之祸哉。宜人为之愤，而家为之仇也。虽然妖术之朋，盗葬之家，党羽甚众，财力甚裕，即在狱若家食焉，视刑具若弁髦①焉，非并众力何以胜之。倘虎一逸，遗祸无穷。伐木不自其本，必复生；塞水不自其源，必复流。凡海以内谁无祖邱，此术一衍，封域山溪倘能间乎？自此江之左右，河之南北，山广之东西，愈传愈广，何难于长陵之一坏哉。若夫以非常之法，断非常之狱，特著非常之典，则有非常之人，在万世阴济之功曷有加焉，不肖则何敢知！

岁万历己亥秋月二十三日述。

重修仙井新置铁栏记

凌子俭（仲广）

唐僖宗时，有凌荣禄公者遇异人，待之甚恭，久而弗倦。异人乃指地凿井，曰：“汲此水造酒，酒当自佳！”已而，果然。慕炙皆献天子之义，进酒于上，上喜赐金帛而归。公不自私，为一方建社坛，名曰：“皇富”，至今存焉，昭其宠也。宋元以来，井上有亭、有祠，期颐②之老皆闻而未见，则湮没久矣。迩来邑侯张公寓目于此，惜其浊秽，慨然有修治之志。适征入民部，遇俭于长安邸中，曰：“仙井，非宅中物乎？奈何八百年仙迹而令泯灭，不表彰乎？且是尔祖故实也，谁任其责？”俭闻而愧，汗沾背，拱而对曰：“是俭素志也，其何敢虚大君子之命！”归即倡族人辟地而更新之。用铁栏者，异存仙迹于不朽也。

岁万历癸丑七月朔日。

---

① 弁髦：比喻无用的东西。引申为鄙视。

② 期颐：指百岁老人。

隆堨记

方卜颎（佚二）

新安之为郡，山多田少。陂塘①蓄水者无论矣，惟临溪田坂筑堰凿渠，谓之堨。堨之音"褐"，吴楚方言耳。按韵书，堨有"揭""竭""遏"音，而不音"褐"，皆云"堰"也。歙之堨，所灌田亩或千计，或百计，虽旱不事桔槔，而水源自远。堨之为利，亦广矣哉。顾疆分彼此，此堨之水不能灌彼堨之田，以其高低异形，流派异用，而税额有输将者，疏浚有管摄者也。

歙北隆堨，沙溪凌氏世守之业也，创于唐初，地形较富堨低数尺，相去约半里许。唐时自堨首迄尾，空旷未有村落，凌氏先人相形势，勤奋插，横绝中流，捍而筑之，厥名曰"隆"，引水入渠。渠，凌氏税也，分隶十甲，册籍昭然。由渠而下，潴水于袈裟丘，减水于仙姑桥，灌溉五百亩，流传九百余年，他姓不得而与焉。宋元以来，汪姓始居富堨之旁，因堨名村，其后生齿渐繁，人烟渐密，临圳而居，跨圳而屋，间或有然。凌氏欲申理之而未果行。国朝崇祯辛巳岁大旱，隆堨始有雀角之衅，举族咸奋。司其事者则凌良、凌华、凌忠数人也，由有司而抚按，控告不休，年余咸不能决。有豪士凌起宾者，奋然怀讼牒走京师，赴诉于都宪，反覆申理，得直而还。谳语②有曰："速令疏通隆堨之水，以灌隆堨之田。"又曰："圳内房屋毗连处，止许浮桥过路，不得甃以砖石。"凌氏勒全文于石，揭之通衢，以立千古之案。自是狱讼寝息，无曲防之嫌，有亲睦之义，疏浚得宜，而渠水滔滔矣。凌良等属予为文以记之，予曰："赋税有定输，形势有定额，昔之渠水功被百世，岂知一旦填塞乎，膏腴变而硗确③，苗稼化为草莱。岂知今日复通乎，此皆天地之数，祖宗遗泽之远，诸人疏浚之功，岂偶然乎。今者子之隆堨，已有成案，屹如山立，惟有渠之水浅深，堰之长短，跨圳而屋几家，子盍详言之。"凌良曰："曩时疏通水道，以堨口石面为准。水溢石面寸许而下，千田亩方流衍浸灌，深九尺余，横阔五尺有奇。每岁夏堵筑堨坝，自东岸以达西岸，计长数十余丈。

---

① 陂塘：池塘。

② 谳语：审断案子的文辞。

③ 硗确：土地坚硬不肥沃；瘠薄。

堨成溪流壅①激，圳水自通，由渠而下袈裟丘则潴之。自此派别支流，一达高坦上，以灌西南之田；一达横泥丘，以灌东北之田，直至村尾小河而止。汪姓之跨圳而屋者凡九处，其中各放天窗。天窗者，圳之天窗，所以出沙土之穴也。居人平时覆以木桥，及疏浚则起而去之，人夫畚插，自天窗运出。是日，虽其家有吉凶、宴会，亦毋得留难稽晷刻，何者？农事不可缓，且圳为凌氏之圳也。不独此也，隆堨之水，但溉隆堨所辖之田，而他田亦不得而与焉。故疏浚之，今一出则车戽②不得入圳中，非吝惜余波，虑争端自此启尔。凡此教者不可不记，以示后世。"予闻而叹曰："然哉，诚哉！君可谓深谋远虑人矣，夫田之籍水，水之有渠，成规所在，宁或忘之。顾世事三百年一小变，五百年一大变，渐积使然也。坊之溃败，始于蚁穴，及时而塞之，一夫力耳，及其已决，万夫莫御。然后从而鸠工，不亦难乎？故二姓之讼，人以为本崇祯辛巳之旱，吾以为其衅兆于数十百年以前。向使当汪姓跨圳筑室之时，有人焉起而阻之，虽不能无小争讼，亦何至群斗弗休，死伤相赎，结构仇怨，几成大狱，若火之燎于原哉。且此时幸赖有公等数人者，不惜身命，不惜心力，举此先世千百年遗泽，挈诸虎口而还吾故物。不然，几何而不为他姓所攘③乎。"于是综其源委，系之楮墨，俾后之君子得有所观览，庶不至以省事，开多事之门哉。

岁崇祯癸未春月，方卜频伭二撰于蕉园之西舍。

黄山记

凌驲（龙翰）

山去歙百里，为轩辕炼丹处，浮邱、容成两公从于斯，深奥旷险，异人代隐，姓氏莫殚述也。路百里，皆蹑级④以上，故山为江南绝高。以新安原处高域也，而莲华、天都两峰，更双柱屹立，撑出云表。山皆石骨，而无肤土；壁皆悬突，而无夷径；树皆屈结，而无伸亭；水皆澄净，而无洪波；草皆氲洁，而无杂息；僧皆朴慧，而无凡习。春花香而众，秋云迷而奇。夏含霜霆，冬隐雷龙，潏⑤势变状，因类获称。有峰与岩、洞、源、溪、泉、石共名者，为朱砂。有峰、源、岩、溪、水共名者，为浮

---

① 壅：堵塞。

② 车戽：用水车戽水。

③ 攘：侵夺。

④ 蹑级：顺着台阶逐级上下。

⑤ 潏：水涌流。

邱、为云门、为石门。有源、泉、溪共名者，为汤。有源、岩、溪共名者，为阮公。有溪、源、潭共名者，为白龙。有峰、洞、源共名者，为翠微。有峰、洞、岩、溪、源共名者，为九龙。有峰、溪共名者，为容成、为丹霞、为松林、为紫云。有源、岩共名者，为龙须。有溪、泉共名者，为香。有源、溪共名者，为丹泉。有源、洞共名者，为百花，有峰、源、洞共名者，为莲华。有峰、源、石共名者，为仙人。有峰、洞共名者，为仙都、为市水。有峰、洞共名者，为棋石。峰有独名者，为天都、为青鸾、为紫石、为钵盂、为狮子、为石人、为云际、为叠鄣、为轩辕、为上界、为潭、为望仙、为圣泉、为石柱、为石床、为云升、为芙蓉、为飞龙、为彩石。源有独名者，为香谷、为采药、为掷钵、为香床、为白鹿、为乳水、为阴坑、为紫烟、为紫芝、为石壁、为百药、为石室、为红木、为杏花、为黄莲、为柏水、为白马。有峰、源、潭共名者，为炼丹。溪有独名者为洗药、为白云、为曹公、为锦鱼、为青牛、为红泉、为飞泉、为榆花。泉有独名者，为锡杖、为瀑布、为千秋、为鸣弦。潭有独名者，为清。有峰、源、溪、潭共名者，为桃花；石有独名者，为马迹、为双龟、为杵臼、为龙吟。岩有独名者为石龙、为滴水、为虎头、为猿猴。洞有独名者，为仙登、为锦霞、为水帘、为驾鹤、为藏云。溪、洞有共名者，为弦歌。凡计其岩有八，潭有三，泉石不及岩一，洞十有二倍，洞为溪合，溪有洞，为峰源之数，亦如峰数。然有一峰而获数名者，有数峰而获一名者，有峰而不获名者，有获名而不与三十六峰之数者。大抵黄山黄广险截，约之为三十六峰，析之为三百六十峰，再析之有三千六百、三万六千峰。溪源泉洞岩石数如是，其可登而入者，则炼丹、朱砂、狮子、莲华。石入轩辕、九龙、翠微、石床、飞龙、彩石、钵盂。十二峰其可望而不可涉者，则天都、青鸾、紫石、桃花、云际、鄣、浮邱、容成、仙人、上升、棋石、云门、石柱、布水、云外十五峰。其幽匿而弁不可望者，则芙蓉、紫云、松林、丹霞、石门、清潭、仙都、圣泉八峰。而溪源泉洞岩石亦与峰类，游者多目贪心怖，如大将军拥百万师，檄功塞外，有逾险逾壮之致。上莲华时，有僧顾余曰："纳游天下名山矣，奇松、怪石惟黄山独擅。"此四字真可作我山画谱也。昔读吴船记范必大登上清，远望雪山万里，极誉其高峻奇幻。余未知上清若何，恐此山未许度越矣。雨中宿指月庵，听僧景贤说山中事：深山中有瑞光，一曰飞云，如云片冉冉，从山顶飞渡；一曰串云，圆如佛珠，累累如串；一曰摄身，光在对岸，照彻若镜。久居山者，亦不多见，暂游者往往遇之。后有数峰霁天，远望之则叠复不辨，有时云铺如海，其峰始见。一名云外峰者，众岭淹没，独彼半峰浮出云上，是曰云外；一名布水峰者，逶迤蜿蟺①，飘曳如练；一名上升峰者，触坚云涌，起伏无定，遥观其峰，反若上举。如此数峰，非云铺满海不可辨睹。及至光明顶，雨况不解，遂草率过丞相原，故海中区奥领收未尽，余当谓山水姻缘等于婚媾②，迟速多寡不可强也。时同游程氏汉集而上。若云五游黄山者，为都峤道士。相余辈游者为小梅，从者二人，共七人。甲戌岁时维九月蕉园伯子记。

凌维仲遇盗记

长沙·陈鹏年（沧州）

维仲名爱敬，歙人也，魁岸多力，家贫以负贩为业，与其弟三人供父母甘旨。国朝定鼎之初，伏莽未靖，有盗魁数人，壮其状貌，欲罗致之。乃伪为富商，说与同贾绍兴某地，维仲素未识其处，因与偕往。及至，乃万山中也。缚茅为庐舍，星罗棋布，列营垒，心颇疑之。此夜盛治肴醴③款洽④，主人殷勤劝侑⑤，同伙以次而进。中饮谈贸易居积事，维仲谩言应之，既辞酒力不胜。诸主人乃前，致辞曰："凌君远行至此，跋涉良辛苦，请先就寝，来夜更当畅饮也。"既闻维仲鼾声起，乃切切私语，后音渐高，有问所与偕行者，此人长大虽有膂力⑥，不知技艺若何？明夕可便同往某处勾当否？"彼答曰："未可知也，吾以同贾诳⑦之来尔。"维仲尽得其谋，大骇，而鼾声如故，盗之不防也。夜阑群盗尽醉卧，维仲乃起，察舍中灯火尽熄，视东方月以升，于是启门关而出。不敢由故道归，遂迷入山径间，足践荆棘，手格虎豕，阅两昼夜，行四百余里，涉高冈，遥望市城而投足焉，则衢郡府治也。先是其族人开明贾于是，访而造焉，为之酿而受其食。越十余年，自为盐贾，列肆于衢市。老归于歙。子和贵，字礼容，至今世其业焉。陈子曰："余阅人多矣，自余来治西安，始得一凌子

---

① 蜿蟺：盘旋屈曲的样子。

② 婚媾：婚姻；嫁娶。

③ 肴醴：酒肴。

④ 款洽：亲切融洽。

⑤ 侑：劝人吃、喝。

⑥ 膂力：体力，力气。

⑦ 诳：欺骗，瞒哄。

礼容。"尝为余言其父维仲始商如此，且详其所以至此之由，事亦奇矣。维仲始而被诳，几陷绿林，所谓可欺以其方也。既知其诈，乃能自拔迹于尘溷[1]之中，不亦明决而有守乎。虽然向使不遇盗，维仲未必来衢，而予又安得交礼容也。人生作合，岂偶然哉。

重修文会所记

凌应秋（北洲）

文会之废兴，关一乡之隆替[2]。其成而忽坏，坏而复举，虽曰有数存焉，然而岂非人力哉。昔有明赠君沙洲公，创辅仁堂，立文会，以振兴文学，其时淹雅[3]之士，忠节之臣，后先辈出，载记详之矣。及本朝康熙戊寅岁，有游民以敬惜字纸为名，则检收断简，夜则借宿于中。里人误信骗言，竟允其请，而靡有阻却之者。一日爨火不慎，而会所遂成焦土。虽居之者之罪，亦授之室者实执其咎也。自此瓦砾塞途，荆榛满目，过斯地徘徊叹恨而已。越十三年庚寅月，有州守公耕臣歙财而复兴之。中起正堂，外立大门，并后舍旁屋，间架已立，中作而止。又二十六年雍正乙卯春，处士渭公、太学锡蕃、文学滨蘅三公，相与恤然忧之，建议重修，倡众批捐。酿白金约三百两，经营有法，庶物得人，鸠工庀材[4]，咸跃踊趋事。阅五月而告成，栋宇一新，梓斫具备，而贤才于是乎聚焉。其时督工则处士及永年公也，里中父老子弟咸欣然颂数君之功。太学公曰："乡有文会，所以为造就人才之地，讲贯习复之所。前人建造艰难，后人不甚爱重，致毁于褐夫之手，一瓦之覆，一柱之擎，荡然无复曩时故物矣。厥后虽复作堂构而筑室道谋，日即朽坏，几于有初鲜终矣。使非及此时而葺之，一旦拉然摧崩，何所讲学以会友，何所取友以辅仁乎？不宁惟是，业败于垂成，是尽弃前功，使沙洲之遗迹美举竟湮没而不传？亦向者吾宗节义文章之士之所，惜悯痛嗟也！而今者斯室落成，吾三人者庶可告无罪于前人，而无负诸君子相与有成之意矣。"应秋时在公侧，闻斯言而志之，以俟后之君子，尚益勉其新者乎。

---

① 尘溷：尘俗；污秽。

② 隆替：盛衰；兴废。

③ 淹雅：宽宏儒雅。

④ 鸠工庀材：招集工匠，准备材料。

喜雨筵记

凌应秋（北洲）

筵，何以雨名也，以其雨而筵之，志喜也。雨，何以筵名也，以其不雨而祷之即雨，雨即筵之，示不忘也。方乾隆十有六年二月，皇帝南巡江浙，人民富庶，讴载歌途，其时徽郡斗米不过百二十钱。及圣驾回銮月余，道路相传曰："荆楚无麦矣，豫章失收矣，浙东大歉矣。"吾徽之民犹然粒食安居，若不知为饥馑荐至①也。夏五月，米价踊贵，民有忧色。忧之何也？徽郡山广田稀，转运于浙江者，多不意诸路岁凶遏籴②，商贾不行，舟楫不通，由是百二十者，转而为二百四十矣。民之嗷嗷，何所控告哉？矧夫天降旱魃③，弥月不雨，南山之豆已枯，西畦之禾渐槁，粒食者不得食，安居者不能安矣。贤太守何公多方区画，以救一方民，官仓减价，绅士输金，各姓相顾而赈。官吏耆老祷雨于黄山之麓，吾乡沙溪亦于闰五月初十日祈求，约五百余人。越二日乃雨，戊寅大雨乃止，于是农人野老抚耜而庆于田间，曰："于此米价得少减乎？"曰："天非雨粟，何减之疾也？如此吴地，地亦转运乎？"曰："纵艰于运，旬日可荐新也。"夫天不遗斯民而赐之雨，而米粟不忧其贵，若此转运不忧其艰苦，此皆雨之赐也。其能不志喜耶？其又可忘耶？乡人设净坛于水月镜之北，今雨而罢坛，酬恩饮福于时。席间父老命余以志盛事，予因思坡翁当年有《喜雨亭记》之作，即以今日之筵为喜雨筵也可，于是援笔而为之记。

吕仙显灵记

凌应秋（北洲）

吕仙游迹遍天下，如岳阳、汉阳胜地，或以三醉闻，或以黄鹤见，道貌丰仪，所在多有，而独于吾乡仙井为尤显。然仙井世传吕仙以丹投井中也。唐僖宗朝，予十世祖荣禄公凿井受丹，始末悉载家乘，兹特举其著灵者言之。尝闻之先君曰："康熙庚午之夏，民疾疫，汲井水者服之，无不霍然病已。"其时感诵共求，往来井上者日数万人。后郡守朱公虑人众滋事，而井于是封焉。然而井可封也，神不可泯也，越三十年而又一见矣。

---

① 荐至：接连而来。

② 遏籴：禁止购买谷米。

③ 旱魃：传说中引起旱灾的怪物。这里指旱灾。

世宗宪皇帝御极之五年，岁在丁未，余方弱冠，读书蕉园，一日见乡人金云："吕仙今复著灵也。"问其由，则云："疗邑南某疾，昨曾担物至斯，言谢葫芦门先生。"葫芦门先生者，吕仙遗像后，其门形如葫芦，故俗呼之。一时纷纷藉藉，祷祀之众如庚午矣。自是而后，祈请不绝几三十年。今上乾隆乙亥四月十有四日，为吕仙诞辰。前二日，遇仙室池中忽现一井栏形，其色如铁，其高少许。拜谒者每于其上，磨以青蚨①，磨毕而迹不减色，不敢嘻异哉。池底为石，而此色乌乎来此，形不少损，非吕仙三十年一大灵异乎！夫沙溪一村落耳，非若岳阳之大、汉上之雄，而西流水绕，北道山环，较岳阳汉上殊为秀丽，宜乎鹤驾频留，而灵异数数觏也。于是援笔记之，以著圣泽之无穷焉。

重建义桥记

凌彝谟（禹襄）

先高祖首倡捐输，而昉溪义桥之复建，自义田之事举，而桥于斯而尚存焉。吾乡居北原孔道，往来咸循溪岸上下。而东西往来之要路则一水之，向有官桥。每春夏雨涨则撤去，水平则复构，日久朽坏则鸠工庀材而新之，经费皆给于官，而居民出力以营之。后为有司所裁省，而人始病涉。于是吾乡好善者，相率鸠②资为义渡，或以舟楫，或以竹筏。然而行者候济多稽晷刻③，值旱涸人多，则舟胶不可推刺，终未若桥之便也。吾高祖如岷公谋所以复之，乃相度地形，倡首捐田若干亩，从高祖懋成公亦捐资五十两，重建木桥于昉水之上。柱坚而稳，平板而正，维以巨核绲④，行人彼此交过，肩不至相摩，虽懦怯之夫如履平地，无惴惴之色。又虑其无以善于后也，即以所捐田之租息，并资五十两，俾从曾祖善长公持筹而会计之，复增置地田若干亩，岁岁收其租息，以为修理更换之费。又虑人心不古，日久弊生，于顺治十年七月，集文会里排请立案于县，县令郑公准执照焉。盖经理于斯桥者，数十年不倦。及老，则以交吾曾祖叙五公承值，公敬体先志，于每岁经费所余，籍而蓄之，又增置田地，交吾祖永吉公承值。当是时，羡资盖赢，或有逐逐欲之者。公适以构造宗祠事切，无

---

① 青蚨：虫名。传说青蚨生子，母与子分离后必会仍聚回一处，人用青蚨母子血各涂在钱上，涂母血的钱或涂子血的钱用后必会飞回，所以有"青蚨还钱"之说。因以"青蚨"称钱。

② 鸠：聚集。

③ 晷刻：日晷与刻漏，古代的计时仪器。这里指时间。

④ 绲：古同"绲"，大绳索。

暇与较。又恐此桥自此而废，于是凭文会排轮次经管，故桥得以久存，而行者至今赖焉。夫利济利千万人之事，而以一二人忧之；利及数十世之事，而吾祖宗三世肩之，何处心积虑之善，立法之良，必能世济之美也。倘世寝远德湮没而不彰，小子惧焉。援谨述斯桥、斯产之所由来，俾他日得有所考云尔。

凌母双节记

程云鹏（华仲）

类乎己，子曰肖，妇曰贤。凌义和妻张氏，凌晟妻汪氏，妇肖姑鳌而贤。张年二十八，夫殁。而晟殁时，汪亦二十九。见于予文《四节母叙》，彝训①曰：予王父②弃人间，世赖王母持门户教予父，成文章，补博士弟子。彝训豚犊③，见匪克类偃泥滓④。予母氏志衰而居约，人谓其贤肖王母。王母负痼疾，扶持调息全赖予母。王母意怆恍，谓何以报妇贤？母曰："予不能身代姑痛楚，又不能学姑之侍姑母也。"予家沙溪，溪之流回清倒影，王母七十一而解其大发。予母今五十一，缅笄⑤蓐食⑥，矜式⑦我宗祊⑧。俾溪水缨峦带阜，而潭不淹鳞。岁乙已恩诏三下，两母不克章彝训，徘徊溪上，芒然止，瞠然⑨视，若有悲不可解者，程子怃然⑩为之记。

史大夫祠记

凌琯（惟和）

公鄱阳人，嘉靖癸丑科三甲进士，授歙县知县。其始至修然⑪挺然⑫，语冷冷，人间见之初不肃而威。值倭寇由浙江走宁国，公指挥调度邑人，

---

① 彝训：指尊长对后辈的教诲、训诫。

② 王父：祖父。

③ 豚犊：比喻不肖之子。

④ 泥滓：指视为污浊；贱视。

⑤ 缅笄：束发加簪。

⑥ 蓐食：早晨未起身，在床席上进餐。

⑦ 矜式：敬重和取法。

⑧ 宗祊：宗庙，家庙。

⑨ 瞠然：惊视的样子；直视的样子。

⑩ 怃然：怜悯、凄惶貌。

⑪ 修然：整饬貌；严正貌。

⑫ 挺然：挺拔特立貌。

赖以无事。已而，建议筑新城，包县治及民居数千家于内，府县二城相连，徽始成天险，公之有功于歙大矣。三年，升南刑部主事转郎中，擢知汀州府。忧①去服除，补汝宁府，升两浙运使。隆庆辛未，大察以不及去。呜呼，以公之志、之才，安得不及哉？古道不明是非，贸贸区区之利钝，而品其短长，遂谓公矫，谓公傲，谓公不近人情。而指其事者，谓其在南刑部时，戴破网，衣敝衣，骑一瘦马，家人日持银买仓米春熟之，取其赢余以度日。又为其在汝宁，文移不肯苟徇上司，终日坐堂上不退。日移中以钱数文买麸面食之，取茶漱口。以过乡官冯御史差按徽宁之日，公钱之，折席三钱。尝率固始县教官祭太昊陵②，不肉食，不携衾枕，夜将半，假息舆中。五鼓起，祭毕，与诸生谈道而行。谓其抵任浙江时，只坐竹兜子，一仆担行李，叩门而入，吏率不知其为史运使也。以是乃谓之矫，谓之傲，谓之不近人情，遂以坎坷终。虽然，夫所谓矫者，一时为之耳，今公自筮仕以至终身不变，殆天性则然，而非矫欤。纵令矫情，有谓求士于三代之下，唯恐其不好名者，是或一说也。然吾尝闻见公有所议论，形于书启③，皆中正和平，无所为意气者。使公当时有知其非矫焉，而用之未必不为国家任事也。呜呼，公今已老矣，用之亦无及矣。其在歙筑城时，每晨治事毕，即摄衣走工所指授，迨夜而归。一日至紫阳门，见众公者，厉声曰："函去之，他日有唾骂拔其须者矣。"百姓不听，至今二十余年，樵夫行旅过之者，未尝不叹息。偶遇祠门开，未尝不入而弛担拜也。嗟乎，为民父母者，亦可以观矣。

岁万历丁丑仲冬之吉，邑人凌琯记。

斗城公家训

丧礼三日而盖棺，四日而成服，四十九日而七七满。三月而葬，期而小祥，再期而大祥。中月而禅，二十七月而释服④。又三月，而余哀尽。非俭无以终丧，非廉无以立节。以饮酒食肉为大禁；以出门见客为冒禁；以近内入室为大嫌；以庆贺宴会为涉嫌；以读书卜葬为大务；以继志述事

① 忧：指父母的丧事。
② 太昊陵：位于河南省淮阳县，传说是"人祖"伏羲氏（即太昊）定都和长眠的地方。
③ 书启：下级给上级陈述事情的简短书信。泛指信札。
④ 释服：除去丧服，谓除丧。

为富务；以事亲从兄为懿德①；以立身扬名为孝德。毫厘有疵，贻玷②终身。一念不断，遗臭士林。以百年视三载，如白驹之过隙耳，可不勉哉！

刲臂愈姑记

凌琯（惟和）

宋景文公有言，女子之行于亲也，孝妇也，节母也，义而慈止矣。信哉言也！然而百行原于孝。孝也者，资于事③父以事母、事君者也。故女子自于归而往，为节，为义，为慈，皆是德之推也。嫠降刑于大致，凛凛千古，仰之诗书所载，邈然绝响。两汉魏晋传烈女，多杀身明节之迹，而居常顺德鲜见于青史，岂不谓处常易处变难也耶？夫节孝秉彝④，同出天性，顾所遇殊尔。父事舅姑如事父母，自秦俗勃蹊反唇，而妇顺不章，识者叹之。其在今日道化薰洽，太和钟毓⑤，奚啻伐条采苹之仅仅乎！吾弟凌焕德明氏娶临河程氏，生二子一女，子名尧俌、尧仕，女名迎姑，长适邑东汪氏子元杲。元杲业儒不就，躬耕养亲，迎适而相之，尚弱龄也。于其家甚宜妯娌，臧获咸得其心。舅姑俱高年，与婿竭力承欢，雍雍乎一家之著代也。戊子秋七月，姑遭脾疾，连月医药罔效矣。妇斋沐焚香，出其悃恳⑥以吁天，引刀刲臂，和羹饵以食姑，姑食而甘之，疾由是遂愈，今无知者。今年杲以白吾弟，弟曰："吾女天性孝慈，姑素爱女，宜其为之不惮也。"二弟闻而痛之，遣女奴往视之，则创愈久矣，徒有瘢焉耳。呜呼，先王制礼，父母舅姑之服，均一无二，谓其相依为命也。男子娴于礼教，其于事父母，知所先后，时时有之。若妇姑则异姓相聚，苟婉娈⑦听从，斯为贤矣。况责其割肤损生以为爱哉。昔安福刘氏事朱云孙，云孙母病，云孙割臂疗之。已而复病，刘遂刲股，则以夫之孝感之也。今吾侄怜姑之殆无所为教而计出乎此，盖此性善之征，与刘并美矣。素行所孚，内外信之。倘遇真西山则懿孝之表，岂特晋江吕氏之门赫赫于宋哉。惜元杲为农家，而吾弟亦穷居里巷，无知之而表章之者，惟二侄俌仕录其详，以

· 179 ·

---

① 懿德：美德。

② 贻玷：使蒙受耻辱。

③ 事：侍奉。

④ 彝：常规，法度。

⑤ 钟毓：钟灵毓秀，指聚集天地灵气的美好自然环境产生优秀的人物。

⑥ 悃恳：恳切。

⑦ 婉娈：柔顺貌。

谂①余。余其从父也，嘉而笔之，以为吾门为子妇者劝。

明故嘉议大夫陕西按察使司斗城公传

凌公琯，字惟和，登嘉靖壬戌进士。司理南安，治以宁靖②，不事烦苛③。巢贼自东广突犯南安，居守止司理一人，公勒兵守哨堵御，射杀渠魁，贼乃喙遁。寻擢御史，所陈多国家至计。遇诸珰④壹抗以礼法，珰日摄之不敢犯。清平伯之叔吴三，以略卖为奸利，尽法绳之不少贷。都御史路楷以媚权相，麋杀言官沈练，故下狱。朝审时，要人争欲释楷，与审者咸唯唯，公独持不可，声言大震。会边警，巡视东城，点闸官军，见大珰亲戚来侦，辄执鞭之。出为福建金事，饬兵诘戎，改游手为勇锐。参议河南，收兑粮米，耗蠹一清。督学贵州，申严禁约，大加清汰，远近震慑，称铁面副使。参政四川，治西宄之垂死无辜，究营山之用刑非法。时议裁冗员，公谓川县官属少，衙役可省，而津渡卒不可省，省之，民大不便。大官祇候⑤可省，而下吏隶胥不可省，省之，民或侮慢。论者谓其得体，以报政考最。封父祖如其官。寻升陕西按察使，上疏乞归。公平生清苦，所至峻封裁，持名教，崇正学，黜异端。不吐刚茹柔，清风亮节，在在钦仰。居家绝迹公府，一衣数年不易，旬日一肉食。虽三品大臣，犹然一介寒素，学者称为斗城公先生。子尧伦，以隆庆庚午乡举，倅⑥金华，能世其家学。右传见张《歙邑志》，戴《歙邑志》，论世略《名贤献征录》《名贤斗山文会录》《名贤紫阳书院录》，衍绪《徽州府志》《江南省志》。

题郡城科第坊疏引

凌琯（惟和）

窃惟家必有乘，里必有表。凡贤达者必列而书之，所以示统同垂永久也。郡城肇自六朝，人物之盛，爵秩⑦之隆阙，于府志之所不能详者，不可以指数。顾我朝开科，由侍御胡公昌龄而下，以明经起家者，不啻六十

---

① 谂：知悉。

② 宁靖：（地方秩序）安定。

③ 烦苛：繁杂苛细。多指法令。

④ 诸珰：宦官。

⑤ 祇候：指官府衙役。

⑥ 倅：副职，辅佐。

⑦ 爵秩：爵禄。

人。或宦业著于一时，或贤声重于一方，特以涣而无统，名随身灭，里中长老，以多有忘之者矣。虽或一二树有坊匾，而又僻在巷陌，其科第历官，虽以触目而知，恐数世之后终于湮没。非惟孝子慈孙，安视其世美之掩遏①，而后生晚学，亦无所观感而兴起。近日甲科之不盛，识者深有慨焉，是用相与纠率立坊通衢，合载开国以来郡城科第之士，以图不朽。其创建之费，则本其先世事经训②。昔虽不兴而行，将有待者请量佐之，一以昭郡城之盛，一以阐前修之光。已往者不至于无传，而方来者犹幸其可继，岂非事体之不可已者矣。

上史阁部书

凌驷（龙翰）

前月二十八日，门生星驰到任，以彼中事刻不容缓。先一日，差标下生员李真，曾具入境情形赍禀驰报。以为事执业胜③，脆力难支。不意受事后，而大有不忍言者，人心已去，国俱隳④，不惟啁啾乱闻，抑且鬼蜮叠见。塞上之民不复知有官府，郡邑之民不复知有上司。一县而数吏，一吏而数衔。县令尽改推官，府属尽皆金宪⑤，半属贪缘⑥，半由自署。无非以闵烁之巧术，伸速化之奇谋。一闻消息，委劄宵奔。似此一片肺肠，何以安农辑众，被发而祭。识者知其彝，知廉耻荡然，纪纲扫地者乎。若不亟为清理，中州一官有志之徒，粪堁⑦是唾求，其砺官箴责，后效难矣。若夫真信西来，更为措手不及。抵任不数日而烽彻西华，去沈不百里，城兵已不可守，砦兵又不足持，点者挈饩⑧牵逐马兔而称进举矣。门生无三头六臂之神通，无点铁成金之灵药，无高山大川之险阻，无期年半稔之经营。想老师受事于大坏之后，何处着手？不觉拊膺痛哭，涕泗敝颐，天乎？人乎？谁生厉阶⑨。

昨岁十月间，门生亲驻河干，四野熙熙，一河荡荡。而抵南雒至祥

① 掩遏：抹煞。

② 经训：经籍义理的解说。

③ 胜：细小而繁多；琐细。

④ 隳：毁坏。

⑤ 金宪：金都御史的美称。

⑥ 贪缘：攀附上升，比喻拉拢关系，向上巴结。

⑦ 堁：尘埃。

⑧ 饩：谷物，饲料；活的牲口，生肉；赠送食物。

⑨ 厉阶：祸端。

符，马可宵行，人无异志私心，庆幸以为事尚不可支。不意两月之久，土崩鼎沸，一至于此，张野民、许子伯恶得而不泣血也。匪借老师之一片苦心，多方调剂决裂，祸恐不忍言。至于定国一案，奉密旨无如攘臂者多，平心者寡，一闻抚字，吠噬如狂。问其所剿，则杀者是良民，掠者牛畜。数百万之赤子，尽化血波；数百里之室庐，同归灰烬；童女幼妇，咸加附逆之名，东击西攻，悉报讨贼之捷。目不忍见，耳不忍闻。今定国业已渡河，考城尚可收拾，第事柄分持，议论不一，中多可欲见猎喜。生以乱中之无为，贵智矣，乃昧于智者，更欲请兵驻归，共图大剿。果若此，为之奈何？今天下之患不在无兵，而在多兵；今豫南之患不在主兵，而在客兵。假有客兵尽撤，专畀①一人，俾克殚其心智者其手足，有司无观望之心，条塞有画一之令，论荣氾而塞门户，守光固以壮声援，以步胜马，以逸待劳，庶几可以一战。不然而招集客兵，惧兵未至而先溃矣。闻有撤镇之说，真料理中原第一良策，但撤此镇而彼镇复来，其为祸更甚于不撤高藩，标下若杨胡刘李，诸尤为百姓所胆落②。与其散百虎狼于四郊，不若聚百虎狼于一圈，可暂为封疆，留此寸壤耳。门生始终筹算，不越两语曰："以中州之人守中州之土，以中州之饷养中州之兵。"不此之图，而分置各将帅与有司，民怨且憎，甘心从事又不如早弃之为愈也。惟愿老师独断而力持之。若门生衹期自矢一心，终于国事无济，事急矣，时去矣，此万不可为矣。深感老师推心之恩多，尤叹老师同心之人少，故不惮烦聒置陈，俟前旌指徐，躬趋奉教，草勒不庄，仰祈老师涵宥③照察。商邱胡令颇不惬舆情，别为位置，庶乎两全。附闻，三月十八日，门生凌骃次归德顿首禀。

拜烈记

郑旼

凌胤三，忠臣子也，己酉冬相识于胡匏更先生座上。今春遇难后，再过披阅凌侍御公殉难始末，且闻胤三之讣，与胡公欷歔感叹，何上苍不应薄此精忠如是？适凌夫人遣老仆赍凌公遗书数部至，侍御之手泽在焉。盖胤三病时，胡尝右其医药贶之，胤三室人吴氏，篁南山立公女。胤三死，

---

① 畀：给；给以。

② 胆落：吓掉了胆。

③ 涵宥：原谅。

方绝粒十三日，大家之隶多解书字，指予案上所阅书云：“此正言吾先老爷事。”予与胡相视莫对泪落，胡省遗编，感念良久。予忆丁未冬受难时，感忠灵之显迹，并念吾父姊皆有显迹之异。胡拭泪指予，向凌使云：“是郑生，即黄烈妇弟也。”予因述予姊死烈事，使之闻之。虽不忍劝人以死，实又如王炎午[①]之生祭文信国耳。乃谓胡大夫，何至听楚囚相对，当破笑而谓：“侍御之书丹铅片，语天下己任，自见于秀才时。”予谓：“胡当诣其门。”次日胡登堂，凌夫人率吴氏出拜，及暮，吴氏自经殉烈矣，其从容如此。当侍御计偕时，胤三生方数月，及按命死难，甫四岁。胡于公少同砚席[②]，吴当间时，有欲以女妻其子。御史身肩国事，判家数语，载在塘报。胤三及冠，贫不能议婚。是时，吴新贵捧乡书，乃怀旧语不弃凋落，实胡公作人雅为冰美也。呜呼，今吴氏烈，宗党父兄及伐者，俱被其荣光焉，使世之趋势恃利，而薄于亲串[③]者，闻风知愧矣。可弹贪顽[④]之肉焉。夫凤麟无种，侍御公精忠昭炳云汉，故不待烈而后彰。有吴氏之烈，可见忠孝本自根源，天道不爽若此。予且庆凌氏一门全节，可谓万祀之纪劝焉。昔先姊殉烈，操湘管者，皆谓本先太学之教而然。予于吴亦云：凌公有子，吴公有女，胤三之死且为不死矣。大凡忠义孝烈，皆得乾坤正气，山川映发，后必多秀，可卷勒也。即以寒里揆之，自文贞公忠节之后而数十年，而一时同计偕者五人，予故知凌氏之后必兴起也。予遭世难，父姊之灵显救，其文星感化；凌公忠灵显救，在三载之前；而吴硕人之烈，验于方今。古圣人云：“鬼神之为德，其威矣乎！”可不敬哉，可不惧哉！乃偕乎一拜忠灵于其庙，一拜贞魂于其室。事理昭昭，有如此之不可泯者，世士亦可以鉴矣。师山后学郑旼顿首拜撰。

凌氏家谱序

凌尧伦

歙之有凌，则世自安公始。安公居沙溪，历传累叶。至民富公迁一都一图，则歙城之有凌家坞始。此永乐以前，人丁颇众。不幸遭兵火，复遭

① 王炎午（1252—1324年），初名应梅，字鼎翁，别号梅边，江西安福舟湖人。淳祐间，为太学上舍生。临安陷，谒文天祥，竭家产助勤王军饷，文天祥留置幕府，以母病归。文天祥被执，特作生祭文以励其死。既历陈其有可死之义，又反复阐述古今所以死节之道。

② 砚席：指同学。

③ 亲串：关系密切的人。

④ 贪顽：贪婪冥顽。

大疫，死徙几尽。故先世遗书，百不存一。武川凌慎轩编缉大宗，访于得和，得和椎俚乔野，虽识其所从来，而不能详其世系，所载亦约略而叙耳。有言自直公支下唐佐公来者，则休邑凌胜约之说也。自廉宪公仍访于沙溪祖居，得珮环珊琢叔所载家谱，始知足五六公乃克民公五子，而民富公则属足五公之子也。迨后兄弟间多事，而徙歙东一都一图，众以所居，而凌家坞名焉。且查"天"字保簿，其间田地多为民富公金业。富公为歙保正，至弘治间犹相沿不夺。予生也晚，慨祖宗前哲凋零，承父学宪公任贵阳，命编排，论思不及，今就珮环珊琢叔所载，略述梗概，恐后之责亦犹今之所责也。故自近代以下，檃栝①数语，俾后之贤子孙，有志纂修者，易于采择焉。

葬凌忠介公告墓文

吴绮（园次）

仰惟我公，星岳降神。清风独立，浩气常存。时维午未，冠躏晋秦。狂呼莫应，义愤空陈。伤哉不戢②，兵叩帝阍③。龙髯洒血，麟趾蒙尘。天惊海踊，雷走星奔。家存靡国，君丧何臣。公时恸哭，宛颈而死。书报慈亲，训诒幼子。平原握爪，睢阳嚼齿。魂绕皇畿④，骸归故里。瘗玉无缘，帑金空畅。榛莽一官，星霜二纪。廉吏虽为，忠臣不祀。嗟彼残贼，崇墉⑤特起。我来公郡，拜公道傍。公子葛帔，夫人练裳。见者陨涕，吾心用伤。爰谋窀穸⑥，此地实良。佳城永固，碧血用藏。西台有泪，北斗无浆。日月浮云，山河夕阳。公其披发，问彼太苍。

又道人传

吴绮（园次）

又道人，凌姓，名畹，字又蕙，歙之沙溪人也。少负俊才，雅怀逸志。鹤非鸟伍即傍白云，松不林生恒依丹壑。诗如常侍，遇得意而旋吟；画拟右丞，时解衣而不倦。然惟性绝俗，心在寡营耶。忠恕之戏写风

①檃栝：就原有的文章、著作加以剪裁改写。

②戢：收敛，收藏。

③帝阍：宫门，禁门。

④皇畿：旧指京城管辖的地区。

⑤崇墉：高城。

⑥窀穸：墓穴。

鸢①，非徇贵客。李至献之，能图水牸②，岂赠世家？巷内无人，曰斯世何堪入眼；胸中有竹，谓此君犹是知心。是以四壁长贫，一筇空老。虽近三皇之丹灶，未厌搜奇；乃访五老于香炉，恒思选胜。飞绲③翠岭，多康乐之所，未经履迹。赤城实兴，公之所曾赋晚爱隋桥之月。遂至携家，久甘范甑④之尘。因而没世家侲楞香，念张堪之遗孤，仿原涉之原义，饮而丧葬，赡其女妻。盖君本高人，实多侠概，曾留张俭，靡惜破家。尝哭李膺无忧及祸，兹以交情而获报。讵云天道之无知耶。《林蕙堂文集》。

非忠辨

乾隆二十有四年春，歙北沙溪凌氏聚族而谋，将立祠宇（原批注：序言庄重，入后亦不杂）于乡，以祀其前辈之忠于君者。上报不可泯灭之精英，下以为族党之光，且为后学劝也。考诸国史，稽之家乘，得六人焉：在宋曰唐佐公，在明曰子俭公、义渠公、骊公、润生公、世韶公。高风亮节，照人耳目。凡百有识之君子，莫不仰止，岂独凌氏哉！凌氏诸君子之举，诚盛举也。夫孰得而议之，乃有（原批注：命名恰好）浑敦子者数头，眼光如豆，茅塞肺肠，其心古井，其面正墙，其言不怍⑤，意气扬扬。于是别耕田（原批注：一种农人）之俦侣⑥，舍阛阓⑦（原批注：一种商贾）之本行，以小人而无忌惮，遂哆口⑧而效雌黄，乃逸乃谚。既诞奋瞽⑨说之披猖⑩，曰："吾闻五忠殉难，年代渺茫。"得已不已，事犹可商。若乃世韶公之未死，夫岂可一概以相量。纵公事之必遂，予议以祀夫五者之为长。于时，博通今古之耄（原批注：此二种人不浑敦可知），读书识字之倪，咸色然以骇，相顾而嘻，既仰天而大笑（原批注：嗤其愚妄），忽俯首以涟洏。乃拊膺太息，作色正词曰："吾党何不幸而有汝，汝何蒙昧偏僻之至于斯乎？吾且语汝，汝谛听之。夫忠臣不避死以成仁（原批

---

① 风鸢：即风筝。

② 牸：雌性牲畜。

③ 绲：古同"缅"，大绳索。

④ 范甑：指代贫困而有操守的贤士。

⑤ 怍：惭愧。

⑥ 俦侣：伴侣；朋辈。

⑦ 阛阓：街市，借指店铺。

⑧ 哆口：张口。

⑨ 瞽：盲人。

⑩ 披猖：猖狂。

注：死者原忠)，当死而死，死其宜也。忠臣不求死以沽名（原批注：不死亦是忠)，可无死而不死，亦其宜也。二者权于义而已矣，岂必与死期哉！春秋大义无怪汝之不知（原批注：恕之妙)，而独不闻伯夷叔齐乎？当武王之革命，乃偕隐而采薇，彼首阳之高节，民到于今称之。信如若言，是墨胎不可为百世之师也。且汝幼入乡塾，亦曾读（原批注：眼见口头书）归去来辞乎？此陶靖节先生之所为也。值刘宋之代晋，实种菊于东篱。信如若言，是渊明亦当流血而伏尸也。汝闻谠言[1]，汝犹狐疑。吾再举近代之忠节，以醒汝之迷痴。文信国（原批注：三个证）之正气歌，先生曾为汝提撕乎？治赵宋之国，病既尽剂而为医，后留燕三载（原批注：也该驳他从前何为不连死)，始授死命于见危。且王磐有诗，汝必来之诵，岂惟未之思耶！其诗曰：'大元不杀文丞相，君义臣忠两得之。义似汉王封齿日，忠如蜀将斩颜时。精忠贯日华夷见，气节凌霜天地知。却恐史书编不到，老夫和泪写新诗。向使世祖果如汉高帝国张桓侯飞。'（原批注：汉高帝，姓刘，名邦，字国。本荀悦《汉纪》）则信国之归也，亦将隐迹于山之阿、水之湄矣。岂必匹夫之谅经沟渎[2]，而莫知之乎，此王学士之所谓忠，而汝以为焉？得忠何其言之诐[3]而离也（原批注：切当)，吾试再问汝，汝亦知谢叠山[4]之为谁何乎？本故宋君之招谕，使以魏天佑之逼而乃死于饥也。当时苟无雪楼之荐，亦不至跨尾而乘箕，世皆以为高节。汝岂并此而相卑，何所言之不智。有操响之多琶浑敦子不悟，复容色有骄，力排众论，其语呶呶，摇唇鼓舌，向人而噪[5]曰：'忠有不死，吾弗尔聱[6]。'（原批注：经云，恶佞恐其乱义也，文特摹佞人口角，愚而能辨，愈辨斯愈愚矣）彼世韶公何不儒冠儒服，而乃禅之，是逃攻乎异端，斯害也已，岂其披绤秃发而尚可享乎三牲之肥腯[7]，与夫三献之醇醪[8]乎？"夫其口众，吾愈牢骚。于是长者谓之曰："吁汝来前，人不通古今如

① 谠言：正直之言。

② 沟渎：田间水道。比喻困厄之境。

③ 诐：偏颇。

④ 谢叠山(1226—1289年)，名枋得，字君直，号叠山，江西省弋阳县周潭乡人，与文天祥同科中进士，和文天祥并誉为爱国主义的"二山"。他一生志节耿耿，贫贱不移，坚贞不屈。1289年4月，谢叠山在被关押的元朝大都悯忠寺绝食殉国。

⑤ 噪：大声叫。

⑥ 聱：话不顺耳。

⑦ 肥腯：牲畜兽类膘肥肉厚。

⑧ 醇醪：味厚的美酒。

马牛，而衿裾①吾无责乎？"尔之盱盱②而睢睢③也。观尔之面，亦眉而须；观尔之貌，伟然一躯。何子之心，六窍之洞，达而一孔之独无？故任吾侪之指示，而终无改于其初耳。昔建文皇帝之逊国而去也，永乐乃怼④其亡国大夫，既骈首就戮，更瓜刈而蔓诛，有忠臣（原批注：第五个证，更确）曰雪庵，实托迹于浮屠，名与姓其莫识，世犹悬拟以为古之三闾。史氏标其遁迹，儒林之贤哲，尽凭吊而欷歔，斯适与之吻合，亦无烦更举其余。彼时易而世变矣，有何择乎！章甫之与昆庐，苟如程魏之相，逼渠奚爱乎发肤，竖子乃告之，顽而舍之嚣兮，真轮回六道之不如矣。浑敦子张目摇头，莫喻斯旨，攘臂瞠睛，忿争不已。长者方欲朴作教刑，挞之于市，少者亦皆拍手揶揄，呼为羊豕。浑敦子乃魄夺魂褫⑤，形废心死，而终不辨其否与然、非与是也。适有客从北方来，号曰伧父（原批注：命名又奇），略观柱下之编，稍涉图书之府，询曰："争辩纷纷，何为龃龉⑥？"佥曰："吾族名贤，职居民部。亮节清忠，事堪诊缕。愿与祀典，昭兹来许。人心同此，莫不抃舞⑦。何物么魔，多方挠阻。邪说横行，前贤敢侮。告以正言，强辞相迕。君其秉公，助予鸣鼓。"伧父曰："此虽虽者，仰而见高，俯而见土，固不可彻，未足与语，岂数辈之叛道离经，能坏群公之高义美举。先民可作与其受此等之誉言，不如相毁之为愈。诸君子发千百载之幽光，而欲使盲者与于文章之观，聋者同夫律吕之德，是徒为讙讙⑧而自苦欤。"惟时群贤聆之，忘其怒忾，怜彼愚蒙，任彼鸣吠，相与卷舌而固声，以成不屑之教诲。

辅仁堂课文小约

凌应春

盖闻采家丞之秋实，行欲斋皇；撷庶子之春华，文须尔雅。鸡坛学古，萤囊并映月争辉；雪案穷经，膏火共燃藜吐稻。桑家铁砚，研穿志士

----

① 衿裾：指文人学士。

② 盱盱：张目直视貌。

③ 睢睢：仰视貌。

④ 怼：怨恨。

⑤ 褫：剥夺。

⑥ 龃龉：上下牙齿不相对应，比喻意见不合。

⑦ 抃舞：因欢欣而鼓掌舞蹈。

⑧ 讙讙：喧嚣貌。

之心；范氏瓮窬，嚼碎寒儒之口。古来英俊谁见窥园，今日贤豪畴非刺股。况直名区之方苇，适逢积学之多才，爰订同人，共申文约。晨光乍启，书声绕遍重檐；暮霭方垂，文思超腾碧落。不知尘世事，瓣香常在尼山；力透圣贤关，讲学惟宗洛水。更愿日分程课，咸思掷地金声；还期月赐品题，共合量才玉尺。人争自励，地益效灵。浮水面之大章，花翻桃浪；储朝家之吉士，凤翔梧岗。沁我诗脾，枝枝梅影；缀予砚眼，点点杨花。枕畔听松涛，不待闻鸡方起舞；蕉窗研珠露，正宜抽茧拟文心。户外槐阴，常看飞来鸑①序；庭前石丈，频思助汝他山。花榭闲凭，依稀薇省②；文台远眺，咫尺长安。无人不可会心，是处皆堪猛省。第功勤于始，既约法以三章；恐业惰于终，必申明夫五禁。或晓筹已报，犹居纸张梅花；或暮鼓方传，遂忆布帘杏酪。或耽情于博变，文圃全荒；或留意于风华，牙签久废。或谈风震耳，无非门外嚣尘；或雄辨惊人，不及书中趣味。皆妨正务，尽属非几，最易萦情，所当绝念。正谊明道，必承忠烈之风；显亲扬名，允绍箕裘③之业。将教泽偕双溪并永，而文名与丹井常垂。用录成规，略详于左，永遵定例，勿爽其初。谨约。

双溪赋

（以"两水夹明镜，双桥落彩虹"为韵）

凌应秋

歙里名区，双溪旧党。东西水流，左右泉响。潆洄绕岸上之人家，混④漾泛舟中之兰桨。如章贡之殊名，与嵋嵘而为两。尔其蓊岭发源，当门伊始，区别乎大溪。小溪屈盘乎十里，百里始为一勺之微波。继则两派之风水，激滟之色，骋怀潺湲入耳。于时放筏而游，岩花不乏，缘溪而行，修途不狭。石粼粼兮嵌奇，鸥泛泛分驯狎。棹唱入莲聚之中，樵声喧荻花之峡。加以黄海岚吹，从风而凝细雨。雾起映日，而似游尘沙流，浅潄荇满澄泓⑤。云亭亭而摇曳，星累累而光明。渔父收网而夜唱，贾客载货而晨行。若夫长桥卧波，长堤绵亘，既柳浪而宜蝉，亦月朗而作镜。古树为之结阴，翠筱为之掩映。青青细草，含河畔之春骎骎，鲜鳞结潭中之

---

① 鸑：古书上说的凤凰一类的鸟。

② 薇省：紫薇省的简称。借指中枢机要官署。

③ 箕裘：比喻祖先的事业。

④ 混：水深而广。

⑤ 澄泓：指水清而深。

阵。梁任公行春而致乐，唐吕仙留绩于醉乡。指地凿井，酿酒盈缸，爵进朝廷，而有赐名，传天下而无双。自昔丹泉泽流百世，此时碧甃①浆汲千邦。祠成以昭仙绩，楼高可接云幢。凭阑而二水朝宗，波皆泛碧；推窗而群峰列嶂，山尽凌霄。宛转阑干，倚春阳于初晓；高低牖户，收静气于中宵。春时则花边锦浪，夏日则雨后虹桥。有六公庙貌表忠，同归德之祠八。有园亭校书，比石渠之阁。石长跨涧，新桥非是鼍梁；竹密拂龛，古刹犹闻梵铎。四山秀出，一带烟霞；万壑争流，千家村落。况乃文馆清幽，月台嵬②垒，寄情翰墨，藜稻临窗，极目莓苔，兰香薰几。听问政之钟声，望乌聊之霞彩。庭前石丈常对立而离奇，户内松姿压千年而不改苍皮驳驳。垂萝为缨络之缠翠，盖童童隔水，奏笙篁之起。于是烟霞高士，祠赋宗工，莫不逍遥溪上，啸傲林中。对青山兮扣白石，引童子兮抱长松。或挹含秋之玉露，或看饮涧之长虹。可以山樵而水钓，应须酒盏而诗筒。既神清而目漾，亦行逸而词雄。匪特乡人点缀之巧，繄惟山川灵秀所钟。

仙井赋
（以"玉华分液"为韵）
江志广

仰承天一潜通地，六泉发于蒙水，升于木。繄井养而不穷，亦既优而既沃，抱甃可汲。孰息汉阴之机，长绠堪施；争挽辘轳之轴，饮而寿考。予应报句漏丹砂，挹而常盈。此下有华山宝玉淆之不浊，知源远者流澄冽则共尝。信王明之受福，则有双溪之上，防水之涯。昔凌氏之鼻祖，卜爽垲③以为家。泊相传于十世，驻仙圣之云车，对芳樽而款洽，遂投辖以判花④。爰乃相西流之地脉，畲浣月之溪沙，采堪舆之真气，汲平旦之井华。泛绿蚁兮红有，煮白雪兮黄牙。于是金栏有栖梧之凤，而铅底无疑海之蛙。尔乃我有嘉客，指酒欣欣。匪千日而已熟，醑⑤一盏而亦醺。更曲车之络绎，嗅醍醴⑥之芳芬，布人间之春色。应天下之文星，试踹糟漓以

---

① 碧甃：青绿色的井壁。借指井。

② 嵬：高大耸立。

③ 爽垲：高爽干燥。

④ 判花：在文书上签字画押。

⑤ 醑：美酒。

⑥ 醍醴：指美酒。

辨味，乃与沆瀣①以平，分感至尊。而非阿所好，爰奉表而恭进。以闻酒冽本于泉香，何殊壶领之神瀵②，环浆出自瑶岛。大异野人之献芹③，于焉天子，赐以黄银，藉以元纁④。辉九牧之三品，灿七襄于五纹。比德醇醪⑤，曾近长安。天日无星，出岫回看，神境溪云。从兹世历千年，惟斯井之不改，而祠新万历，犹丹气之氤氲。观夫玉貌，勒碑铁栏介石。乐树生春，土膏流泽。溯回仙之旧游，实凌公之故宅。虽阅变故于沧桑，犹睹蓬瀛于咫尺。俨一剑之掷空，恍双凫之化舄。三彭灭兮含金津，九转成兮流玉液。层楼新构亦可朗吟，静室初成顿生虚白。走士女以如云，挈瓶罍其络绎。心涓滴于心脾，感芳踪于古昔。定怀邀福之诚，孰注长生之籍。顾斯井以流连，瞻仙云而踧踖⑥。煮三百之月团，生清风于两腋。

仙井赋
（以"玉华分液"为韵）
凌应秋

礼设挈壶⑦之官，易著明王之福。温冬凉夏，汲则有余。抱瓮挈瓶，取无不足。神农作而九数存，伯益穿而神栖谷。少室见云母之一泉，鸿胪得丹砂之百斛。或大极之辘轳博山，或华林之精巧甃玉。原夫沙溪仙井者，地多林壑，人尚桑麻。梁太守行春之乐，富八郎百儿之阿。青青翠筱，浩浩平沙。境已览夫西流，北嶂时更美乎。秋月春葩，溪上数椽。我祖以烟霞抱性，岳阳三醉。神仙以曲蘖为家，尘寰游戏。人境经过，迎宾同蔡邕之倒屣⑧。饮欲郑船之多，朝醒竹叶，夕饮梨花。软饱东篱菊，剪金而霜彩。醉吟春苑，桃吐火而日华。主宾交洽，礼意增加。因指地而作井，旋酿酒而流霞。当斯时也，此称醹醁⑨，彼美瓮春。于以百盏千钟，献寿皇唐尧舜。遂尔皇封白堕，轰传海宇声闻。唯醴泉之涌出，爰旨酝之

---

① 沆瀣：夜间的水汽。

② 神瀵：传说中水名。

③ 野人献芹：把不值钱的芹菜当好东西献给别人。比喻贡献的不是有多大价值的东西。

④ 元纁：即玄纁，指黑色的币帛。古代帝王常以玄纁为征聘贤士的贽礼。

⑤ 醇醪：味厚的美酒。

⑥ 踧踖：恭敬而不安的样子。

⑦ 挈壶：挈壶氏或挈壶正的略称。掌知漏刻。

⑧ 蔡邕倒屣：指蔡邕倒穿鞋子，急起迎接王粲的故事。后因以指渴求贤才。

⑨ 醹醁：美酒名。

常醇。素绠而挽银床，汲之籍籍；修绳而腾玉瓮，饮者纷纷。沁沁清溪，适口芳芬。或顿起乎沉疴，或潜鲜乎炎氛。此何异葛洪、鲍姑①之宅，而为金浆玉随之所分。若夫仙宇清虚，仙容闲适，仙藻缤纷，仙灵赫奕。探奇于朗吟楼上，香绕雕题；览胜于虚白斋中，杯浮清液。郁林有司命之名，豫章有洪崖之迹。非所谓祖德之不能忘，而仙迹之不可射也哉。

梅山论

凌应秋

世传梅山之名昉于汉南昌尉梅子真福，而识者疑之。谓子真佯狂，吴市吏书可拟，隐迹沙溪，事涉荒唐，且既为兹山主人，何千百年来，竟无梅公一真迹耶？予曰："是说也，固然而不尽然也。尝读宋陆务观会稽梅子真泉铭，曰梅公之去汉，犹鸱夷子②之去越也。变姓名，弃妻子，舟车所通，何所不阅。彼吴市门人偶传之，而作史者，因著其说。倘信吴市而疑斯山，不几乎执一而废百。梅公之去，如怀安于一方，则是以颈血丹莽之斧钺也。据此，则务观言，子真至会稽，断断然矣。夫子真既从吴市至会稽，独不可从会稽至新安乎？沙溪为新安城之北境，山水清澈。汉时，周匝数百里，人民鲜少，林木深阴，入山唯恐不密，此其所以遁迹于斯也。首阳之薇③，辽东之帽④，庶几近之。会稽曰梅山，沙溪亦曰梅山，于信子真于沙溪，犹陆先生信子真于会稽也。"

卓秀亭记

凌应秋

人咸言沙溪水口宜造亭焉。新桥之南则有文台，登览其上，挹紫阳之白云，听昉溪之流泉，苍松翠竹，娱目悦心。独其北一面，平旷无奇。东有大圣桥，与新桥相对，共跨小溪，溪水澄鲜。当三春时，桃李蒨粲于溪

① 葛洪、鲍姑：晋代名医兼养生专家葛洪，号抱朴子，丹阳句容人氏。鲍姑是葛洪的发妻，在临床灸治方面有突出成就。夫妻二人，同操医术，救死扶伤，是历史上著名的志同道合的伴侣。

② 鸱夷子：即范蠡。

③ 首阳之薇：伯夷、叔齐勒住周武王的马缰谏净，在周灭商后，耻于吃周家天下的粮食，采薇首阳，最后饿死。后遂用"首阳采薇"等喻人坚守气节。

④ 辽东之帽：管宁系东汉北海朱虚人，春秋时代齐国名相管仲后人。管宁学问渊博，品德高尚，朝廷屡次请他做官都被他拒绝了。不愿与贪官同流合污，毅然来海城隐居。为了表明自己清白高雅的节操，他常常戴高大的帽子，这就是"辽东帽"典故的由来。

岸，过斯桥者俯仰左右，顾而乐之，以为武林之名胜不过是也。顾其西无藩篱，无布置，破屋颓垣，若与岩径萧条者等。使非作亭于新桥之侧，则西北一隅颇有缺陷，过而览者，所不能无憾尔。吾宗之长者曰："先世尝见亭矣，分六脊，十二柱，俗呼为六角亭。又位置在辅，从形象言辅星亭。后燔①于火，摧于雷，毁于邪说，亭之兴废，盖三见焉。"予曰："嘻，消息盈虚，循环不已。一时之毁坏，后来之兴复不可知也。今日之兴复，异时之毁败，亦不可知也。"然而考山川，按形势，莫若建亭，以补一面之缺。乾隆丁丑，同志者计费度财，量能受事，至壬午四月，乃经始焉。斫削磨砻，群工丕②作，功将告成，念一夜忽为烈风所摧。明日同志诸人复踊跃捐金，选闰五月念二日再造，阅半月而亭成。仰望则岳耸峰攒，鸾骞凤翥③。平眠则内外十二柱，若先后天之六子，同宫异位，接按部班。上玉峙以干宵，下鳌撑而轴地。于是近以襟带二水，远以控引外山，其卓然特立如此，其钟灵毓秀或亦有，然自之道欤。夫天都、灵金山而秀者也；忠臣义士孝子，悌弟贞夫烈妇而秀者也；西流清澈而秀者也。今是亭成，任四面观之，无不清削刻露，景之秀者也。更名是曰"卓秀。"纪者盛也。

竭　论

凌应秋

今夫四民之中，农为本，而商末。夏秋之交，农为急，而商缓。农与商虽并列，而本末缓急之间，则有分途焉。农家播厥百谷，自夏徂秋，烈日熏灼，引水以灌田，田有水乃有收。高阜藉于池塘，平原资于渠堰，普天之下莫不皆然。顾池塘代天工也，而渠堰实恃人力筑堤，潴水疏浚。通大渠费百余金，小渠费数十金。田有灌溉而苗无枯槁，程工未易易也。歙北之竭，即渠堰也，其名有富竭、隆竭、粟竭、梅竭，为田万余亩，胥赖竭水以灌田。而竭水取之于大溪，溪低而田高，筑坝丈许，斫木为架，名曰木苍。内塞石块，外覆沙草，横绝中流，尽弥罅漏④。必至一二日始水

---

① 燔：焚烧。

② 丕：大。

③ 鸾骞凤翥：指鸾凤飞舞。

④ 罅漏：缝隙。

蓄，而入圳①，入圳而灌田矣。今奉执事示谕，令开河路以便簰②，是通商之政切也。而农则病矣，田高溪低，水惟润下，一开河路则水泄而下行，下行而上涸，一遇亢旱，田禾立枯，秋成失望。上无以供国课，下无以粒烝民③。此簰港之断不可开，非心不乐从，势有不能也。且城北一带无非奥区，山乡自富溪而上，昔时运货皆贩夫负任担荷，从未有簰往来。至雍正年间，如丰口、太尉殿等村开有店铺，方设簰以载货贿，即云通商。自今验之，不过三四店铺装载货物，或三五日一行，或十余日一行。以数日一行之货簰，而长开河路，待其往来，以万亩之田禾，较之三四店铺之货贿，孰大孰小？孰重孰轻？此必有明辨之者。又示云，货簰扛抬过堨，设立头目，名曰堨甲，取钱六七十文不等。夫堨之有堨甲，犹官之有差役也。其人不过奔走役使，以巡渗漏，防盗水者。所得钱物亦缘簰夫搬运过坝，不无陨伤所覆柴草，因而每簰贴钱十五文与堨甲，买草挑沙以为修补，亦非堨甲勒索之故。总之，一岁之间，筑堤潴水，多则二月，少仅四五十日，其余月簰皆通行。若酌时多日寡之数，则通簰之日多，筑坝之时少。若谓簰开港，在簰夫不过免二月之劳，恐农夫失终岁之利矣。用是，综其本末，明乎缓急，以为执事鉴察焉。

乾隆三十三年五月□日

昉溪议

凌应秋

凡夫顺行之水，其势必缓，逆行之水，其势必急，况横冲直射者哉。本里昉溪，先年水势行西，对溪田地数百亩冲没无存。今则不西而东矣，仙姑桥下连年洪水，已经冲坍溪旁数丈。不过泉之始达此际，设法修筑，费用不下数十金。而因循数载，无同志焉起而议修之，以故今岁复遭洪水，如蚕之食，如蔓之延，又坍塌溪旁数十丈，已至大路，势必连及屋舍。凡沿溪一带，自仙姑桥起迄新桥口止，一日发水，一日横冲无所底，定将何以为计哉？

予用是忧之。急救燃眉计，惟有捍患之议四：一曰分水势。水之直射边岸，由中有滩阻塞，疏浚中滩，以分杀水怒，则水从中出而边弱矣；一

① 圳：田边的水沟。

② 簰：筏子。

③ 烝民：众民；百姓。

· 193 ·

卷

六

曰填软港。大水灌过中滩，至边无力。小水中滩，高路水从低出而行，日攻月泛，匪傍塘蔽，从此倾路倾屋，指日而见。务用筻鳅炭篓，塞石钉键，拦截软港，随以开浚中滩之石子，拥塞其中，虽有罅漏不为暴；一曰捞塝石。古时塝石皆细麻方石，倒落水中，乘此时沙未掩覆，捞起可得十之四五，用之不过数金，省费何止数十；一曰障倾泻。春夏水多势，虽补筑，恐功未竟，而害又生。此时亦用筻鳅炭篓、塞石钉键保护数月，即有冲翻，计实甚微，至秋冬水涸之时，取大石筑砌坚固，庶千百年可保无虞。第此四议佑用资须二百余金，方能动作。

凡临溪带居人当洗心涤虑，家有余者费之，力有余者役之。念此不即不能安寝，或思屋舍值银若干，或思迁用费若干。即居不临溪者，亦当念此。大道车马往来，货具络绎，为南北要途，存此心以捐输，谅无吝财惜力者矣。如或不然，其人必冥顽不灵，庸恶陋劣鄙夫耳。以一人之悭吝[1]，废百间之庐舍，路径尽失，行之吁嗟。即以阻挠公事，呈请当事踏勘押捐，以竣厥功，断不至为一人所害，此治法之大端也。然有治法，必须治人。一举总理之人，平日公正无私，勤敏任事，出入清晰，无徇情，无侵蚀，乃为得当一举总。催费之人，每日催取捐资，以应总理。用须实力奉行，念此项捐输难缓须臾，如催到某家银两不凑，必令其设法以备，何也？工役之人，一日力作，一日给取也。一举督工之人，开浚砌筑，工程不能草率。有督之者，惰人自勤；无督之者，勤人自惰。必终日照管，早作晚休，庶有裨益。

凡此四议三举，立为简册，告诸里人。捐费捐工，预登簿而备足，庶鸠工以告成。则临溪之庐舍可保，而通衢之大道不至变为水乡矣。居人幸甚，行人幸甚。

汪硕人从容遂志传略

凌驯

易曰："坤至柔而动也，刚至静而德方。"柔与刚反，柔而能刚，斯为至柔。静与方反，静而能方斯为至静，惟其专之，是以兼之也。故天地光明卓荦[2]之气，不在冠裳丈夫，即在妇人女子。但丈夫精智术，善去就避

---

① 悭吝：吝啬，小气。

② 卓荦：超绝。

辞难，务为通脱，往往多有，妇人性而益坚岩如也。出于激烈者易，而得之从容者难，予不能不深有叹于族之汪硕人。

硕人之母自凌出，故于予族称甥。生而至性婉顺，貌玉润而金和，非寻常闺阁中物色也。其母必欲得俊伟子与之偶，故不轻字焉。而吾族有致和者，故儒家子，风流蕴藉，有男儒炳貌，则恂恂若诸生，母心以当焉遂以硕人归之。女未及笄，婿仅舞象①，虽行合卺之礼，未通伉俪②之缘，犹然一孺子、一处女也。致和手一经，居乡塾，炳遂不能守父业，学贾于姨丈，黄氏怜炳之幼，而贤抚之倍至。不意炳于仲秋以胃寒获疾，氏闻之即暗泣，减食而外，仍怡怡以奉其翁姑。及疾剧之耗，致和走余杭以视之。姑泣，氏辄委曲宽譬③，惟恐姑伤。被身则久，以身许夫也。翁寻归，以炳殁告其姑，长号不欲生。氏虽号，犹奉侍姑，百方开导，姑不知其欲死，即母亦不知其欲死也。越数日，招夫魂于堂，治楮锭④修脯⑤，精勤如平时。俄语其小姑，吾归阁少理敝衣。未半晌，小姑往呼之，则见其以组加颈，偃卧于床，毫无惨苦之容。呼之不应，而气已绝矣。吁嗟，异哉！推氏之心，以为少露声色，则厥姑之心愈伤，厥母之沮愈力，何能优游顺适，以遂吾一死报夫之志乎。故从容忍痛，计心至如此，而姑无憾也。且氏为吾家之自出，其习闻祖母程、叔祖母胡、予母太安人伍，皆冰霜大节，凛凛如阳秋之不少晦，氏闻而心佩之者久矣，乃得以孩心而就圣贤之大义。岂曰无本者，而能若是乎？更可异者，于归四阅岁，未尝与夫子讲房闼欢，如古画眉结蒂诸好，一旦而行人之所不能行，遂人之所不易遂。激烈而出之以从容，吾是以叹其难而又难也。则易之所谓柔而刚，静而方者，非若人其谁与归！族之绅士高厥义，已闻之郡邑，诸大夫棹楔旌闾，诗歌颂义，亦仅以慰翁于目前耳。硕人之心，直与日月争光，于此区区者，何有哉！

重修沙溪堤记

凌应秋

沙溪在邑北十里，背飞布箬岭诸山。而西南二面距水，其自北来者，

---

① 舞象：指男子的15至20岁，又是成童的代名词。

② 伉俪：夫妻。

③ 宽譬：宽慰劝解。

④ 楮锭：祭祀时焚化用的纸钱。

⑤ 修脯：干肉。

则富资水，南会黄蘗水，至丰口合流，直抵沙溪。其自东来者，则当门岭之水，西流出新桥口，二水大汇为防溪。是溪平时淳漾①清澈，荇藻牵缀，游鱼出入可数，乡之人士放筏以为乐焉。一遇夏秋淫霖，滚滚怒涛如巴水，河渠极陡绝而不可抑遏。昔尝叠石为堤，以障水势，故民庐其上，家室宁焉，市肆聚焉，遂成巨镇。且上通安池二郡，行人往来，履道坦坦，堤之利大矣哉。顾今数百年矣，岁深而圮，使乘此时修筑，工费数十金耳。而因循怠事，竟无人焉起而议之。

岁己丑正月，洪水暴涨，复坍塌河堤十数丈，路径已失，居民始皇皇焉忧之，犹然怠事如故也。予偕父老循溪而观，细察水势，谓再不修复，势必横肆旁击田亩，决庐舍，漂溪东，街市尽成水国，往年溪西之市宅，可谓明鉴。父老曰："然哉，诚哉，谁与任事者？"予不敏，慨然以与兴复为己任。于时，鸠②同志四人天如、汉友、犉五、文音等具柬，合村捐助，得白金二百缗。选十一月兴工，择石于凤凰之西山，色青而理坚，分眉石、算石、囊石为三品，纵横互用。凡十有一层，高丈三尺，阔七尺，长十三丈，内固外平。阅三月，事竣。

父老来观，谓予曰："乡人不敢议修，非怠事也。虑废于半途，有为善不卒之失。而子独毅然为之，不三月而告成，是诚勇于为善者矣。"予曰："大凡作事，识以先之，量以受之，力以持之。何谓识？审其工费，计其多寡，通盘计算，而后可成功。吾当捐输之时，谆谆以二百金为，则即此意也。何谓量？此堤实居上游，密迩其地者，皆贫乏无资，赖乡中之有力者为之。乃有一种机械之夫流言于乡中，谓修堤保护他人庐舍，是诚憨骏事。无识者闻之，其于出纳之际，乃或吝而不舍。余剖晰详明，不避声色，不嫌屡渎，务以得费充用而后即安。若量浅者，恐不能耐此琐琐矣。何谓力？工作日数十人，当隆冬时，昼夜短长，督理不力则工多用广，余起早晏③罢，虽寒风凛冽之日，无刻不从事溪头经营布置，不遗余力。故能告厥功，而不亏所用矣。"父老闻之，色喜曰："新安历代守令修筑渔梁石坝，所以厄水之去。今子之复沙溪石堤，所以防水之来。其志异而其功同也。"余曰："嘻，何敢言功，惟是身居溪上，遇水涨时，毋圮坏，毋惊恐，俾得以宁其居足矣。且是坏也，今日兴之，安知异日不败

---

① 淳漾：水回旋不进貌。

② 鸠：聚集。

③ 晏：迟，晚。

之。尤愿后之人得予意而时修焉，庶几久而不废，可以长保于无穷云尔。"

乾隆三十五年庚寅季春上浣，里人凌应秋记。

凌氏忠节祠祝文

维年月日，同族后学某等，谨以少牢①潆瀡之仪，顿首致祭于吾宗前哲六先生之神曰：

乾坤正气，历亘古而长存；忠义流风，旷百世而相感。碧血丹心，既壮山河之色；口俾汗涧，实增族党之光。

恭惟宋故待制公位列卿班，身丁厄运。乃心王室，痛二帝之北辕。羁迹汴梁，帐六军之南渡，弗变志而易节。目摄金酋，宁杀身以成仁，气吞刘豫。

恭惟明故太常公黔南伏节，协守围城。将张许之运筹，枕戈待旦，甘夷齐之，槁饿数米为食，力保危疆。宁去食而立信，身歼军务，誓九死以不移。

恭惟司寇公钟灵苕雪，筮仕京华。殉难捐躯，衔须授命。身骑箕尾②，竞攀壮烈之龙𫐐；运际豺狼，不蹈寇仇之虎尾。一朝勇决，千古馨香。

恭惟司马公才兼文武，身系安危。以刀矢之余生，肩恢复之巨任。驱寇氛于山左，拓竟土于河南。及明祚之将亡，遂从容而就义。

恭惟侍御公以布衣参赞，同殉封疆。投缳致命，无惭颜蠋之灵；旅榇③偕归，不愧田横之客。是故商邱庙内，再祀双忠；迄今防水溪湄，人怀二美。

恭惟民部公请告闲居，未与国难。义耻食粟，抗志遁征。虽金陵托钵，岂为得己之本心；即天界逃禅，但守不二之臣节。雪庵之俦，可无死而不死；首阳之烈，乃求仁而得仁。

凡我六公，名在寰区，声施简策。殊途合辙，无非报国之忱；任运回天，咸尽事君之义。读书怀古，均无负于圣贤；饬纪敦伦，悉争光于日月。昔者风标，久辉家乘。今兹庙貌，肇壮溪滨。敬练日时，用安木主，援陈俎豆之仪用，展敦崇之礼。伫望云车风马齐庋，止于故园。毅魄忠魂，共栖神于堂室。乃几乃筵，是妥是侑，尚飨。

---

① 少牢：古代祭祀燕享用的羊和猪。
② 骑箕尾：谓大臣死。
③ 旅榇：客死者的灵柩。

乾隆辛卯年正月二十五日辰时，上座致祭。

凌氏六君子传序
吴宁

致命遂志，其士君子不得已之为乎？必际阳九君父蒙难而后得行其志，以为快焉！臣心不可问矣。然而或值其时，选软逡巡。至于辱命丧师，而究难逃诛。僇①于败名失节之后，且谓不如见几。果决之，为得则所谓见几。果决其人者，亦特有为，为之耳，岂君子所忍言哉。君子者正其谊，不谋其利，明其道，不计其功。临大事，决大疑，极于节，不可夺，要期于鞠躬尽瘁而后已焉。盖夫得已而已，与不得已而已，其几甚微。而自君子视之，其径庭奚啻秦越，亦惟守真见确际于其所，不得已而不已。第若行其所，无事然耳。夫岂有近名之见，而特矜其能，人所不能哉。新都凌氏，世有令德，以忠义死事著者六人。初待制以不屈死，后勤事死之。太常继之，殉国难死之。忠介忠贞又继之，而民部死托于浮屠，布衣死从于从父，夫故凛然各具其生气也。凌氏子姓裒②六传都为一册，署之曰"凌氏六君子"。嗟乎，六君子岂徒以死见哉？夫人非历迍③遭，膺忧患，奚以淬砺④其百折而不回。向使待制无格战之能，太常乏全城之策，忠介非以直声震天下，忠贞未尝戮力于中原，民部与布衣非矢不淫，不移不屈之操，亦安见其徒以死重也！孟子曰："可以死，可以无死。"彼鹿鹿鲜所短长，一值危疑倾覆，制无覆之。而自经沟渎，固未可与六君子同日语也。不得已而不已，其斯为六君子乎传。溪里后学吴宁顿首拜书。

读凌氏忠节传
江志广

国不幸而有忠臣，士不幸而以忠节著。故壮烈之行，隐沦之事，非志士仁人所欲，为不得已也。凌氏自宋迄明，著忠节者六人，在宋曰唐佐，在明曰子俭、曰义渠、曰骊、曰润生、曰世韶。余读其传，想见其为人，考其时世，而窃悲六君子之数奇也。宋当举北辕之日，即高宗南渡之时，

① 僇：侮辱；通"戮"，杀。
② 裒：聚；取出。
③ 迍：困顿失意。
④ 淬砺：淬火和磨砺，比喻磨炼。

使待制得为宗泽张所二人之所为，可以立功，何至杀身？而羁迹睢阳，适遭逆豫，蜡书不达，骂贼捐驱，臣心已尽，死得其所矣。凌太常外转滇牧，而安酋猖獗，若画疆分守，可辞其责也。然而协保围城，宁甘槁饿，饿且死矣，适以外援生。既生矣，仍以积劳死。论者谓如张许之在睢阳，良不诬也。茗柯先生肮仕[1]京华，闻变殉主，轻痛决绝，节义文章两无所负。龙翰先生信笃忠贞，才兼文武，能以矢刃余生，裹疮倡义，而山左从风，寇军西遁，洵古烈丈夫之所为。及其南觐，识族侄玄性于江宁，辟致幕府，卒与同殉封疆。知人之哲其一斑欤？奈前从李督之军既懦非真师，后值福藩之立，更愦不成君，天也非人也，投缳受命，赍志九京。报先帝兼报史公，尔叔宝东昏，岂足报哉！玄性先生以布衣殉国，官球先生以披缁[2]蜚遁。或谓玄性布衣可以无死，官球故宦义不当生。呜呼，此不知义者之说也。夫士为知己者死，御史之军而死，死其职，死其长也，临难苟免可乎？故玄性之缢不为伤勇退闲，小臣无军旅之寄，无疆土之责，又素不与论，思密勿之班如，曰必死是殉名也！故官球之禅不为害仁然。

重修歙县志呈祠

具呈九都七图沙溪文会，凌应秋、凌彝泰、凌霄翼、凌珏等为纂修志乘查确汇呈事：生图沙溪，自前县主靳重修邑志，各事件俱有登载。今奉宪札谕，修后八十余年未经搜辑，各乡文会分查确实开送。生谨遵，于图内将八十余年内各事宜应入志者，细加查明。并前所未备事迹，增补一二据实。明仿旧志列，分类缮写。汇送呈阅，伏乞宪天大父师移入志馆采缉，不胜踊跃感戴之至，上禀。

乾隆三十五年三月□日具。

---

① 肮仕：高官厚禄。
② 披缁：指出家修行。

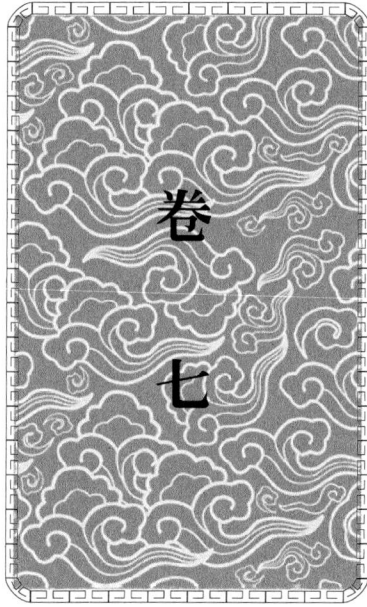

卷

七

艺　文

诛贼檄文
凌駉（龙翰）

　　窃惟君父，天地大伦。忠孝，古今至谊。尊无二上，实惟一人。仇不共天，咸有同志，万心不殊。曰维从乱逆者必斩，万祀不背。曰经倒罔常者无赦，夏一旅而殪，涊世德未亡，楚三户以亡秦。积威易弱，前光武后。昭烈东西之鼎，重延唐肃主、宋康王、李赵之裘，再振由贵逮贱，莫非旧主之遗黎①？自古及今，无不中兴之正统。矧我太祖高皇帝，奋起淮甸，日月功高万古，惠殚无疆。迨文皇帝，燕京定鼎，以天子而御边。昭皇帝履亩知难，于东宫而监国。章皇帝之崇文振武，户诵豳风。睿皇帝之北狩，回辕钦王命。宪孝二帝，则父子相承，合两朝而史称一统。世神二宗则祖孙相继，垂百年而民不知兵。继十三君传心之法，曰厚历年三百载，安人之政惟宽，则重熙累洽之庥②，与恬乐处业之久，未有盛于本朝者也。迄我今上皇帝，敬天法祖，寡欲清心，矜念下民。御供止布袍蔬食，砺精上理修省。恒步祷斋居，破格以求贤，三途并用，诛贪而警吏。元辅不私，无染于声色，货财麋间。于祈寒暑雨，焦劳勤苦，振古无加。不谓时逾，泰三运，逢阳九。值兹逆闯诞敢射天，始也洪督败之于兴元，鼠伏只存数骑；继也孙督创之于陈许，惊循业以兼程。讵料恶贯未盈，天厚其罚，霖雨不止，师溃潼关。致燎原之势已成，而豕突之凶莫遏。尚且榆林之战，歼彼万人，灵武之国，斩其渠帅，亦仅为入室之鼠矣。忽乘我陈尚智倡乱于河东，陈永福发难于河北，张汝行顺贼于广平，皆我叛将之为，岂曰贼武之力？因而残我郊坰③，隳④我名城，蹂躏我神京，污秽我宫阙。我君父义不受辱，啮指出血，忧书其绅曰："朕无道失守，辱及祖宗，不宜以冕靓见。"先帝披发跣足⑤，掌书"天子"二字，自缢于山之隈。呜呼，痛哉！烈矣！悲矣！烈则金石可摧，悲则鬼神可泣。普天率

---

① 遗黎：亡国之民。

② 庥：庇荫；保护。

③ 郊坰：泛指郊外。

④ 隳：毁坏。

⑤ 跣足：光着脚。

土，痛愤何穷？痴子愚民，睡梦不醒。总之，奸谋诡计无过假义，虚声假义则预免民租。虚声而盛称贼势，以致浮言胥动，遍国如狂，蒙走无知，开门揖寇。及至城闉①，一启因而毒楚百加，或一宦而征数万金，或一商而征数千两，非刑拷比，罔念尊贤。纵卒奸淫，不遗寡幼。将军传檄，则先问女人。州县升堂，但搜求富户。贞媛作奸军娼妓，衿士为悍卒行厨。有屈无伸，不寒而栗，天怒人怨，异见灾生。目今关东吴总镇（即吴三桂）大兴问罪之师，燕都克复，大义斯彰矣。其他或团义旅，或斩伪官，处处执言，人人响应。不日一目之首（即李自成）堪系于宁风，只虎之皮定悬于独柳。况贼之左右疑忌，心腹披离，单骑西奔，三窟俱破。得豫则弃楚，得秦则弃豫，足觇②伎俩之穷。怩妻则鞭母，宠妾则鞭妻，益征暴刻之惨。彼所任事者悉贪狠之虎狼，我所往降者尽奸懦之孤鼠。凡今光天之下，至于海隅，罔非王臣。世承帝德，与其乱贼之民，何如作忠义之鬼？与其死棰楚之下，何如登衽席之中？与其破产以辱身，何如全家而雪耻！兹者人心久愤，即一夫而可呼天运，将回绵百世。其斯永此，倡彼和胥。联南北为腹心，挽饷张兵，共键齐鲁之锁钥，置此生于利害之外，存我颜于高厚之间。洒血誓词，翘首观旆③。职方罪臣凌駉泣血谨檄。

祭江誓师文

凌駉（龙翰）

钦命巡按河南、监各督镇兵马、兼理河北山东招谕、浙江道监察御史凌駉，率标下文武各官，谨以刚鬣柔毛④致祭于四方上下水陆之神，洒泣而矢词曰：

我祖宗培基忠厚，历三百年。为吾臣寇，为吾民乘，我国家之多故悍焉。启疆辱我宗社，帝后遐升庙陵，灰烬敷天，共恨薄海同仇。幸际皇上龙飞江左，丕造中兴大政，文武除凶雪耻之时，英雄立业建功之日。駉谬叨简升，料理中原，蒙君相之交知，系安危之重任，敢不尽心竭力，忘家致身。今虽客羁四载，荐历多难，咫尺亲闱，不能归省，盖封疆之事孔

---

① 城闉：城内重门。亦泛指城郭。

② 觇：窥视；观测。

③ 旆：泛指旌旗。

④ 刚鬣柔毛："刚鬣"指祭祀用的猪，"柔毛"指祭祀用的羊。这里指祭祀用品。

棘^①，而臣梦难安。若天地之局既倾，将蚁穴何托？惟是不遑^②，将毋冒险孤征，用藉一心，共奋群策。骊兹渡江受事，若不忠以报国，不诚以待人，不廉以律己而还顾身家，不勇以赴敌而自惜生命，愿尸饱鱼腹，骨弃沙场，天地速诛，鬼神立殛^③。凡我偕行各官，长同兄弟，幼同父子，相亲相睦，何诈何虞？咸祈东西南北合为一身，大小劳逸视为一事，毋避嫌而不造我之遇，毋畏事而不开我之述，谨军政而毋蹈虐民之辜，归军机而毋罹漏言之罪。循此者，福荫其后；违此者，祸及其躬，可不戒欤？骊言出肺肝，泪洒腔血，神其听之，神其鉴之。尚飨。

陕西按察使司凌斗城公传赞太常寺卿

洪文衡（平叔）

书有之知之非艰，行之惟艰，信哉是言。今世以讲学相矜诩^④，岂不名高夷惠，考其隐行，盖有修士所不屑者，其文是其质也。先生莅官居乡，动有法度，而清风高节，至今令人思焉。所著有《存养录》《古今正论续》《自警篇》《薛文清公读书录抄》，非苟知之，实兄蹈之，岂不慥慥^⑤乎躬行君子哉。往余忝铨属丞，称先生于朝，当事者雅信余行，将推毂先生，会权相尽遂异己，余亦在逐中，议遂寝。虽然，先生之朽，故足传也，即未究其用，何恨哉！

凌郡司马传赞

太仆寺卿·鲍应鳌（山甫）

凌公虚楼，天性纯朴。又服膺^⑥按察公之训，渐涵于义理者深。见先正格言，辄书座右，尝欲取《当代名臣言行录》，分类纂修，集续《赵公自警篇》，以资省览。以故内行醇备，是岂无本以致然耶！独以一郡丞葶葶而又逆折强御之气，无所伻^⑦斯，又循文良学之所逡巡退让者。诗曰："柔亦不茹，刚亦不吐。"其公之谓欤。

---

① 孔棘：很紧急；很急迫。

② 遑：闲暇。

③ 殛：杀死。

④ 矜诩：夸耀。

⑤ 慥慥：忠厚诚恳的样子。

⑥ 服膺：（道理、格言等）牢牢记在心里。

⑦ 伻：置；停留。

凌节妇王氏传赞

王履祥（晓溪）

礼，妾不敢当夫人之夕，慎之于微也。贞一之节，岂以妾妇而少之耶？何前古罕闻焉！抑世典有漏欤？不然，以其微故弗之载欤。余观节妇始以人之妾，受命于垂死之际，终能归遗骸，成幼子，而经营其家。虽内遭威逼，誓心砺节，卒完所命，而全行以归。非独贞烈之操皎如白日，抑观其智识亦有大过人者。不然，内无强直之宗，外无势援之戚，能不为所夺亦难矣。视彼王氏能无慨欤，何其相去之远耶！虽与哲人烈士争不朽名，可也。

驻贵州省家书

凌子俭（仲广）

我自正月初七日到省城，二月初七日贼来围城，以八九里之城，兵少粮乏，贼兵数万，周匝把截。守至十月，犹得解围存城，此朝廷之福也。我已竭力设法保全危城，并诸侄仆从，至十一月亡者相继矣。盖自七月以来，米价五钱一升，八月一两一升，九月三两一升，十月五两一升，十月半七、八两一升，十一月十两一升，十二月二十两一升。马肉价二两五钱一斤，人肉价一两一斤。旧甲、马鞭、轿板、皮条、靴带等皮煮熟，一两六钱一斤。糠二两一升。七月以来犹食死人之肉，八月以后则食活人之肉。初犹于晚间僻路杀人，十月以后则通衢昼日杀人矣。十家只有一家存，百人只有一人存。他宦之过是者，无不随从而饿死。我自七月以来，一行十八口，俱用薄粥，每日一人用米二合。九月以后，惟我二合，余皆一合。米价十两一升，我因无钱，借还倍利，则二十两一升矣。所用米四升，价凡八十两。凡可食之物俱长至一二十倍。大概自七月至十二月中间，百五十日，每一人用过米价四五百两。至十一月始不克救，某某相继而亡。至初七日，大兵解围，而我与某某侄仅存余息。向使再迟二日，我四人皆不免矣。夫我以非肉不饱之年，而每日一合，延至二十余日，然已足不能步，卧不能起，死在旦夕矣。而岂料大兵忽至，我因两院请为协理监军，已亲建大将旗鼓，临阵数次，分守次南门。二三月间，乌撒、东川二府作乱于云南，州县围城，已破三处。州县正官亦害数人，都司参将亦害数人。曲靖被其残毒，交水房屋俱已烧毁，平夷卫城亦为所破。我朝二百五十年来，自无此变。而我适值之，今在军旅抢攘中，一应亲知。俱不及通书，即以此信与看，使知世变之极，逢遇之苦，以为我怜且为我幸而已。又尝语偕行者曰："汝等非我必不罹此变，听汝自觅生路。"我虽滇守不应效死黔难，然受主知数十年，苟免变塞，如幼学何？遂大书于壁云云。

上兄书

凌子俭（仲广）

弟以十五六载之贫官，而迁远方贫郡之太守，亦既安于命而往矣。前岁一入黔界，即如避难光景，寸步多难。旧岁遭此大难，万死一生，岂非一生穷命，到此穷而又穷耶？其困乏之形，苦楚之状，痛后思痛，泪不能已。谅彭侄当能一一道之也。今史按院荐云南监军正抚台、题贵州监军，两者必居一焉。官则升矣，而穷当益甚。天赋穷命，人其如何顺命听天？弟之素志，一二年内稍能脱手，稍能完债，便当挂冠，期生入玉门关为幸。欲求赢余，鬼神揶揄之矣！不知天假我年，得与尊兄握手清溪之上，以叙平生欢否？望楸松以拜墓，盼桑梓而嬉游否？总之，顺命而已，一日之官禄未满，则辞官而未能；一日之食禄未满，则辞世而未能。孰为先满，顺之则是尊兄，其谓之何？便当有以教我。楮短绪长，临风帐结。

凌御史传赞

冯宾期

天以刚健中正之德赋予人，而作忠义之气。虽来必人人尽合于天，至社稷变迁之日，士以忠义自命者不少概见。倘世无忠义则人道灭，而乾坤亦几乎息矣。明兴二百八十余年，待士之恩优渥[1]，故士值革命，伏忠节大义者不可偻指[2]。计以余所睹，记其从容就义，如侍御凌公尤人所难能者。公巡视河南，方入境时，余适授陈州守，以属吏候谒境上，公一见谓同列曰："陈州有冯刺史，可谓得人，中州犹有生气。"余以庸劣不足当公之拔帜，而公之虚己怜才，亦可深见也。余方思执鞭弨[3]以从公，周旋未及两旬，而公就义。嗟乎，抚今思昔，负愧良多。总明阶下之感，中心藏

① 优渥：优厚。

② 偻指：屈指计数。

③ 鞭弨：鞭和弓。

之而已。今余将离颍水，马首东归，率吾父老绅衿，向北遥奠而去。敢赘目睹节略，并及余受知于公之由，次其家世，谥葬之详，以待国史，不敢悉陈。

驻临清家书

凌駉（龙翰）

我在临清收拾山东事体，人心既定，土寇亦安，可以撒手南还。缘两河尚未底辑，今将移驻曹濮，号召河南以为进取退守之本。从此亦渐可图南，大抵事势，岁内可以小小结局。眼前凭山东以收两河，日后据河南以守二东。今特拜一奏请旨，以明进退之节。史师相亦曾有字相寄，深加慰藉。然我所守者先帝之官，所行者宗国之事，区区血心，如是而已，成败利钝未敢问也。家下并无一音东来，母亲未审安否？士儿今读何书？曾龄托天平安否？家下事体，何措念之切切。李老师尚在京，未肯受职，而上亦无过求之意。凡事俱是仍旧，然人心歌吟未忘汉德。贤弟秋成已毕，或至南郡，急拜一疏，请我南还，亦是一着。闻玄著已归，玄二今岁何馆？一切知交统为致意。山东雨甚足，岁有半收，已有定议，野地征三之二。我标兵不上三千，马兵居三之一。若心腹之将，则副将张国勋。其剿抚之善，号令之严，真有将风，宣府柳沟人。而运筹决策者，不下十余人。其最则通判薛维垣也，亦宣府人，而生长扬州者。然所抚各寨，一呼之间，又得十数万。此皆不须我饷之兵耳。目前又收回兵千人，共为一营。其人皆一以当十，兵势之盛，颇甲山东。惜乎同心无人，如其有之，将此担子付托而畀，则一朝释重，可以脱然矣。贤弟并不必来，若不放心，遣一奴来看可也。中秋前二日兄駉临清寄。

殉难遗书

凌駉（龙翰）

不幸遭时，万不可为。鞠躬尽瘁，分毫无补。兵围孤城，两镇出走。空手难呼，义不受辱。即一死，亦不足以仰报先帝酬恩。主上素服角带，以见先人于地下。同行诸友真我同心，李大势共倾徒为相累。远生玄性亦欲偕归缔幽盟，我力劝其不可，且留此身，可以照拂后事。然其一段至谊不可忘也。诸奴俱可托腹心，国兴忠而顺，继素朴而直武。一出关，为贼所邀，不知何往。黄叶两书，皆谨厚人，惜不能为赠。程抑若亦有血性。

在沈不及相闻，略有债，大半为人。薄有田可供母膳，子女必教之方，可望其成立。凡事贤弟主持，苏子由有云再结良缘，于吾弟亦愿来生再作兄弟耳。母亲太安人同此哭别，不细说。三月二十二日寅刻，灯下手勒。

上王抚军札

凌子俭（仲广）

职自承委，遍访形势，参酌缓急，献芹曝以备采择焉。窃惟六广一路，自省城至大方六站；鸭一路，自威清至大方亦约六站；三岔一路，自普定至大方亦六站，此其里数相等也。六广河水深山峻，挨河边十余里石路委折，故称最险。鸭池渡河处多土山，下流狭小，春冬可步涉而过，故称次险。三岔河水更浅、更平，山亦不甚高。西近安邦彦①织金②贼穴，去普定若百余里，北近李希尧新堡等塞，去普定仅五十里耳，此其险易大较也。六广鸭池切近我内地，肘腋有下水六目地方，我兵乘秋成一临河上，贼兵安能渡河而取粮食？此其所苦也。三岔一路，则恣其采取而无畏。故三路之兵不可缺一，而三岔尤其最捷、最紧者也。盖绝贼之粮，乃困贼之上策也。由此言之，普定之修复，万万不可缓矣。普定西近安邦彦，北近李希尧。而况西去百里，又沙学最为狂逆，边关岭顶站非剿抚沙学，则上路难通；非修复普定，则沙学不及剿抚，以渐可致也。而秋后三岔之进兵，即此为根基矣。今者制台有移总兵之命，而总镇又因施兵鼓噪，似有行色。夫总镇未来有虎豹在山之势，既来有出林之威，故寨就抚，稍通来路。而普定之修复何赖也？盖聚等不知台基，假抚之名，行剿之实，关然以为真抚也。在我民则曰："抚之后必无贵州乎？"我民其逃窜他乡矣！在苗仲则曰："抚之后必终属安酋乎？我奈何今日归汉，而受不箩鬼之害也？"故远寨之不就抚者，畏彼豹狼之群，复有跳梁之日也；而近寨之就抚者，畏我应虎之将，时有击噬之威也。鹰不击，虎不噬，彼且玩之矣，况并鹰虎而去之乎？故总镇之行必当止也，且制台移总镇之意必曰："安酋倾国助蔺以逆，川兵故欲进兵以分其势耳。"职以为由遵义进兵，其道远；由三岔进兵，其道近。彼此俱足分其势，而远近则异，劳逸又殊矣。

---

① 安邦彦（？—1629年），贵州织金那威人。安邦彦是明朝末年西南川贵等省历史上著名的"奢安之乱"的主要头领，明天启二年（1622年），率十万叛军围攻贵阳。在围困的十个月中，贵阳犹如一座孤岛，外无援军，内缺粮食，以至城内百姓落入"人相食"的境地。崇祯二年（1629年）八月，安邦彦被兵部尚书朱燮元率兵在水西斩杀。

② 织金：今贵州省织金县。

况如前所称，两得其便乎。

沙溪图额

阙里·孔尚先

曩[①]校士粤西还旆于衢，主东道者。有人乃偕群彦往游柯峦，傱舟东行，折而南，至石室。石室者亦以柯山得名也。随舍舟从陆行，复四五里，步入众山中，忽睹一峰特异，有大孔穴其中，状如环，而缺其半，又若津梁。然但其下无水耳，同人指示，即晋王质遇仙处也。蹑[②]其岭巅，俯视城郭田畴，历历如画，令人有出尘想。于是叹山川之怪异有如此焉者。时寓公礼容年世兄，为言歙城之北，距于黄山百里，而近皆横波之石，里列棋布，有杆激砰湃之势。惟离城十里而遥有支流焉，水光潋滟，波浪不兴，绝无泥淖、顽石以杂其流，因沙细而可掬，故名"沙溪"。溪有二源，其一源出黄山之蘙岭，自北而南，所谓昉水也；其一出当门岭，至沙溪而入于昉，故又名"双溪"。溪傍有仙井。仙井者，唐僖宗时，吾十世祖子贵公遇吕真君故迹也。公以酤酒为业，真君常就饮焉，颇相善，乃指井所曰："凿此得泉，酿酒必佳。"从其言，果然。盖兹流将入昉也，折而西者十里，地脉钟而醴泉伏，若济水之宜于胶，峡水之宜于茗云尔。世传纯阳子化井水以为酒，非也。于时凌氏之酒名天下，乃献于朝，天子赐复所居地，又厚赉焉，公皆不自私，捐之以祠社稷之皇富社，彰君赐也。公殁，真君又为相基地而后去。故自唐迄今，子孙绳绳，世多显达，其聚族而哭于斯者，盖千室云。余于凌子之言，益叹山川之怪异，诚不可测。而凌氏先人之遇合，较之王质为尤奇也。余夙闻新安水驶山硝石，名园佳第遍郡内，游其途者如入山阴道者，谢康乐常怀慕之。今之所言亦足以征其梗概。顷之，制图以示余。余曰："大江以南率多名族，而新安族望之盛，复甲于东南。地狭民稠，故往往侨寓四方。子若孙有不知故里为何如者，间有乡国之思，亦终身一再归省而已。夫岂轻去其乡哉，势则然也。"凌子惧之，爰师新丰之意，而为之图。如是故旧父老所居，樵夫牧竖所游，时在目中，得以其暇示后嗣曰："竹树，吾先人所植也；某亭，某树，吾祖宗之所经营也。"百世而下，犹得彼图而识其处，况目前乎。于是知凌子必渊睦者也，仁宗族而厚知交者也，不忘本者也。有感于心，

---

① 曩：以往；从前；过去的。

② 蹑：踩，踏。

乃弁首而归之。

复绘沙溪图额
凌宏钟（文音）

辛卯之春，先大人礼容公归省坟墓，嘱吾从祖翔公绘《沙溪故乡图》，当时名笔也。以限于纸故，仅得画村之半，装潢轴携于衢。又嘱贤士大夫为文书于上，指示后人珍之重之，已四十有三年矣。乾隆癸酉暮春初旬，邻人不谨于火，赫烈旁延芦舍，什物焚燬殆尽，而画图亦为灰埃。量度谋为复新，堂构期年乃成。后归故里，舟次无聊，思祖遗诸物或可复得，惟《沙溪图》故笔再心甚惜焉。然图文尚能记忆，静思昼夜，得句辄书，幸一字无遗错，余甚喜。乃文虽得，而图不可复得，余又戚焉。久之，闻吾族有工画者，嘱其复画。凡阅四十余日，而就邱壑形势，比屋鳞次，舟青设色，纤悉毕具。虽未知其腕含毫，果及前图与否，而兹得画为全图，则吾村之大局，固了然如目矣。夫斯图因忆文而复画，文亦因复画而重书，事之吻合岂偶然哉。屋新而图亦新，冥冥之中，或有天意寓焉。余于是不禁慨然而兴也，因记其颠末，以昭示来兹。俾知小子之德薄运否，不获保全旧物者，其咎有自云。

文台说
凌应秋（北洲）

凡物必规大者，维台亦然。如凌云承露戏马，极瑰丽，夸雄观之谓也。若秘书有麟台[1]、兰台[2]，招天下奇俊而为黄金台[3]，褒庸志盛而为云台[4]。重其人，正其事，然此乃国家之大工作。古昔帝皇威命所致，非一乡一邑可仰企者也。沙溪有台，曰文台，峙文会之左。虽高不过二仞[5]，方不过数丈，而登览者四面皆见。明万历间沙洲公建文会所，旋筑石台。从形家言，右辅星亭为文笔，左台为金印，所以庇获阳宅而兆启斯文者。

· 211 ·

---

[1] 麟台：唐代官署名。武则天天授年间曾改秘书省为麟台，神龙元年（705年）复原名。

[2] 兰台：战国时楚国台名。汉代宫廷藏书处，由御史大夫的属官御史中丞主管，后设兰台令史。因东汉史官班固曾任兰台令史，后代遂称史官为兰台。唐高宗时改秘书省为兰台，所以唐代诗文中常称秘书省为兰台或省。

[3] 黄金台：亦称招贤台，战国时期燕昭王为宴请天下名士而筑。

[4] 云台：高耸入云的台阁；汉代宫中高台名。

[5] 仞：古时八尺或七尺叫作一仞。

余曰："是说也，固然而不尽然也。"沙洲公，太常公之叔父也，其意盖谓忠臣孝子本于性生，实发于学问。学问之道无他，一在乎修身，一在乎取友。辅仁堂读书地，堂旁筑台，二三友朋课诵之暇，登临其间，仰望紫阳之峰峦，则朱子之书院在焉。朱子理醇学粹，上接尼山之脉，下开后学之统，其风徽伊可怀也。俯瞰防水之波纹，则任太守之钓台在焉。公政迹彰彰，郡人贤而祠之，自梁至今，祀事不废，后之为仕者，其可不知则效乎。而且西有唐白云①之高风，郑文贞②之峻节，南有程篁墩③之渊博，汪太函④之淹通⑤，览其山川，思其人物，未有不慕仿其行事者。厥后，吾宗精亮节著于明末者四人，是忠臣也，孝子也。体公建之微意也，岂特护一乡启斯文而已哉！然则斯台也，虽不能如昔时名台，极瑰丽，夸雄观，而称庆者多人，则因台以重其人也，可因台以正其事也可。易曰："物大，然后可观。"就台论台，见何小也！

水口亭募施茶小引

凌世韶（官球）

自赤帝乘权泉樵石汗，即居冰室卧雪窗者，亦且辞面生而就茗。公况奔驰于道路，烈焰身亲，炎炉体迫，思获饮阳羡⑥之一滴，不啻食天乳之千钟。用是，敬邀同心，共为烧茶之举。乐助不问多寡，自一缗以至数十缗；喜施何分轻重，自一日以至数十日。虽不能令征夫尽解蒸灼之苦，亦且俾行人暂游清凉之天。愿我大众早破悭囊⑦，共开欢喜胜果，力坚同心之愿念。惟各尽功则咸归，请列芳名，共成盛举。谨疏。

---

① 唐白云：即唐仲实，名桂芳，号白云、三峰，以字行，歙县槐塘人。元末明初著名学者、文学家，学者称"白云先生""三峰先生"，著有《白云集》等。

② 郑文贞：即郑玉（1298—1358年），字子美，徽州歙县郑村人。博究六经，绝意仕进，隐居郑村师山，勤于授徒。著有《师山先生文集》《周易纂注》等。

③ 程篁墩：即程敏政（1446—1499年），字克勤，中年后号篁墩，又号篁墩居士、篁墩老人、留暖道人，休宁人，后居歙县篁墩，时人称为程篁墩。明代文学家。著有《篁墩文集》《明文衡》《新安文献志》等。

④ 汪太函：即汪道昆，字伯玉，号太函、南溟，歙县西溪南松明山人。明代著名戏曲家、抗倭名将。著有《太函集》等，杂剧《五湖游》《高唐梦》《洛水悲》《远山戏》《唐明皇七夕长生殿》等。

⑤ 淹通：精深通达。

⑥ 阳羡：即阳羡茶，产于江苏宜兴，以汤清、芳香、味醇的特点而誉满全国。历史悠久，享有盛名。

⑦ 悭囊：储钱器，口小，钱易入不易出，故称。

义桥小引

凌驯（香史）

余乡临大河之涘①，当邑孔道，问津者无间暑焉。故舆梁之设，较它里为亟。逞岁修葺之资，半仰给于公帑②。近因军兴，用匮其费，咸里人独任之，于是乎，当事者有造办之难。迨至夏月，淫霖暴作，长虹中绝，袂帷汗雨，坐叹望洋，于是乎鳞集者有病涉之难。即及时再构，恐洪潦③复溢，从前工力，辄付波臣。于是乎，承役者有前推后诿，旷时怠事之难。有此三难，此余里之梁多岌岌乎临流而增忾④者也。兹有里人如茞氏恕⑤焉念之，慨捐田若干亩，为每岁缔造之需。其从弟懋成氏亦捐资如其数，合而置田，以图永久。其税则分寄十甲，递筦其出纳之钥，庶几利泽溥⑥而劳逸均。斯役也，真可谓义举也已。厥后居者易于任，行者颂于途。则庚子浮龟之诗、张公旦螭之赋，安不为二君推美乎哉！

重建文会所斋房题名引

凌应春（滨蘅）

余里文会创始于沙洲公，规模宏敞，台榭纡回，颇为一乡重镇。康熙戊寅岁，守者弗戒，毁于火。有志之士心窃伤之，时以力绵弗果作亦。越庚寅，乃仍其故址，谋复旧观，而力役繁多，功弗克竟。自阁而堂而庑，栋宇榱题⑦，岁久弗葺，日就倾圮，群蒿目者久之。岁乙卯，始共图修复，饬材庀工，陶甓丹艧⑧，金不计费，务极坚致而后即安。于是数十年来未竟之绪，一朝焕然，顿成巨观。然肄业其中者，殊少斋房居宿，延至癸亥，复构数楹于堂之左侧。而门以外，游亭、道路、墙垣百废俱兴。告竣之日，爰书颠末，并勒芳名，以昭兹来许。

---

① 涘：水边。

② 帑：国库里的钱财；公款。

③ 洪潦：洪水。

④ 忾：愤恨。

⑤ 恕：忧思。

⑥ 溥：广大；普遍。

⑦ 榱题：屋椽的前端，俗称"出檐"。

⑧ 丹艧：可供涂饰的红色颜料。

捐修水口引

凌应春（滨蕲）

人生如白驹过隙，所恃以不朽者，惟此名耳。若不堪破世情，空为牛马，不久泯没，与草木同腐，良可叹也！本里衢当北道，地踞西流，凡亭台桥树，昔人备极经营，迄今数百载，犹可指而数之曰：某树，某先人之所种植也；某邱、某墅，某父老之所部署也，闻者每称羡不置口。其时亦有家号素封，徒为守钱虏者，延至今子若孙，终不能世守其业，而其名亦遂同归湮没，使九泉有知，不深悔当时之鄙吝为失计耶？年来亭宇墙垣颓败日甚，二三贤豪尚其倾囊倒箧，共襄不朽之盛举。甚毋使后人既笑前人，后人又复笑后人也。

宋浙西平江税司大使子佺公墓表

凌子任（肩吾）

呜呼，我公卜吉于兹山四百二十载余矣，乃今始克表于其墓云。盖凌之先世操公、统公父子，以勇侠闻，屡立战功，为吴虎臣。统子烈、封，孙权所呼虎子者也。俱袭亭侯，世为余杭人。唐显庆间，有安公判歙，卒于官，生子万一。公时在襁褓，汪夫人携孤，庐墓于城北里湖园，感梦而得沙溪，遂居焉，是为歙北沙溪之始祖。历传而下，不乏闻人。如土燮公之邃学，探讨艺文，柳子厚①有蓬屋之述。荣禄公之醇德，异人授方，唐僖宗有金帛之旌。自后二十世有平江焉，公讳子佺，笃志力学，绍兴十九年以茂才举于朝，历官税司大使，有廉惠之称。隆兴二年，致政归里。建沙溪石桥，迁皇富社宇，皆斥剑装之余庀之，公之乐善好施如此。公生于崇宁甲申年，卒于绍熙元年，享年八十有七，葬半月山之阳。其子大东公，纪之谱系，详哉其言之也。是山也，围有七塘，似星相拱，左右迎伏，溪水环前，层峦叠翠，耸若连云，乃峤山之诸峰也。母毕氏先葬梅山，得术人张鉴指半月山为归藏之所，遂改同墓。后遭兵燹，子孙失守。国初丈量，听民自实，致使觊觎之徒供认为业。而我祖之有灵，赖谱序之犹在，因推原委，克还旧物。勒之七尺，窿然以丰，遗荫于后人者远乎匪德之深以远，公何以有斯丘也？尔知大东公纪述之勤，其有功于前人者大乎。匪大东公何以中废而旋复，使公永有斯丘也。于是不肖子任，操觚

---

① 柳子厚：即柳宗元。

表而出之，以诏后世之子孙，俾无遗坠云。天启二年十月谷旦，奉直大夫知广西永安州事，裔孙子任百拜撰。

皇富社记略

凌友彤（士超）

歙邑乡党村落莫不立社。而吾乡皇富社，则其来有自。昔吾十世祖荣禄公，遇吕真人指地凿井，授以酿酒之方，唐光启元年，进之于朝，天子赐以金帛，公归不自私，遂建社于冯塘村口。岁时祈报，与五村共之，名曰"皇富"，彰君赐也。宋南渡，隆兴二年，二十世祖子佺公，以五村生齿日繁，赛祠内者嚣杂不能成礼，乃独建坛于青塘山。祭则迎主而设于坛，毕则奉主供于室，明初兵燹之。永乐二十年，族众重雕新主而祀之于临清楼，董其事者二十八世祖佑公也。正统元年，二十九世祖罗同公，首议建今祠于本里溪上。其址则二十八世广卿、催同二公之田也，计量二百二十一步二分，榜曰"皇富大社"，程舍人南云①笔也。万历二十八年，三十四世子俭公，又首倡修整。国朝顺治十八年，增墙垣及祠堨②石碱③。康熙十三年，三十七世德球公、三十八世爱伦公，首捐资葺之，族人赋丁口银助焉。易木柱以石，复欲创两庑，以经费不充而止，其美留与后人补也。吾族凤来公详记之矣，兹撮其略以备览观。踵事增华④，是有望于慷慨君子焉。

广设归州救生船只疏略

凌如焕（榆山）

查得楚蜀接壤，长江上流，地名三峡。自湖北彝陵州起，至四川夔州府止，横亘数百余里。两岸危峰插天，中间水道一线。滩高石巨，罗布江心，路险行难，著自古昔。上年按考归州，船入峡中，随从之人曾过风涛之厄，幸赖边小船奋力抢救，帆樯虽已碎破，人命尚得保全。以此知救生船只所宜广设也。虽归州城外，现有官设救生船三只，专司抢救，但地难周，隔远之处措手无及。即如归州而上有曳滩、巴峡、瞿塘、滟滪堆⑤等

---

① 程南云：明代书法家，字清轩，号远斋，江西南城人。好书画，尤精篆隶。
② 堨：指祠堂的空地。
③ 碱：似玉的美石；通"砌"，台阶。
④ 踵事增华：继续以前的事业并更加发展。
⑤ 滟滪堆：俗称燕窝石，古代又名犹豫石。位于白帝城下瞿塘峡口。1958年被炸除。

处；归州而下有新滩、獭洞、空舲峡、黄牛滩等处，悉系著名奇险，每年为商旅之患。其余迅激湍虽未著名，而水势极险者，在在有之。请敕谕四川湖广两省督抚，转饬地方官，将三峡中水道险阻，遍加详勘。凡系舟行易覆之地，广设小船守候救生。则每年保全民命实多，似亦推广皇仁之一端也。

查革积弊立碑示禁疏略

凌如焕（榆山）

窃臣素闻直省关税，惟浙江之北新关、山东之临清关最为奇细，贻累①商民。臣未至临清关，不敢以风闻之言，冒渎②天听。今秋奉差典试江西，至江南，路过杭州府。查得北新关逼近杭城，为南北孔道。其自南来者，先至钱塘江上岸入关，从北新、东新二关出口；其自北来者，首先入关至钱塘江下船。出口往来俱经过杭城，计程不过三十里。而三十里之中入口查税一次，出口又查税一次，入城、出城又各查税一次，是已经四查矣。乃更于西湖、得胜等各坝，客商搬运行李之时，密布差役，借查税名色，索取照单钱文。即商民实无税货而不遂所欲，亦必故为留难。客商畏中途之阻滞，难于守护行李，不得已逢一次照票，多出一次钱文。共计三十里中，查税出钱五、六次不等。究之应纳税货，已经入口时查时上税。多番留难，于正税无增益。而照单钱文积至盈千累万，徒充差役之溪壑③。此商民之苦累，臣得之日系也。

臣窃思天下之标准，立于京都。如崇文门现在收税，不过于芦沟桥建设税房。仕商行李一经查验，有无税货开单放行。抵城门时再经查看，即准入城。至于出城货物，从未有留难查税者。自芦沟桥崇文门不下三四十里，亦未有于三四十里之中增设税房照票者。况北新关自关口至钱塘江，其南北往来并无歧路。西行则余杭、临安之陆路，登山陟岭，脚费甚大。商贾计利，断无就重避轻之理。东行则江塘横亘，不通舟楫，从未设口盘查以防其漏税。如杭州西湖、得胜等各坝，虽搬运行李，并无从生出漏税情弊。臣请北新一关，应遵照崇文门之例，其有无税货填发一单，于进城时循例照票再查一次，俾无遗漏。至于出城出关之时，不得借口覆查。所

---

① 贻累：连累；牵累。

② 冒渎：冒犯亵渎。

③ 溪壑：两山之间的大沟；山谷。借喻难以满足的贪欲。

设查税照票之差役，应酌定经制名数，毋得滥差私役，致滋需索烦扰。其一切过坝之处，仰请特旨饬谕地方官会同该监督，严行革除，立碑示禁，永惠商民，百姓幸甚。

始祖州判公墓考辨

凌应秋（北洲）

宗谱载，迁歙始祖州判公，葬城北里湖园，族人有以为即今之沙溪柏枝园，此伪说也。现今沙溪无所谓里湖园者，而柏枝园之不可以当里湖园，明矣。而说者犹以沙溪在郡城之北，疑柏枝园之或即里湖园。大惑不解，缘有"城北"二字横处于胸中耳。请于"城北"二字辨之，考唐初郡城在乌聊山，越国汪公所筑，东半抱山，西半处平麓，堑以为城。练溪顺城东北而西，绕东南隅而下，入歙浦，环以为池。明洪武间邓卫公愈改筑之。县治无城，嘉靖二十三年倭入寇，其明年，县令史公桂芳始筑城七里，与郡城连。是今之府、县城已非复唐之故城矣。然则所谓城北，非今之城之北，乃唐时故城之北也，夫城郭可改易，而山川无变更焉。

乌聊山在县东五步，其北曰东山，与乌聊山相去仅三里。度其形势，沙溪居乌聊山之西，且相去十余里，安得有城北之目乎？若谓当日无沙溪地名，故概以城北目之，则沙溪之名其来久矣。按州判公卒于官，夫人汪氏携孤庐于墓所。久之，梦神告之曰：溪东有地名沙溪云云。是唐时，已有沙溪之名也。且墓在沙溪，而二世祖结庐墓侧，何待征诸梦寐乎？即征诸梦寐，神何不云此地好安居，而乃指示地名乎？由今论之，溪东者，防溪之东也；城北者，乌聊山之北，东山也。里湖园当在东山之地，特以离沙溪稍远，故久而失之耳。奚以明其然也。

考宋楫、道、密三公，上溯始祖一十六世，其孺人之墓皆在东山湖田边。东山下临练溪，高者为阜，低者为田，田之卑湿，冬夏积水者曰湖田。故余以为州判公之窀穸，当在东山，惜未有留意而确访之者。夫事无征而不信，遍览沙溪，但有竭水溉田，而并无湖田，亦无称湖之塘荡。稽之鱼鳞册，又无此土名。而柏枝园者，现为东支贵一、隆二、艾三、庆四、足五数公墓，并其子孙袝葬①于此。乃因求始祖而不可得，遂妄认旁祖之墓而祭之，岂不谬欤！吁古今来，伪以传伪者固有之矣。禹穴在蜀，而陋者指会稽之坎，坎以当之广陵，涛指浙江，而昧者乃谓江都之广陵。

---

① 袝葬：合葬。

世俗依影附响之徒，诚无足怪。所怪者于全无影响之可依附，而且从而依之附之，此惑人之甚也。

余既于乾隆丁丑春，力辟其非，于是吾族恍然于前此之误，遂停柏枝园之祭礼。于祀典有举莫废，兹岂敢废始祖之墓祀哉！辨其非者而废之，将求其是者而举之，是在有志者耳！呜呼，我沙溪自唐以来千有余年，祖墓之遗失者多矣。其所以至于遗失者大同。公曾孙子和公为之也，子和公耻年高而世辈卑，乃自立为西门长，与各支分历世祖墓而祀之。瓦解之形成，而不肖支裔遂有放而不祀者，岁久而失职，此之繇夫作法于凉。虽近代之墓犹恐湮没，况于远祖乎？稽故迹于东山，以昭追远报本之大义，合蟠间之子姓，以挽分门别户之浇风①。庶几前者可寻，后者不坠。吾祖同志君子，宜以为何如也？

徽猷阁待制唐佐凌公赞

罗点

惟节与义，天下大闲。呆呆龙骧，为人所难。死轻鸿毛，名重泰山。凶徒逆侔，胡不厚颜。

雍睦堂述

凌彝谟

雍睦堂者，吾族州判公下治三大支族所建之宗祠也。当其时，相阴阳，观流泉，择爽垲②而墓之，龟卜食墨厖作，乃与同肩斯任，则有礼容公、渭公。公而倡首而董治之者，则吾先祖永吉公之力也。公以为追远报本，仁人孝子分所当为。是以纠合一二同志，不避劳苦，集财用，具糇粮③，选材运甓，量功度事，五年而堂构告成。上栋下宇，美哉轮奂。祠南向门前墄地，围以石阑。门内有东西两序，中砌甬道，由阶升堂，后列寝室，历代之神主附焉。春秋祭祀，乃几乃筵，群昭群穆，靡不生敬。自时厥后，礼仪卒备。牲肴酒醴以丰以洁，执事有恰，登降有节，同旋有容，祀告有辞。盖祠宇建而祀事明，祀事明，而离者合，涣者萃矣。匪直此也，先祖是皇曾孙，是若受胙饮福，庙中灵爽，实式凭之。族姓由是而

---

① 浇风：轻薄的社会风气。

② 爽垲：高而干燥之地。

③ 糇粮：干粮，粮食。

蕃倡，人才亦从此而辈出。吾族中显达而荣，俊杰而文者，岂非水有源，木有本，栖神得所，地气之孕育乎？先祖尝言曰："人生天地，如白驹过隙耳！"使不乘时建事，上无以妥奉先灵，下无以俾补于乡党，纵富贵，终归湮没耳。且奚以求一心之安，故每于公建之业，见其倾圮，必加修葺。虽年老力衰，犹孜孜弗倦。要皆本尊祖敬宗之念推及之，盖孝思义举，发于心中之诚，而非有意于干誉。故为同志所信服，后贤所仰企。身殁数十年，而颂声未衰。此敦崇雍睦之风，信可以为后世法也。于戏[①]数典不忘古志之矣，故述而记焉。俾将来览观者，得以知其斯堂之由云。

书《蕉园游志》后集

凌彝灏（载黄）

《蕉园游志》三卷，族先辈忠烈司马骊公游黄山，暨其友方玹二卜频游天台、栖霞，程抑若兼蕉园去来之作也。崇祯八年，其弟文学驯公序而梓之。兵燹后，书板尽失，里中无一存者。乾隆丁丑秋，余从兄噩民，见有肩残书数捆息于村南亭侧，问其何用？答曰："将以裱梨袋。"因翻阅其书，得是集，如睹异宝，遂买之携以示余，曰："我凌氏有讳云翔与紫芬者，谁也？"余初亦不知，后又访得香吏驯公《剪蕉集》观之，合以蕉园伯子、季子之称，始知云翔即司马骊公之初名，紫芬即文学驯公之初名也。

骊公，字龙翰，一字井心；香吏，号愧菴，居士玹二、抑若其笔砚友也，皆当时高士。其诗孤芳绝俗，不肯一语道人之所经道者，宜其必传于后。乃百年之间，几于磨灭而不可收拾。苟非噩民偶得之行游之顷，此集已飘零为朽壤矣。然则诗之存亡，其间亦有数焉矣乎。

呜呼，吾邑之产梨，此载籍之雠仇耳，种植之家藉是以为利。若市纸作囊用之，获梨未始不善。然纸价贵于旧书之价，本重而利微矣。于是数果以易书，有书之家称书以易果，每书一斤得值不过数厘，而圣贤之经传、名人才士之著述，适以供盛梨之用。乡曲小人之秽亵冈利，愚夫愚妇贪口腹而弃先世之珍藏，其祸固有酷于焚书之惨者，岂特置高阁饱蠹鱼而已哉！

斯集也，盖四先生之精英不可湮没，而鬼神实呵护之故。既落贩夫之手，而余复得以珍之席上也。爰书其集后，以志欣幸。

· 219 ·

卷
七

荐举真才疏

凌琯

为奉旨举真才以备任使事，节该吏部题覆吏科都给事中郑大经等题为时事多难，恳乞圣明，亟加注念，并祈申饬臣工修急务，以弭灾变事：欲要通行两京九卿科道官，并在外抚按等官人各一疏。虽亲故仇嫌俱不许引避等因，题奉钦依催行都察院转行各道臣等，备员言路，职在咨诹①，当圣明拊髀②思贤之时，正臣子推毂荐贤③之日。但恨志识凡下，既不能先天下之忧，而留心于当世之人品资禀愚暗，又不能具观人之鉴而甄别乎？一时之辈流，且试职未几，延揽未广，机会所遭，无所藉手。谨以平日所向慕，众论所推重，真知其足备边方之用者，有三人焉。不敢避引，为我皇上陈之：原任巡抚福建都御史，今听勘④汪道昆，有牧民御众之才，有礼乐诗书之具。守襄阳而江汉民和，官福建而山海寇息。在任之时，曾定勍勤⑤于仓卒，回籍之后，屡腾声誉。于荐杨江西按察司按察使殷正茂，有猷有为，有识有守，不阿贵，近风节，久著于省垣，大阐规恢文教。聿新于黔广，参政浙藩，而尽厘宿垢，总宪江西而丕肃一方。河南汝宁府知府史桂芳，赤心体国，尽瘁为民。当筮仕宰歙之初，适流寇扰徽之日，增城守，勤调度，而四境赖以免患；募骁勇，联保甲，而百姓由之获安。莅延平旬日，而民有去思，守汝宁三载，而郡无留弊。此三臣者，资格不同，器局亦异，均之各负巨才，可备缓急之用者也夫。畴昔之美，未足以概其平生；访问之详，不可以稽其真实。而三臣皆臣近日之所见闻，耳目之所睹，记真知其可不敢漫言，以渎天听者也。伏乞敕下该部再加查访，如果臣言不谬，乞将汪道昆等循资推补或不次擢用，庶几边方有折冲之赖，而内地享安堵之休矣。

保留大臣疏

凌琯

为恳乞圣慈容大臣以佐俭德事。臣闻圣哲之君，不以财用为急，而其

---

① 咨诹：咨询。
② 拊髀：手拍大腿，表示兴奋激动。
③ 推毂荐贤：推举人才，引荐贤士。
④ 听勘：听候勘问、审讯。
⑤ 勍勤：急迫不安的样子，这里指动乱不宁。

用人也，亦不以能理财济用之臣为贤，何则？能理财济用之臣，非能捐家以益国也，不过敏于催科，以应上供耳。是以圣人宁用椎鲁①之士，维系天下之人心，而不用聚敛之臣，以伤国家之元气。臣等伏见户部尚书刘体乾，自陛下简用以来，真能仰体陛下恭俭之心，以赞陛下恭俭之治。顷者陛下沛宽大之恩，以收四海之人心。止漕运之粟，以赈河北、山东之困，省诸司之费，以起嘉靖末年之疲。固皆圣慈天纵，仁俭性成，所以将顺而奉行之者，谓非斯人之真诚体国不可也。今一旦以金两进奉，不时斥而遂之，而别选廉干之臣，以代其任，在刘体乾信为有罪，但恐传闻所及，人将谓陛下因干辨不前，谴逐大臣，而望风顺旨，争掊克②矣。陛下内府之用无所不给，而苍生自此日瘁矣。一人之进退虽微，而所关甚大，臣等待罪言路，不敢不言也。伏望皇上深思远览，暂霁天威，曲宥③刘体乾之罪，姑容照旧供职，以佐国家恭俭之治。庶几日计不足，月计有余。虽取辨少迟于目前，而于国计民生无所伤损。臣等不胜战栗祈祷之至。

地震修省疏

凌琯

为地震事。本月初八日，据中城兵马指挥何经等手本，据各坊总甲何朋等报称：本日寅时分，地震有声。五城俱报相同等因到臣，臣等窃闻地道维阴，其体宜静。矧长至之时，正一阴静养之际。而京师之重，实四方根本之区。乃今地震有声，为变匪细，此皆臣等奉职无状，上干和气之所致也。伏乞皇上敕下该部，申饬大小臣工，一体痛加修省，以回天变。再乞皇上凝神渊穆，安养阳和，敬礼中宫，明章阴教，庶正坤宁之象，永弥地道之愆。臣等无任激切，恳祈之。

凌按察公崇祀乡贤祠看语

看得故宦凌，体德④休明⑤，执性真亮。抗百折不回之节，凛一尘无染之操。秉宪而主持国是，直声鼓六月之风雷，督学而标举士风，正论揭九

---

① 椎鲁：愚钝。
② 掊克：聚敛，搜刮民财。
③ 曲宥：曲意宽容。
④ 体德：指先天的德性。
⑤ 休明：美好清明。

天之日月。历官二十一载，而允文允武[1]，弘施有裨于明。时居家一十七年，而立德言，雅望可惇[2]乎薄俗。既孚士论，无忝贤祠。既经该府覆勘无碍，相应准从，合无呈请，详示行府，转行该县，置主择吉，迎入乡贤祠崇祀等因，呈详蒙批：看得本官质直守己，清白传家。柬牍不入于公门，布素真同于寒士。如议行府檄县，入祀乡贤，以风士俗。缴蒙此拟合就行，为此，仰府官吏照依案内事理，即便转行该县，将已故凌乡宦，置主择吉，迎入乡贤祠崇祀，以光俎豆[3]，毋得违错。

祭前太守陈公忠烈祠文

凌尧伦

惟公学希圣贤，忠贯日月。遭王室之难，励岁寒之操。师会孟津八百人，而夷齐独非武王之举。兵环尽邑，而王蠋[4]不从乐毅之招。英声懋著于华夷，劲节实高于今古。伦等假寓祠下，端拜像前，敬慕之心，不容自已。谨以牲醴之仪，恭伸奠献。伏望忠魂，昭格景福。攸绥几在门墙之中，悉承启迪之益。居常则行义以达道，遇变则舍生以成仁。不同公之迹而同公之心，不生公之时而蒙公之泽。则后学小子幸莫大焉。

异姓考

吾歙自古皆聚族而居，故举隅都以知氏族，即氏族以识户口。遇同邑之人，而询其何许？答以某乡，则姓可无庸再叩也。虽间有一村而两族者，然已罕矣。沙溪，我凌氏自唐卜筑于斯，繁衍成族，曾未有他姓居之，亦未有参错而处者。今则有方、王、吴、汪数姓，或以婚媾相依，或以乐土适所，或以贸迁既久，携妻帑而不返故里者，遂皆土著焉。其在炎宋以后乎？其在元明之间乎？是皆不足深考。要之，其来也有自。匪伊异人，安耕凿而长子孙，绵世寝远[5]，又非流寓而比，故作异姓考，附于本族载籍之末。

---

① 允文允武：形容能文能武。

② 惇：敦厚。

③ 俎豆：祭祀；崇奉。

④ 王蠋：战国时齐国人。公元前284年，燕将乐毅攻破临淄，齐愍王逃奔莒州。乐毅敬慕王蠋，使人重金礼请他，并封他万户。王蠋说："与其屈从敌人，不如以死激励国人。"遂自缢而死。士民大夫无不感动奋起，共奔莒州，寻访愍王，图谋复国。

⑤ 寝远：久远。

方姓始于宋庆元间。蜜公八代孙三九公，有女赘南乡瀹潭方安中为婿。三九公无子，安中遂成岳氏家业。故于古皇富社中列为一管十甲里，排列在四甲，住村里东隅。然人丁不甚繁衍，今犹不满十室焉。

王姓来自宋末。古皇富社管亦与其中。至人丁数人，耕种为业。道光年间无人矣。

吴姓本贯徐村人也。先时吴福仕、吴静川、吴晴川等，自元至明，世擅疡医。至嘉靖间，吴某来沙溪以医行世，就此居之，寄户六甲，他不与焉。今吴氏数家犹世守其业。

汪姓有二家，一来自堨田，居街上，谓之外汪。一来自冯田，居村里，谓之里汪。二姓迩年颇裕，新置钱粮立户，附寄八甲，计其卜迁之，亦历百余年矣。

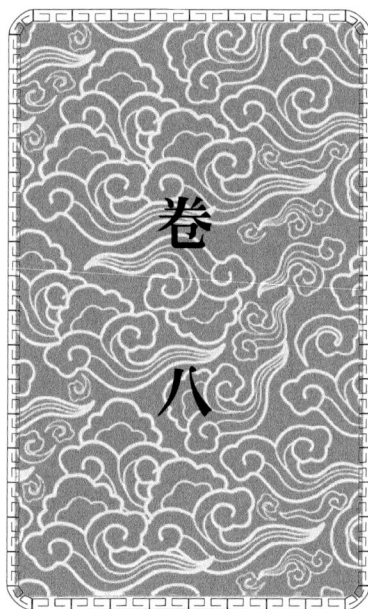

卷

八

诗　词

题宋赠徽猷阁待制唐佐公忠节

凌琯

宣和①君臣泰忘否，河北烟尘暗天起。
宰相议和不议战，二圣蒙尘万方耻。
南京留守凌唐佐，被执不降城门破。
楚因封事上高宗，蜡书不幸遭机逻。
屹立庭中骂刘豫，怒发冲冠乞刀锯。
刳肠碎首不苟辞，杲卿秀实腾芳誉。
天子下诏悲忠臣，赠官赐祭雪人神。
叛臣强敌今何在，惟有忠魂万古新。

挽太常卿凌东鳌

朱有则

安酋发难初，道路传多梗。
不闻鸡犬声，但见烽烟警。
此时叱驭前，便觉觇锋颖。
况以滇使君，留镇黔危境。
戡乱抒嘉谋，坚壁御精猛。
既虑饥民殍，复哀从者瘠。
枵腹全孤城，建旗动群犷。
嗟哉功垂成，倏忽悲夜永。
幸有金玉后，抗疏陈忠靖。
丹书出建章，封录言蔚炳②。
宏才试两都，美媲稔渊静。
彼苍眷明良，斯岂为橄幸。
更看汉竹间，芳名并耿耿。

---

① 宣和：即1119至1125年，是宋徽宗的第六个年号。

② 蔚炳：文采鲜明华美。

闻倭警

凌琯

才闻齐鲁捷书传，又报吴中海寇搴①。

日本丑夷狂已极，漳汀②亡命势方联。

初春入夏三农废，雪水③环苏六印钱。

几度山头樵罢坐，一面东向便潸然④。

文丞相祠⑤

穷海苍生已属元，孤臣无主独衔冤。

江都夜月方南泣，波岭春风又北辕。

淖齿⑥乱齐惊即墨，禄山窥陕畏平原。

可怜柴市英雄血，犹向熙朝食藻蘩。

刑部观政见《邸报》，致仕严大学士进天师召鹤符，焚之，则鹤盘旋空中

凌琯

当国人间已白颅，伊周事业迥然殊。

归田无计酬明主，犹进天师召鹤符。

江西广积仓清查严氏家财感而赋此

凌琯

满日繁华已杀身，谩将谈笑尽人人。

一经忍负陶唐试，九死甘为饕餮伦。

---

① 搴：通"搴"，拔取。

② 漳汀：即漳州和汀州。

③ 雪水：即雪溪，在今浙江省湖州市。

④ 潸然：流泪的样子。

⑤ 文丞相祠：坐落在北京东城区府学胡同63号，是南宋文天祥当年遭囚禁和就义的地方。明洪武九年（1376年）建祠，现存大门、前殿、后殿。

⑥ 淖齿（？—前283年），战国时楚将。楚顷襄王十五年，燕将乐毅破齐都临淄，齐愍王逃亡。他受楚顷襄王命率军救齐，被愍王任为齐相。后杀愍王，欲与燕分齐地，旋为齐人王孙贾所杀。

乐厌岂非悬往鉴。秦熺①端合正明刑。
钤山应抱千年耻，翻忆英贤泪湿襟。

乙巳岁读书紫阳山下晚晴秋望

凌尧伦

断蝉高树夕阳天，独立峰头思悄然。
衰鬓欲临流水照，闲心还遂野云研。
风光荏苒②凭谁赋，世事萧条只我怜。
闻道年丰饶菽粟③，江城万户起苍烟。

谒岳武穆祠

凌尧伦

古木萧森庙貌东，采苹含泪仰英风。
九重日月行南陆，百战旌旗奏上功。
免胄子仪④惊敌胆，挺身延寿潴胡宫。
奸臣偏主和戎议，遗恨君王业不终。

谒别宗忠简公祠

凌琯

岁万历丙子⑤，余自河南少参升贵州学宪，将行谒别包孝肃⑥、于肃愍⑦诸神祠，问宗留守⑧祠安在？皆对曰不知，访一宗室得之，已为李乡官

---

① 秦熺(1117—1161年)，字伯阳，南宋奸臣秦桧的养子。

② 荏苒：(时间)渐渐过去。

③ 菽粟：泛指粮食。

④ 免胄子仪：宋李公麟画有《免胄图》，所绘为郭子仪率数十骑免胄(徒手不着盔甲)见回纥首领大酋，大酋舍兵下马拜见的情景。郭子仪神情雍穆诚恳，俯身援手以礼相见，体现出从容大度的一代名将风范。

⑤ 万历丙子：1576年。

⑥ 包孝肃：即包拯(999—1062年)，字希仁，谥孝肃，北宋庐州府人。他廉洁公正，不附权贵，铁面无私，敢于替百姓申不平，故有"包青天"之名。

⑦ 于肃愍：即于谦(1398—1457年)，字廷益，号节庵，谥忠肃，杭州府钱塘县人。明朝名臣、民族英雄。

⑧ 宗留守：即宗泽(1060—1128年)，字汝霖，浙江义乌人，宋著名抗金将领。进士出身，历任县、州文官，颇有政绩。南宋高宗时任东京留守兼知开封府，重用岳飞北伐，并多次请高宗迁回开封未果，最后因不能击败金朝军队，气愤忧郁而死。著有《宗忠简公集》。

书房矣。巫往省，庭阶鞠为蔬圃，惟像设仅存耳，乃檄祥符县为之作主，像前悬匾，户外祭之而后行。因纪以诗，十月初一日也。

> 澶渊龙去雪初消，无数胡雏拥马貂。
> 大师建牙夷僭伪，贤王移跸①觐臣僚。
> 西回累疏忠肝裂，北渡连呼胆气豪。
> 新匾旧祠堪堕泪，双旗愁度马军桥。

贵州夷

凌琯

> 同为天所覆，胡独并人群。有食苗为粟，无襦②草是裙。
> 山行荒白日，野宿暗黧③云。嗟尔穷夷苦，谁为告大君。

出巡过炎方驿

凌琯

> 小山多峭石，平野尽青松。连日云南路，春风长禄茸。

读唐义士收南宋诸陵遗骨事有感

凌光亨

其 一

> 南宋遗陵多宝巅，珠襦书启血痕鲜。
> 倾家结客求龙蜕，剪钏贻僧塞虎涎。
> 几树冬青啼夜月，数函黄绢冷朝烟。
> 孤忠秘密无知者，惟有皇天鉴且怜。

其 二

> 焚身救主唐琦义，唐又如君义更奇。
> 贫贱挥金人绝少，艰难拾玉古应稀。
> 江边白塔号冤鬼，殿上青枝叫子规④。

---

① 移跸：移驾。

② 襦：短衣，短袄。

③ 黧：黑；色黑而黄。

④ 子规：即杜鹃鸟。

我有伤心谁共语，昌平山畔冢累累。

挽凌司冠忠介公死节

庐宜

苕溪①之山蜿且蜒，苕溪之水清且涟。
孤忠岳岳度翩翩，长身玉立矫莫前。
鼎湖龙去泣啼鹃，攀髯叱驭志何坚。
魂归故国社已迁，苕山苕水恨绵绵。
肯随蔓草委荒山，烟云风马在帝边。

凌忠介公甲申死事立祠西湖诗以吊之

吴农祥

先生逸兴夜留宾，春日明灯理钓纶。
啸傲能言天下事，指挥先得眼中人。
高眠同坐清丝舫，起舞还看白甏巾。
倚立绮筵思执友，十年消息更伤神。

吊岳武穆王②

凌子俭

西冷高冢望迷离，堪痛臣忠国已危。
玉骨冤埋三字案，金牌妒卷两河旗。
燕云唾手成虚梦，越水甘心号小支。
皇宋得君仍未死，英雄到此不须悲。

新安五君咏

凌驯

我新安理学奥区，革命之际，舍生取义者，尤为林立。撮其尤而咏之，不敢滥及他郡，恐失实也。

侍御凌龙翰

---

①苕溪：在浙江省北部，浙江八大水系之一。由于流域内沿河各地盛长芦苇，进入秋天，芦花飘散水上如飞雪，引人注目，当地居民称芦花为"苕"，故名苕溪。

②岳武穆王：即岳飞(1103—1142年)，字鹏举，宋相州汤阴县人，著名的军事家、战略家。

夙昔负至性，所好耽风诗。胸中今古藏，反受文字嗤。
骊①飞仍复踬②，拓落羁京师。在困道弥敦，竟为天子知。
筮仕监戎旅，独战力不支。若非神语僧，已作上谷尸。
金疮尚未合，清源骞③义旗。二东一朝复，忽睹汉官仪。
兼巡河之南，狎敌如小儿。虽曰鲜成功，浩气吹青骊。
任被舄与裘，丹心终不移。一身报两主，忠贞谥允宜。

修撰金正希④

清怀富经籍，奇名落楚水。文章一代宗，雅音追正始。
寇至思请缨，同心有刘子。拂袖长归来，壮心鸣不已。
黔卒窥我黟，人士叹觩觡⑤。公怒与之战，屠之如羊豕⑥。
乡里获人安，民歌怙而恃。江南天地昏，坚欲奉正祀。
旁午羽书⑦驰，宴集多贤士。心不负南阳，衔刀建康市。

检讨汪长源⑧

文节儒而侠，义深满白门。
咳吐落珠玑，书史何翩翩。
初为浙东宰，大蓬冬日温。
德业登上考，崟坡道望尊。
有寇逼帝闉⑨，儒臣责不存。
公曰君存我，缓急安敢论。
谈笑殒厥躯，遂志有遗言。
佳偶甘殉烈，照耀双瑶琨⑩。

---

①骊：骊龙的省称。

②踬：跌倒；绊倒。

③骞：高举。

④金正希：即金声(1589—1645年)，一名子骏，字正希，号赤壁，休宁瓯山人。明末抗清义军首领。金声治学严谨，道德、文章备受后人推崇。著有《金太史文章》《尚志堂集》等。

⑤觩觡：屈曲宛转。

⑥豕：猪。

⑦羽书：古代插有鸟羽的紧急军事文书。

⑧汪长源：即汪伟，字长源，休宁人，崇祯元年(1628年)进士。明崇祯甲申年(1644年)，李自成攻陷北京，汪伟与妻双双就缢而死。

⑨帝闉：京都的城门，亦泛指京城。

⑩瑶琨：瑶、琨皆美玉。后用以泛指美玉美石。

临危节不紊，杲杲秋阳暾。

布衣凌玄性

之子诚英多，壮貌亦魁叠。所如辄不遇，菊秀其谁采。
落笔喜惊人，词源蓄山海。走马台城东，有客皆朱亥①。
侍叔入睢阳，慷慨色不改。长歌声昂昂，身死气仍在。
贤者固轻生，何妨子路辈。且属太常孙，奕世光庙廓。

文学江文石②

严气挺千丈，岳岳不可攀。娱心铅椠场，才名重于山。
惊天著秘集，节义见一斑。黔旅如虺虎，御之犹等闲。
走阙③上冤书，痛哭摧权奸。助师树义旆，四塞屹重关。
乡勇日益集，合郡轻金环。至死心不悔，甘同称周顽。

歙浦八哀诗

凌驯

古人八哀之诗，皆因悼亡而作，予邑诸贤茹苦凋落，故咏而悲之。或有沉沦海滨，尚有喘息者，其志亦可哀也矣。

宪副洪西岩

生为华阅裔，长乃擅文誉。昕廷猎上第，星煜武昌署。
江水清且长，洁怀亦云庶。午夜悲黍离④，携家浮海去。
胸中富甲兵，为王折前箸⑤。累夜恩泽深，臣心敢自恕。
召致六州师，聊为将伯助。明知事无成，何忍避刀锯。

---

①朱亥：朱亥本是一位屠夫，因勇武过人，被信陵君聘为食客，曾在退秦、救赵、存魏的战役中立下汗马功劳。

②江文石：即江天一（1602—1645年），字文石，歙县江村人。明末生员，家贫以教书为生。时徽州休宁人金声在复古书院讲学，便拜金声为师。顺治二年（1645年），南京被清军攻破，天一助金声起兵抗清，以"杀房者昌，降房者亡"为口号，先后收复旌德、宁国、泾县、宣城等地。后败退绩溪，固守丛山关。因御史黄澍降清并引清军断金声后路，金声虑及天一有老母在堂，劝天一逃走，天一回家拜辞老母和祖庙后，追上金声，一同被清军捕至南京，降将洪承畴劝金声和江天一投降，遭拒。后与金声被杀于南京通济门外。

③阙：皇帝居处，借指朝廷。

④黍离：《黍离》选自《诗经·王风》，是周朝的民间歌谣。"黍离之悲"指亡国之痛。

⑤前箸：进餐时座前的筷子。借指为人筹划。

邑尹郑天玉①

讳为虹,长林人,崇祯癸未进士、御史,殉节。

> 年少妙英华,连攀上苑花。皓质纬清思,摇曳流云霞。
> 吴兴颂神君,丹碧②好自赊。江郎不专美,片石春无涯。
> 难起借巡关,愁心悲暮笳。此关既已破,此身何足嗟。
> 家室殊流离,纷纷饱齿牙。至今南浦上,凄切有啼鸦。

民部凌镜汭③

> 民部膺异质,幼爱精五宗。安贫乐淡泊,在官却华浓。
> 诗品驾王孟,字学追颜钟。片楮传人间,宝为席上供。
> 仕迹半岭海,童孺歌殊庸。清节苦而贞,朝炊日下春。
> 神气自飙举,浩浩齐长松。晚盖逃乎禅,高风不可踪。

文学吴东三

> 羡尔三株树,猗娜文苑英。谭经乡祭酒,讲武国千城。
> 把臂多誉髦④,埙篪⑤相和鸣。驰驱百粤隩,奇采纷纵横。
> 钴鉧⑥记子厚,尉陀拜贾生。草昧钦谠言⑦,声实光晶晶。
> 以之居喉舌,周鼎未可轻。彼憝⑧胡见忌,食其无罪烹。

文学孔方文

> 天地忽晦没,举国若猖狂。区区子衿子,乃欲植纲常。
> 此颈宁不断,此义不可伤。从俗虽苟活,思之不如亡。
> 鶗鴂⑨日夜鸣,兰杜有幽芳。草茅存至性,所愧在岩廊。
> 彼所见者大,岂曰争微芒。欣然不食粟,同心在首阳。

---

①郑天玉:即郑玉(1298—1358年),字子美,徽州歙县郑村人。博究六经,绝意仕进,隐居郑村师山,勤于授徒。著有《师山先生文集》《周易纂注》等。

② 丹碧:丹青,指绘画。

③ 凌镜汭:即凌世韶,明代崇祯甲戌(1634年)进士,户部主事。明亡后隐居黄山。

④ 誉髦:指有名望的英杰之士。

⑤ 埙篪:埙、篪皆古代乐器,二者合奏时声音相应和。因常以"埙篪"比喻兄弟亲密和睦。

⑥ 钴鉧:这里指唐代文学家柳宗元的散文《钴鉧潭记》。

⑦ 谠言:正直之言。

⑧ 憝:怨恨;憎恶。

⑨ 鶗鴂:杜鹃鸟。

祠部罗有持

祠部穆清风，萧然道味冲。华篇走海内，屹立称文雄。
烟雨落帆间，慈母颂无穷。有时持文缴，所弋皆高鸿。
冰蘗①若自茹，两袖涵虚空。见难归乡间，端坐深山中。
诗酒日咏陶，不与户外通。寂寞虽难忍，庶几存一终。

司李汪瑞侯

讳觐光②，丛睦人，崇祯癸未进士，授四川顺庆推官。将之任，闻闯贼之变，被褐隐山中不出。

一门挺双壁，升沉不相掩。文章久陆离，星光常剡剡③。
居富尤善贫，居宦亦善俭。夏月不设帷，冬月不易簟。
了无纨绔风，独敦寒素检。虽曰蜀司刑，未窥滟滪险。
惟恐尘垢侵，无官心自慊。喜投文节怀，师弟两无忝。

孝廉汪扶光

讳沐日，石冈人，崇祯癸酉举人，甲申国变，隐居吴山，僧服著书。

孝廉盛文采，书史夙所耽。昆卢一稿出，纸价重东南。
侠气时干霄，逢人辄脱骖④。奇怀贮武库，素书静夜谱。
弃家远从王，忠而近于憨。事既不可为，冥心悟优昙⑤。
闲听鹧鸪啼，坐观罗浮岚。何以慰幽思，浮屠灯一龛。

黄山中得友人梅花诗即韵以寄所怀

凌世韶

其　一

自是人畸出处同，为怜幽独苦为通。
才尊宝鼎彤云上，意在崆峒白雪中。
邮史路疑音息断，广平赋就蔓藤空。

· 235 ·

---

① 冰蘗：比喻寒苦而有操守。
② 汪觐光：字瑞侯，歙县丛睦人，明亡后坚卧山中不出。著有《颖上草堂诗集》。
③ 剡剡：闪烁貌。
④ 脱骖：指以财助人之急。
⑤ 优昙：亦名优昙钵花，乃灵瑞之花。世称三千年开花一度，值佛出世始开。这里指参佛。

冰花铁干元成偶，双笛高横立晚风。

（右怀龙翰叔）

其　二

石闷溪愚老布裳，云心的的肖行藏。
离骚杂佩时多变，风雅遗音趣隐长。
天趁高奇谁积雪，日矜侠节倍烘香。
鸿蒙谁是知心者，剩有酸甘耐客尝。

（右怀玄性弟）

其　三

高朋廓落日烟霜，肯负双题百尺堂。
玉照花光吾鬓短，金陵寒色大江长。
冰蟾故恋苍霞谷，瘦影难依汉苑墙。
沙砾荒荒悲凛冽，尽余红紫媚春阳。

（右怀陈涉江）

其　四

索笑含嚬①一共娱，前林双鹤理相于。
溪山漻沴②花无赖，吴越音情怨有余。
翠雀欣讥嘲我拙，樱桃争艳怪人疏。
离离伯仲生成傲，雪霰③寒崖傲更殊。

（右怀求蒙明卿兄弟）

其　五

潇洒南荣北壑同，朽株应愧世缘通。
苍溪几派人烟外，短策兼旬香雨中。
迥卧石苔辞媚叶，独开天笑照寒空。
含情自谙韶华易，陇上将过红杏风。

---

①嚬：皱眉。

②漻沴：空旷虚静貌。

③霰：在高空中的水蒸气遇到冷空气凝结成的小冰粒，多在下雪前或下雪时出现。

其　六

冻花开落嫩樵书，老向慈光顶上居。
阁事大悲云不住，香开离垢梦何如。
青天皓月盟穷岁，冷壑疏泉纵野癯。
进破寒山无漏智，千峰处处见文殊。

（右二章自况）

和镜汭侄黄山咏怀梅花诗原韵六首

凌驯

其　一

历落苍崖性不同，群华消歇困能通。
孤贞龙战冰坚后，澹漠鸿冥雪艳中。
老干难摧颜面冷，素心未改绮纨①空。
亭亭玉立岁寒日，耐久宁愁广漠风。

（怀兄龙翰）

其　二

严威萧飒剪冰裳，无恨风光静裹藏。
粤岭几株邀梦短，江城三弄引杯长。
清风喜伴银铧寂，零落尤怜玉骨香。
莫讶寒枝老空谷，满天风雪备曾赏。

（怀侄玄性）

其　三

嵚崎②古橛③饱清霜，一夜含香映草堂。
秀佚名山藏韵远，供同怪石吐长光。
风吹不落王孙院，月到偏宜处士墙。
淡寂孤芳应自爱，好凭幽梦慰青阳。

· 237 ·

（怀镜汭）

---

① 绮纨：华丽的丝织品。

② 嵚崎：高峻的样子；比喻品格卓异超群。

③ 橛：残存的树根，树墩。

卷

八

其　四

踏野携筇客欲娱，玄心迥绝友林于。
千山雪叶馨香减，九畹兰芽粉泽余。
独立朔风存劲节，晚临睢水落英疏。
虽然劫坠烟尘里，海碧天清气自殊。

（仍怀龙翰）

其　五

竹林佳趣古今同，晚节双撑夙契通。
驴背远寻烟水外，鹍弦①微唱月明中。
绨袍②寒色萧萧入，纸帐清阴淡淡空。
霜霰几番成别况，疏狂端足傲春风。

（仍怀玄性）

其　六

天然幽韵押琴书，长伴孤山篱落居。
耽梦喜逢狂少伯③，含酸应解渴相如④。
玄香不种声闻果，野性甘同草泽癯。
泫涕攀条生白发，雪庵高踏趣何殊。

（仍怀镜沕）

挽侄孙儒炳初娶汪氏殉烈三十韵（恨二冬韵）

凌驯

貌亦超人玉，天映花玲珑。适邑有讹传，选嫔充上供。
爱择儒家子，佳妙因乘龙。十四赋来归，男悫而女憧。
虽有伉俪⑤名，小窗未喁喁⑥。既能执杵臼⑦，亦复善针缝。

---

① 鹍弦：用鹍鸡筋做的琵琶弦；琴曲名。

② 绨袍：质地粗厚的衣服。

③ 少伯：即王昌龄（698—757年），字少伯，河东晋阳人，又一说京兆长安人。盛唐著名边塞诗人。其诗以七绝见长，尤以登第之前赴西北边塞所作边塞诗最为著名，有"诗家夫子王江宁"之誉。

④ 相如：即司马相如，字长卿，巴郡安汉县人，西汉辞赋家，代表作为《子虚赋》。他与卓文君的爱情故事也广为流传。

⑤ 伉俪：夫妻。

⑥ 喁喁：说话的声音（多用于小声说话）。

⑦ 杵臼：舂捣粮食或药物等的工具。

夫贫还学贾，尔代户朝饔。事姑①房内婉，事翁堂上恭。

娣姒咸辑睦②，臧获亦和雍。闻夫忽染疾，暗涕声淙淙。

胡天不我佑，遽告夫子凶。号泣跽③勤姑，致咎皆由秾。

越日招夫魂，治馔甘且酞。兼治楮与镪④，余力尚任舂。

俄而语小姑，归阁理敝绒。少顷姑往呼，偃卧身如慵。

尺组亦未结，颜色更华秾。呼之竟不起，已与夫相从。

捐身何快适，花落水溶溶。伍程诸大母，挺节如长松。

尔亦闻夙教，克践前媛踪。春葩徒曼靡，秋草空蒙茸。

所贵贤洁者，震世鸣钟镛⑤。群妇生慷慨，丈夫起乎颙。

对此不知愧，面甲其几重。淄水则有杞，柏舟则有共。

传世久久芳，兹觉芬愈浓。日月相吐吞，荒塚不必封。

读史二张⑥歌

凌驷

北马长驱襄阳下，鹿门筑塞万山赭。

五载重围耗不通，父老吞声泪南洒。

文虎奉敕援樊襄，嬖妾⑦纷纷弄杯斝⑧。

制使爰遣二张行，百艘并进江涛訇⑨。

城开米至饥师喜，嗟失统制顺其名。

越此数日尸浮出，六箭双枪纵复横。

踏水觔门身不卧，耿耿怒气如平生。

持弓注矢拟向敌，敌人惊走皆反兵。

一城号哭城欲倒，葬之近城城峥嵘。

副帅贵也神更勇，单舸报主心无恐。

---

① 姑：丈夫的母亲。

② 辑睦：和睦。

③ 跽：双膝着地，上身挺直。

④ 楮镪：祭祀时焚化用的纸钱。

⑤ 钟镛：钟和镛。泛指大钟。

⑥ 二张：指张贵、张顺。南宋民兵将领。

⑦ 嬖妾：爱妾。

⑧ 杯斝：古代酒器。

⑨ 訇：形容大声。

暗约郢师为救援，龙尾滩头水汹涌。
讵料叛卒漏消息，敌舟暗移乘夜黑。
文虎不来阿术来，旌旗杂乱谁能识。
鏖战江心天色明，刀箭交加魂恻恻。
昇至襄阳来谕降，甘心不屈以报国。
守陴见之咸大哭，祔葬顺旁双塚矗。
至今矮张竹园张，名垂青史香馥馥。
问谁当国失二张，丞相堂前蟋蟀蔟。

题又蕙侄孙画竹

凌驯

其 一

百尺琅玕①屋角东，依稀披对此君风。
谁人移在银绡上，落翠盈庭扫不空。

其 二

阿咸绘竹芜城畔，枝噪能助雨窗吟。
缄②来千里步兵醉，白眼看人坐竹林。

厓山吊古③

凌驯

海水横飞腥似血，忠魂夜夜声呜咽。
为此赵家一魂孤，艰难万死心如结。
丞相方炊五坡饭，邻邻铁骑围长堑。
脑子连吞身尚存，留向燕云著死难。

---

① 琅玕：指竹。
② 缄：书信。
③ 厓山：今作崖山，位于广东江门市新会区，地势险要，为扼守南海门户。1279年（元至元十六年，南宋祥兴二年）宋朝军队与蒙古军队在崖山进行决战，宋军全军覆灭。南宋灭国时，陆秀夫背着少帝投海自尽，许多忠臣追随其后，十万军民跳海殉国。

衔刀截脰①报嗣君，正气冲霄拂河汉。
左相正色立危时，手录大学进讲之。
虽在波涛喧豗内，犹见治朝经筵规。
敌至抱帝同溺海，殊胜累累归京师。
十七万人沉海底，三尺黄袍压众尸。
将军血战解维去，起尺不辨满天雾。
平章山下飓风号，瓣香庆祷逢天怒。
天怒舟倾宋亦倾，愧彼宜中主不顾。
海水海水苦悲涕，眼见元车向北驰。
好家居无万年期，海水精灵空尔为。

题文石江先生墓

凌嘉藻

名节攸关挽世风，王臣蹇蹇不言躬。
抗词定足光青简，吐气真能贯白虹。
温序衔须先后见，姚洪残骨古今同。
荒凉石碣悲声起，新史题评宿草中。

挽姚节母凌氏哀辞

程云鹏

我哀节母凄风来，黄鹄悲鸣风怒回。
事夫五载空尘埃，掷碎当年玉镜台。

我哀节母死方将，款启正縻乱吹笙（叶霜）。
磨牙吮血起旁皇②，浩浩育育归其乡。

我哀节母新鬼小，节烈祠中情渺渺。
白头殉死古今谁，旧鬼呼群讯分晓。

----

① 脰：脖子；颈。
② 旁皇：走来走去，犹疑不决，不知往哪个方向去。

秋祀紫阳山徽国朱文公祠

道范巍巍挽夕阳，天根月窟识穹苍。
枕流庙貌开丛径，依阜檐牙构雅堂。
序列牺尊仪像古，敬聆凤琯德音长。
欣逢棨戟①频来上，紫麓朱楹更溢光。

读家待制公传

凌应秋

吾家多忠臣，肇自宋待制。受命知应天，胡尘涨阴壒。
宋运逢屯邅②，将相失调剂。居守应天城，刘豫若狗彘③。
一旦寇环攻，严戒城阙闭。刁斗④日夕传，死守三军誓。
哀哉心血枯，城陷身可毙。逆豫伪帝齐，枢府作饵计。
拒贼辞何严，拘留掩泪涕。逻卒侦卤情，虚实遥通帝。
事泄缚蒿街，骂贼齿益砺。引头撄⑤其锋，岂惧叛臣势。
呼君君不闻，呼天天不惠。捐躯报国恩，芳名传万世。

读家太常公传

凌应秋

君不见睢阳城上，大小四百战贼兵。
罗雀掘鼠食同尽⑥，死守孤城奴妾烹。
我公受命滇南守，子弟相随十八口。
安酋甲马踏黄沙，贵阳城上传刁斗。
滇官抱愤气何雄，滇南贤守留黔中。
沙场烽火无时息，战守何由建大勋。
敌骑围城鼓声起，战士军前半生死。

---

① 棨戟：有缯衣或油漆的木戟，古代官吏出行时作前导的一种仪仗。这里代指官员。
② 屯邅：行进艰难的样子，比喻处境艰难。
③ 狗彘：犬与猪。常比喻行为恶劣或品行卑劣的人。
④ 刁斗：古代行军用具，白天用以烧饭，夜间击以报时警备。
⑤ 撄：接触，触犯。
⑥ 原文作"民罗雀掘鼠食同尽"，联系上下文，根据文意，"民"字为多余，故删去。

不马祸神双泪流，群呼我死更无求。
城中士女怅何之，十月嗷嗷哭守陴。
筋草食尽人肉继，还收白骨和薪炊。
一门围场十有五，止剩三人建旗鼓。
斯文掷地声摩空，犹把首阳忠义吐。
大书壁上张睢阳，千载忠臣明与唐。
被围日久城犹固，援兵随到身随亡。
我读斯编气呜咽，肠断行人吊忠节。
一门殉难古无多，月落灯昏鬼泣血。

读家司寇忠介公传

凌应秋

文章节义两知名，日月争光死即生。
经史品评传海宇，权奸斜疏动神京。
天倾庙社流氛炽，臣报君恩赤胆明。
龙去鼎湖云黯淡，魂归故国鸟哀鸣。
遗言姓字应书枢，寄语椿闱绝养牲。
碧血九原忠魂在，云车风马待君行。

读家司马忠贞公传

凌应秋

黄山峨峨①半天矗，练水茫茫洗地轴。
黄山练水产伟人，棱棱铁骨躬可鞠。
闲看家乘纪诸忠，捐躯报国司马公。
先皇新主两无愧，撑天柱地真英雄。
甫受一官掌戎政，宰臣荡寇拜新命。
愿输家财救太原，荐剡惟公众相庆。
甲光耀日扬旄旌，都门甫出大纛②倾。
中途闻惊室家破，保定城头不见兵。
无军可监公飞疏，赤手空支贼拦阻。

---

① 峨峨：高峻的样子。
② 纛：古代军队里的大旗。

一人一骑冒凶锋，受箭受刀身死去。

有僧仗义救忠臣，大悲阁里藏公身。

封疆人民事未了，南还重整旧兵屯。

山东健儿好梗概，忠肝义胆交爱戴。

一鼓作气静流氛，两河疆土依然在。

南都父老重公才，群寇惊闻凌按台。

何为天心不悔祸，鼠辈冰消大师来。

中州城下月如水，中州城上鼓声死。

断甲材官泣战场，婴城固守不能委。

孤臣尽瘁报君王，孤城围困无见粮。

羽檄①纷驰求策应，四镇雄兵敌武昌。

我公洒血汴梁道，鬼马不归嘶碧草。

伤心君父痛难酬，手掷头颅速死好。

大名从此震燕都，贤王有令要生躯。

焚香顶戴人民哭，愿求公死缓斯须。

单骑往见心如鞭，慕效文山②宁断颈。

香饵百般钩下投，义正词严何勇猛。

归来坐叹无奈何，搔首问天天不荷。

千里拜书称永诀，孝子酸心血泪多。

有田可供老母膳，有弟可免孤儿贼。

书成浩气复冲霄，白箭依诗吟不倦。

将心是夜随寒芒，一缳报答两君王。

布衣从子亦同死，双魂凛凛骨生香。

呜呼，谁家亡国无忠节，未闻叔侄同心铁。

一忠一烈无先后，英雄大数无此结。

可怜宗社三百年，英豪在世不回天。

一跌灰飞天地泣，青磷③碧血化枯烟。

---

① 羽檄：即羽书。插上鸟羽，要求迅速传递的军事文书。

② 文山：即文天祥。

③ 青磷：人和动物尸体腐烂时，会分解出磷化氢，常在夜间田野中自燃，发出青绿色的光焰，古称"青磷"，俗称鬼火。

读赠御史布衣公传

凌应秋

世变见真士，如公是丈夫。芒鞋终不走，虎幕有雄图。
守土非其责，酬知存古愚。成仁聊让叔，后死岂殊途。
壮气身能殉，忠魂德不孤。纲常留草莽，义烈重皇都。
愧死瓦全者，甘成玉碎吾。至今伤绝命，诗句泣啼乌。

读家民部公传

凌应秋

其 一

千群闯骑踏皇都，身在江南痛切肤。
六品郎官才莫展，万年宗社势难图。
舍生固表孤臣节，义旅还存报主谟。
遥忆当年金太史，荷戈执战共驰驱。

其 二

南都云扰异江河，高卧黄山出坎坷。
诗咏梅花怀烈士，发除萧寺作头陀。
禅心已入传灯录，壮志犹存正气歌。
公论一时千载定，文节私谥莫言过。

阅绍圣①宋鉴

凌琯

去年社饭帘前谢，尚书仆射泪汪汪。
今年只有章惇②在，逐客愁闻社饭香。

---

① 绍圣：是宋哲宗赵煦的第二个年号。元祐八年（1093年），神宗母高太后死，宋哲宗赵煦亲政。他对反变法派的专横无君非常不满，因此亲政后召见新党，任章惇为宰相。并以"绍述"（继承）神宗成法为名，于次年改年号为"绍圣"，神宗时期的新法逐一恢复，反变法派被贬官流放。

② 章惇（1035—1105年），字子厚，福建浦城人，北宋宰相，王安石变法的主要人物之一。嘉祐二年（1057年）考取进士，可是侄子章衡却考取状元，章惇感到羞愧，便不就而去，后而再举进士甲科，调商洛令。起初在集贤院做事，熙宁变法时为宋神宗和王安石起用。熙宁五年（1072年），受命察访荆湖北路，五年后升任参知政事，平定四川、贵州、广西三省交界的叛乱，招抚四十五州，名震一时。

阅皇明论断,方孝孺①之死,为不顾其九族者而过之。作诗解之。

从来忠烈只捐躯,煞运遭逢九族诛。
顾即不忠忠不顾,只余千载仰天鸣。

乳 燕

凌琯

乳燕非孝鸟,莫来栖我屋。
毛干各自飞,老燕望穿目。
慈乌反哺母,失母声如哭。
羔羊知跪乳,岂忍食其肉。
禽兽性不同,须把孝经读。

即 事

凌琯

贪夫聩聩②溺风水,专向城中结土垒。
官司畏势不敢问,古宅古坟连夜徙。
如此人才何必出,乡邦畴昔空劝喜。
我家愿天出好人,不捐乡里益乡里。

清明上陵

凌琯

雨后轻尘湿不飞,凄然寒食草芳菲。
罗衣乍试桃花暖,羽扇初挥露翮肥。
王气入陵符象纬,神京一望正春晖。
碧云犹在西山外,隐隐钟声出翠微。

---

① 方孝孺(1357—1402年),字希直,一字希古,号逊志,又称"缑城先生""正学先生",福王时追谥文正。浙江宁海县人,明代文学家、散文家、思想家。因拒绝为发动"靖难之役"的燕王朱棣草拟即位诏书,牵连其亲友八百余人全部遇害。方孝孺刚直不阿,孤忠赴难,不屈而死,成为中国历史上唯一被"诛十族"的人。

② 聩聩:糊涂,不明事理;形容耳聋,听不见。

上任过武夷山

凌琯

武夷山下路，隔水望郡峰。好景雨中过，残春客里逢。
岩云腾宿篆，幽涧咽丝桐①。便欲乘晴霁，频繁祀晦翁②。

紫阳书院夜读

凌子任

碧绿心传在紫阳，练光分色映芸堂。
轻细带月飘清籁，细草流香渡野塘。
渺渺溪源前绪接，依依灯影续光长。
沉吟悟得川流意，杏坫春风已过墙。

黄山诗八首

凌驷

汤　泉

谷里云脂鼎里霞，众香春息浸兰芽。
丹成减却参炉火，煨向清溪煮白沙。

观音岩

大悲有像立山坑，有像无音达者观。
我到天都不得上，孤高终是度人难。

龙　潭

怪尔老龙冬弗蛰，无云无雨奔来急。
素甲千片纷鳞鳞，顽角双支雄抵抵。
有穴天开不见来，无门万尺不见入。
空笑浮漫殚黄金，刦刀结鬣山头立。

---

① 丝桐：指琴。古代琴多用桐木制成，故名。

② 晦翁：即朱熹（1130—1200年），字元晦，又字仲晦，号晦庵，晚年称晦翁，谥文，又称朱文公。祖籍徽州婺源，出生于南剑州尤溪。南宋著名的理学家、思想家。

慈光塔

拈华悟不二，四十九年终。鹤勒还存性，鸠摩弗任功。
金襕犹色相，珠袖等虚空。得解无常法，僧终佛未终。

老人峰

有石饮得轩辕药，走上峰头作老人。
懒性不蒙萝薜①诮，古风如晤葛怀民。
朝餐菡萏②云间露，夕嚼桃花核里仁。
是石是人都是幻，莫教袍笏③玷璘珣。

文珠院

有院结苍岩，鸟道相招入。
无风偏作寒，非雨亦能湿。
狮石爪若拿，象石鼻欲吸。
两峰虚而受，一石终而立。
端笋孤竹来，珊瑚郁林集。
许迈可学仙，庾承堪绝粒。
高哉如斯人，邈焉寡所及。

一线天

忽然一缕光，长洁云中见。此石不支机，谁缩天孙线。

丞相原

山中官阀尽，臣相复谁名。白草悲银艾，环台栉④玉甍。
鼎钟镝兽吻，瓦砾鲜鱼声。沄沄⑤苍茫内，琳琅⑥见赤城。

---

① 萝薜：泛指攀缘的蔓生植物。

② 菡萏：荷花。

③ 袍笏：古代官员上朝时穿的官服和手拿的笏板。

④ 栉：梳子、篦子等梳头发的用具。比喻像梳子齿那样密集排列着。

⑤ 沄沄：幽深；深微。

⑥ 琳琅：美玉，比喻优美珍贵的东西。

甲申纪事四首

凌驯

其 一

西来烽火震瑶宫，玉韫昆冈烈焰烘。
帝子心伤啼月浦，王姬华落惜兰丛。
明珠去蚌胎光减，宝剑辞龙匣影空。
更有悲声闻不得，昭仪一曲满江红。

其 二

椒房①私宠月几盈，赏出中宫事有名。
卞玉盘璃终按剑，隋珠弹雀②等倾城。
梁家七贵恩难继，王氏五侯祸久萌。
最痛寄储情绝处，忍同轵道③缚秦婴。

其 三

三屯负气色沾沾，浪誉威神主不嫌。
痛哭九阍④空有泪，贪财封伯秩无厌。
衔须校尉应惭序，断脰将军且愧严。
谗舌负君尤负友，快哉棘手一军歼。

其 四

名蜚艺苑早笼纱，宠冠彤廷誉五车。
节义一生悲断梗，文章千古耻空花。
袖中出诏希陶谷⑤，殿上修辞似李家。
自昔人才多行阙，六朝绮丽总堪嗟。

---

① 椒房：帝王后妃的宫室，也指后妃。

② 隋珠弹雀：据传隋侯救活一条受伤的蛇，后来大蛇衔了一颗明珠给他，后世称隋侯之珠。用明珠去弹鸟雀，比喻得不偿失。

③ 轵道：借指亡国投降。

④ 九阍：九天之门，比喻朝廷。

⑤ 陶谷（903—970年），字秀实，邠州新平人。本姓唐，因避后晋高祖石敬瑭的名讳，改姓陶。陶谷以文章闻名天下，历仕后晋、后汉、后周至宋。

谒高忠宪公止水祠

凌嘉藻（采湘）

志全国体今名完，立节清流自正冠。

南国耆忠开旧庙，东林讲义构新坛。

宋朝遗老堪增暎，楚室孤臣又接澜。

景仰高山钦俨雅，遡洄止水识澄寒。

黄山歌

凌士超（友彤）

寻幽选胜入山谷，轩帝①丹炉几转熟。

白猿峭壁朝啸云，山花锦绣开相续。

路行怪石石心穿，松枝虬古藤萝牵。

日暄风吹香草木，雨暗云封岩壑连。

形势转瞬多变幻，贪奇一任芒鞋绽。

人道莲峰难莫登，我来踏碎莲花瓣。

峰头犹有着残棋，浮丘②容成③迹已稀。

汤泉沸沸常如此，昔日白龙何处飞。

歙浦口夜泊舟

凌应春（滨蘅）

亲舍依稀望转迷，停杯对月漫哦诗。

何堪云满江南地，正是人归故国时。

远寺鸣钟惊客寝，邻舟贳酒觅篙师。

明朝早发渔梁道，好整莱衣④慰屺思⑤。

---

①轩帝：即黄帝，古华夏部落联盟首领，五帝之首，被尊为中华"人文初祖"。相传黄帝带领容成子和浮丘公，不远万里来黟山取石炼丹，历时四百八十年，终于得道升天。

②浮丘：中国古代神话传说中的仙人，黄帝的臣子。黄山有浮丘峰，传说为当年浮丘公的游玩之所。

③容成：中国古代神话传说中的仙人，黄帝的臣子，是指导黄帝学习养生术的老师之一。

④莱衣：老莱子所穿的五彩衣，后指年老仍能孝顺父母。

⑤屺思：指思念父母。

龙尾观歌

临池濡颖右军家，悠悠墨浪生江花。
未央铜雀化尘土，更抉元云伴白麻。
龙尾之溪石如砥，天精地魄结灵髓。
蝘蜓①不敢游其间，连蜷倒吸银河水。
帝降奇宝赍斯文，新安能手初运斤。
洗涤磨砻②成伟器，顿令净几生祥气。
太璞③由来耻自炫，不遇搜罗君岂见。
埋没菁英几万年，而今始识南宫面。
愿公珍重等璠玙④，锄经种墨为畲畬⑤。
新砑既费五丁力，卒业毋忘三箧书。
愿公相守莫弃掷，什袭而藏尤可惜。
匹夫韫椟⑥不如沽，无若宋人宝燕石。
君不见，含章表质列白眉，灿灿星光诚陆离。
此是眠骊颔下物，笔端风雨当随之。

黄山古松歌

凌芸（介于）

轩帝乘龙飞上天，龙形幻化踞山巅。
雪霜经历成质古，风雨吹漂炼节坚。
攫拿爪劲枝舒拓，蟠石根深峰下联。
斑剥藓苔鳞遍体，横空披拂髯回旋。
直上苍穹依日月，倒垂缨络仙藤缠。
染熏丹液痕都绣，孕就朱沙气自全。
老人结伴盘桓抚，时戏白猿友偓佺。
苍碧独留天地色，万年崖畔饱云烟。

---

① 蝘蜓：壁虎。
② 磨砻：锻炼；摩擦，磨蹭。
③ 太璞：未经雕琢的玉。
④ 璠玙：美玉。
⑤ 畲畬：耕耘。
⑥ 韫椟：藏在柜子里；保持不失；比喻怀才未用。

谒岳王坟和赵松雪先生韵

凌子任

汴京北狩叹流离，诏使频宣国势危。

三字埋冤秦氏案，十年空建岳家旗。

长途父老增于邑，终岁输将费度支。

惆怅冷泉当日事，湖光潋滟总堪悲。

咏荆轲

凌润生

荆卿诚气决，一剑报知己。驱车易水东，河流日弥弥。

慷慨发长歌，风寒声不起。绕柱逐祖龙，不中良有以。

倚踞忽微笑，天地无色喜。有客不得俱，武阳真小子。

悲哉击筑人，凝碧神相似。溥沱有干时，烈心终不死。

长沙谒屈贾二先生祠

凌驯

楚汉高风迥，遗文乃在兹。

湘水日汨汨，湘水日离离。

忠者忽被谤，信者忽见疑。

疑谤固于世，无恨忠信夫。

岂求人知，

先生正气大海澜，先生孤怀凉秋月。

气或婵兮怀或媮，湘草不生湘水竭。

严陵①钓台

凌鸣和

垂钓终年不钓官，笑他贪饵上危竿。

进难退易滩前水，见少藏多雨后山。

孤石只容高士卧，客星未许故人攀。

---

① 严陵：即严光，一名遵，字子陵，余姚人，东汉著名隐士。少有高名，与东汉光武帝刘秀同学，亦为好友。东汉建武元年（公元25年），刘秀即位，严光乃隐名换姓，隐居在桐庐富春江畔，每日垂钓。享年八十岁，葬于富春山。后世人称富春山为"严陵山"，又称其富春江垂钓处为"严陵濑"，其垂钓蹲坐之石为"严子陵钓台"。

寒烟迷漫青溪径，微露层台翠半鬟。

谒翠螺山太白祠[①]
凌光亨（伯衍）

风满江天节易秋，金门投策此淹留。
松阴有鹤窥萝径，岫影如蛾映碧流[②]。
断碣谁称诗敌手，呼杯难值月当头。
仙踪尚肯深相慰，千里灵轷[③]一抵楼。

李白旧酒楼
凌献珍（廷彦）

曾向南山觅古踪，仙人骑鹤不相逢。
白云丹壮生芒筥[④]，荒沼灵鱼蹴断菿[⑤]。
冥坐玄关思隐几，缓行樵径喜扶筇。
同游伴侣悲畴昔，回首斜阳六六峰[⑥]。

江西滕王阁
凌如焕

千载滕王阁，元婴好狎邪。血流崔简履，羞杀两军麻。

挽朱门程节母
凌应春

我闻母范实潜然，恰植枫丹叶落天。
年未笈时悲寡甲，日将周处听啼鹃。
惟余清节横秋水，无复机声咽暮蝉。

· 253 ·

---

① 翠螺山太白祠：翠螺山原名牛渚山，在安徽马鞍山市，面临长江，山形酷似蜗牛，故名翠螺山。传说李白在采石矶醉入江心捉月而亡，人们为纪念李白，于宋宁宗嘉泰年间修建了太白祠，清顺治时毁于火，今翠螺山之太白祠和太白楼，为后期所建。

② 原批注：顶有蛾眉亭。

③ 轷：古代一种有帷幔的车，多供妇女乘坐。

④ 筥：盛饭或盛衣物的方形竹器。

⑤ 菿：蔓菁；茭白根。

⑥ 六六峰：指黄山，黄山有七十二峰，素有"三十六大峰，三十六小峰"之称。

素旍翩翩从此逝，西风肠断茂陵阡。

吊侍御凌龙翰公暨侄布衣玄性公死节

杜行简

其 一

江左名贤第一流，两人亦自誓同俦。
斗牛久灿双龙气，天柱中摧万国愁。
振起清风摇鹿塞，留连烈至壮神州。
于今仍作江南梦，每向金陵傍帝游。

其 二

貔貅①气猛撼梁坟，持重畴如岳氏军。
残垒一身存旧义，游魂千里卫新君。
艰难汉室无冯异②，威烈吴江效五员③。
骇浪冲风天堑险，不教海岫染黄云。

挽民部凌苍舒④先生

陈丹衷

其 一

遂少乾坤孤立人，断肠人梦暗伤身。
生无旧业诗千字，死托虚房竹一邻。
也见宰官秋水澹，绝无颜面夜灯陈。
哭君合赞多消受，羊枣菖阳嗜不贫。

其 二

如我饥穷才往还，甚愁名字落人间。
平生不作乞米帖，此去犹封筑蕑关。
入道果安孤剑白，避人何恨半峰闲。

① 貔貅：传说中的一种猛兽；比喻勇猛的将士。
② 冯异：字公孙，颍川父城人，东汉开国名将、军事家，协助刘秀建立东汉政权。
③ 五员：指三国时期吴国的五员大将，为甘宁、徐盛、凌统、太史慈、黄盖。
④ 凌苍舒：字官球，讳世韶，明朝崇祯庚午（1630年）举人，甲戌（1634年）进士，官户部主事。

谁堪苦死留人世，万里风驰未可攀。

其　三

野鸟惊寒操不舒，下招清泪未残荼。
可知吊我无灰垩，竟使图君荷竹锄。
吴泽烟霾惟有豕，严滩沙漠又何鱼。
莲花国里英雄士，尚自穷愁好著书。

其　四

有油寒竭紫萝阴，冰雪迷天此地深。
一夕酸风吹皂帽，百年焦火失青琴。
生前海岳身光现，南国龙蛇梵两沉。
卧疾只容童子侍，不妨哀若捐人心。

从族叔侍御公中州死节绝命词

凌润生

一层黄土一层人，白骨何尝不有生。
愚人认作千年计，壮士多牵儿女情。
看得破，识得真，飘然撒手便长行。
天涯叔侄真知己，携手同归入窈冥。

挽凌胤三室人吴氏贞烈

郑旼

一门全德远留芬，萃烈今兹更出群。
培出根源由水木，经从易理讲咸恒。
孤贞久著垂天壤，烈性重光扫秽氛。
虔供辨香因娣嬂，岂徒扶化事空文。

前　题

许楚

丹溪清激石嵚崎①，忠烈风传百世师。

朝典末旌还岳冢，闺贤又殉拜见经。

生辞玉案缘虽惨，死重邱山志不移。

万古天河留砥柱，暂将椎髻②代苍眉。

庚戌孟夏哭孝子凌胤三暨烈妇吴氏

施璜

夙慕吾兄忠信质，今春始获同讲习。

正期丽泽③好观摩，讵意朝闻竞死夕。

同人悲痛不胜嗟，对月临风几叹惜。

异哉天道洵无知，御史之忠艰一息。

一息虽艰忠烈存，炯炯千秋如一日。

可怜节母谁承欢，孝有深闺堪慰藉。

那识君家世烈风，君死未几妻绝粒。

粒绝七日复自经，并翁殉国扶人极。

君孝妇烈咸一家，古来几家存史籍。

我闻不觉增慷慨，作诗为吊双灵席。

溪山崒崔水潺湲，莺燕无声杜鹃泣。

又挽诗

施璜

天都间气钟一方，忠孝节烈萃一堂。

各怀正志何其刚，生不虚生死有光。

缅彼国陷民遭殃，凌公讨贼报君王。

毒毙旋苏恸沧桑，临淄倡气捷东昌。

迅扫妖氛复土疆，江南大业可期望。

---

① 嵚崎：高峻的样子。

② 椎髻：如椎形的发髻，这里代指妇女。

③ 丽泽：指朋友间研习切磋。

谁知河北事难量，完忠妇德歌慷慨。
仅存淑慎两贫媚，三十余年苦节芳。
抚成孤幼承书香，柱铭觞目襟浪浪。
孺慕慈亲如陆郎，可悯身赢致病戕。
痛哉孝烈有姬姜，凛凛如翁殉庙廊。
绝粒七日众惊惶，忽然盥栉缳中房。
猗嗟世运如蜩螗[1]，天理民彝几灭亡。
何幸山川吐光芒，一家正气国无双。
父子姑妇侄贤良，巍巍大义维刚常。
今朝同殡归北邙[2]，遐迩会葬生悲伤。
姻朋宗堂奠祖觞，载哭载咏不能忘。
古今罕见真表坊，姓名不朽久弥彰。
郡乘国史增辉煌，千秋万祀人称扬。

挽贞烈吴硕人古体四十韵

方瑜

睢睢执不生，如隙纵驹驶。问谁长年者，忠孝节烈是。
人叹忠节门，天靳遗孙子。我钦忠节门，天纵厘女士。
卓哉吴硕人，贞烈颂乐只。溯昔屏雀开，父命相攸止。
不爱笋排床，不爱珠盈履。只爱侍御郎，坦腹曝经史。
练裳适凌门，倡随几一纪。硕人虽华系，雅志卑绮丽。
臼瓮躬自操，齑盐[3]不时庇。祈寒不辍劳，皲瘃[4]堕两指。
邻里胥啸闵，壁光莫助耳。硕人葆天真，糟糠恒自指。
怡怡养节姑，堂上奉盘水。时开举案眉，中馈洁士瓺。
内言不出阃，贞静谐娣姒。方期偕白首，孰意遭屯[5]否。
良人病不瘳[6]，旁皇竭潴瀡。延医徒壁立，刲肉当药七。
吁天天阙回，忠胤一朝委。鬻产敛棺衾，含钱并自庤。

---

① 蜩螗：蝉。这里比喻喧闹、纷扰不宁。
② 北邙：代指墓地或坟墓。
③ 齑盐：酸菜和盐，借指贫穷。
④ 皲瘃：手足受冻裂开，生冻疮。
⑤ 遭屯：比喻遇难。
⑥ 瘳：痊愈。

乡人信且疑，疑死匪易矣。畴知烈性成，自誓无生理。
绝粒几已逝，媪劝犹聒耳。恰值灵回日，匍匐备蔬酏。
给言头颤晕，暂息即当起。防者稍解严，信斯日不死。
夫何瞬息间，一绳告经雉。喧传动里闾，奔视颜如玼[1]。
恧彼冶容者，自分等蝼蚁[2]。子在抱琵琶，夫存涉溱洧[3]。
迥哉吴硕人，奚翅莸与芷。何事悠悠者，恚[4]言忠乏祀。
举世书云然，我见殊不尔。不观名宦祠，不观乡贤祀。
中州及新安，两地豜边篚。况兼节烈祠，纶褒播芳诔[5]。
胤子克象贤，行且式谷似。芝根与醴源，谁复知其底。

身染

色胆弥天顷刻中，残宵暗室两心同。
雨云入梦终无据，神鬼当空不放松。
世泽百年从此斩，灵光一点自今蒙。
鹏程有志须回首，莫向情关问路通。

女僧

祝发空门万虑捐，谁怜春色误婵娟。
芳姿安识无禅性，净土何堪有孽缘。
彼已爱河将近岸，君休苦海漫寻船。
由他莲子心中苦，佛课云程各自全。

男宠

姻缘虽巧岂宜男，渔猎纷纷作美谈。
淫创乾坤曾未有，怒撄神鬼实难堪。
赧颜对面谁无耻，秽行污身竟自甘。
禽兽不如知愧否，请君回首顾骄憨。

---

① 玼：鲜明的样子。

② 蝼蚁：蝼蛄和蚂蚁，借指微小的生物，也比喻力量薄弱或地位低微的人。

③ 溱洧：《国风·郑风·溱洧》是《诗经》中的一首诗，溱和洧是两条河的名称，诗中描写了青年男女到河边春游，相互谈笑并赠送香草表达爱慕之意的情景。

④ 恚：怨恨。

⑤ 诔：叙述死者事迹表示哀悼(多用于上对下)。

仆 妇

自古居家尚洁清，身虽为仆漫留情。
秽彰中冓尊卑异，祸起萧墙性命倾。
名分一身从此乱，宗祧百世几难称。
他时莫怪生儿女，主仆人人说弟兄。

婢 女

百窘难支鬻女孩，牵衣惜别泪沾腮。
飘零无定随风絮，羞涩难藏怨摽梅①。
我苦怜之方保尔，彼犹人也忍污哉。
殷勤莫赋寻春去，贮待春深吉士来。

处 子

功名易误是蛾眉，芳性休教不自持。
玉尚无瑕何可玷，墙虽有隙莫轻窥。
死生惟命情难断，冤孽缠身悔已迟。
羡煞琴心挑不起，风清月白独吟诗。

嫠 妇②

匪我思存莫乱图，冰霜雅操忍相污。
名留半世从今夜，节植千秋自尔殂③。
妻女偿还原有报，子孙遗臭实无辜。
偷欢试问啼鸟夜，念彼良人瞑目无。

青 楼

祖宗好色子孙殃，男作歌儿女作娼。
我见哀矜犹莫怜，君何贪念竟如狂。
烟花梦幻春秋误，露水恩情旦夕忘。
毕竟丧财还丧德，温柔乡里猛思量。

----

① 摽梅：梅子成熟而落下。比喻女子已到结婚年龄。
② 嫠妇：寡妇。
③ 殂：死亡。

纵　欲

玉韫山辉贵善持，养心犹在谨房帷。
美人须识能戕命，漏脯①何曾有救饥。
多病多愁休强恋，非时非地莫胡为。
抚躬好体生成意，留此精神报所知。

姬　妾

娶妾原来为乏儿，有儿切莫纵情痴。
朱颜白首欢如梦，慕景芳年怨可知。
狮吼惨容真莫诉，花飞暗恨恐难持。
达人如此须参破，免使长留身后嗟。

目　挑

青楼蓦地耀云鬟，相对无言情已关。
素行漫矜从未染，春心须识易逾闲。
目挑眉语牵魂梦，黄卷青灯为等闲。
片刻风流仍在否，忍将芳姓落孙山。

心　忆

齐君堪笑念纷纭，万态攒心似火焚。
都为樽前思翠袖，故教梦里会红裙。
鸡皮鹤发青春女，金屋银床黄土坟。
看破粉楼情似水，巫山何处更留云。

口　过

口孽无如闺阃②多，疑疑似侣且由他。
好藏舌剑留疑案，漫逞谈锋戾太和。
蒙彼丑名心忍否，贻人话柄恨如何。
津津只恐撄天怒，报尔奇穷莫怨苛。

---

① 漏脯：挂在檐下风干的肉，因沾了屋檐的脏水而有毒。
② 闺阃：指妇女居住的地方，借指妇女。

写 艳

笔墨宣淫罪莫穷，镜花采采笑游蜂。
眠思梦想形容酷，日眩心摇摹写工。
丧我天真嗟美质，开人情窦误成童。
聪明如此休轻用，祸酿桑间濮上风。

防 微

万物无如人最尊，文章况是出灵根。
勤修但把身无毁，举念何愁道未存。
狂乐节时心自静，情芽斩处梦难昏。
钟鸣大地谁先觉，疚事胸中仔细扪。

远 害

热血谁人饮剑芒，只缘色界太颠狂。
欢偷旦夕花间蝶，命丧须臾草上霜。
千古痴魂空有怨，三春落瓣寂无香。
悔衷此际嗟何及，达者知几早避殃。

保 玉

完真太璞绝尘埃，俯仰无惭落大哉。
情网未撄休落局，心田有种好勤栽。
灵苗长处仙根固，梦笔花间慧性开。
明月到怀天不远，何愁尘世寄形骸。

自 新

万孽从来一悔休，迷途失足急回头。
重磨慧剑消初念，力挽狂澜振末流。
寒谷春来阴晦去，中天月朗乱云收。
谆谆只恐无恒子，故习依然大可忧。

后　记

　　徽州历代乡贤不仅注重徽州村落的规划与建造，如营水口、建宗祠、修道路等，而且十分重视村落文化的弘扬与传承，对办学校、修族谱、编村志等不遗余力，仅歙县历史上就有《岩镇志草》《橙阳散志》《丰南志》《沙溪集略》等数部村镇志传世。值此倡导"文化自信"，大力弘扬中华传统文化的新时代，做好旧村志的校注十分必要，既是文化传承的需要，也为徽学研究提供了丰富的历史资料，亦为新时期村志编修工作者提供了一个借鉴的样本。

　　《沙溪集略》为清代徽州著名的乡镇志之一，作者为清代乾隆年间歙北沙溪村乡土学者凌应秋先生。凌应秋，字北洲，少饱读诗书，但屡试科场不第，年近五十，仍笔耕不辍。他致力于搜集村落史料，于乾隆丁丑年（1757年）始，己卯年（1759年）完成《沙溪集略》的编撰工作。之后，凌彝谟（禹襄）、凌彝泰（载篁）予以参订。

　　长期以来，《沙溪集略》只以手抄本的形式流传于世，未梓行。虽然学界在《沙溪集略》的资料梳理与具体研究方面，取得了一定的成果，但目前针对该方志文本本身的整理，则尚付阙如，这在一定程度上影响了对该方志的运用。

　　《沙溪集略》校注始于2014年春，2016年秋完成初稿。2016年底，在安徽省徽学会会长、安徽师范大学原副校长王世华先生的多方努力下，《沙溪集略》校注一书得到了安徽师范大学历史与社会学院、安徽师范大学出版社等单位的大力支持，商定了相关出版事宜。在本书的修订完善过程中，安徽师范大学李琳琦教授主编的"清代徽州乡土文献萃编"获得2017年度国家古籍整理出版专项经费资助，承蒙提携，他将《沙溪集略》纳入其中，使得出版更为顺畅。

　　旧村志的整理，是徽学研究的一项基础工程，也是地方文化传承的重要手段。值本书正式出版之际，向为本书顺利出版做出努力的王世华先

后
记

生、李琳琦先生、徐彬先生、张奇才先生以及安徽师范大学出版社的孙新文主任、薄雪编辑致以诚挚的谢意！在本书的整理过程中，沈志高先生、刘承鹏先生给予一定的支持；我的妻子邵文琴、女儿邵丹琳、友人江静分担了部分文字的录入，在此一并致谢！

　　古籍整理是具有一定难度的工作，由于本人才疏学浅，勉力为之而终究难如人愿。在本书的整理过程中，难免会发生一些标点和识读的错误，恳请读者予以批评指正！

邵宝振

2017 年 12 月 8 日